I SEGRETI DELLA RISERVA FEDERALE

La mafia londinese

Da
Eustace Mullins

Eustace Clarence Mullins
(1923-2010)

I segreti della Federal Reserve
La mafia londinese

The Federal Reserve Conspiracy, Common Sense, Union, New Jersey, 1954, poi *The Secrets of the Federal Reserve, the London connection* John McLaughlin, 1952, 1983

Tradotto dall'americano e pubblicato da Omnia Veritas Ltd.

www.omnia-veritas.com

© Omnia Veritas Limited - 2024

Tutti i diritti riservati. Nessuna parte di questa pubblicazione può essere riprodotta con qualsiasi mezzo senza la previa autorizzazione dell'editore. Il Codice della proprietà intellettuale vieta le copie o le riproduzioni per uso collettivo. Qualsiasi rappresentazione o riproduzione totale o parziale, con qualsiasi procedimento, senza il consenso dell'editore, dell'autore o dei loro aventi diritto è illegale e costituisce una violazione punibile ai sensi degli articoli del Codice della proprietà intellettuale.

RICONOSCIMENTI 11
INFORMAZIONI SULLA COPERTINA ORIGINALE 11
L'AUTORE 13
PREFAZIONE DI ALINE DE DIÉGUEZ 15
PREFAZIONE DI MICHEL DRAC 21
PREMESSA 28
INTRODUZIONE 34
    L'OPINIONE DI JEFFERSON SULLA COSTITUZIONALITÀ DELLE BANCHE CENTRALI 35
CAPITOLO I 37
    ISOLA DI JEKYLL 37
CAPITOLO II 50
    IL PROGETTO ALDRICH 50
CAPITOLO 3 58
    LA LEGGE CHE ISTITUISCE LA RISERVA FEDERALE 58
CAPITOLO IV 89
    IL COMITATO CONSULTIVO FEDERALE 89
CAPITOLO V 95
    LA MAISON ROTHSCHILD 95
CAPITOLO VI 116
    IL COLLEGAMENTO CON LONDRA 116
CAPITOLO VII 124
    LEGAMI CON HITLER 124
CAPITOLO VIII 140
    LA PRIMA GUERRA MONDIALE 140
CAPITOLO IX 174
    LA CRISI DELL'AGRICOLTURA 174
CAPITOLO X 181
    EMITTENTI DI VALUTA 181
CAPITOLO XI 195
    LORD MONTAGU NORMAN 195

CAPITOLO XII 210
    LA GRANDE DEPRESSIONE 210
CAPITOLO XIII 220
    GLI ANNI '30 220
CAPITOLO XIV 245
    RELAZIONE PARLAMENTARE 245
ADDENDA 255
APPENDICE 257
    12% di dividendo *257*
    Tassi bancari *258*
    L'impero dell'eurodollaro *259*
    Guerra psicologica *260*
BIOGRAFIE 263
    Nelson Aldrich (1841-1915) *263*
    William Jennings Bryan (1860-1925) *263*
    Alfred Owen Crozier (1863-1939) *264*
    Clarence Dillon (1882-1979) *264*
    Alan Greenspan (1926-) *265*
    Casa del colonnello Edward Mandell (1858-1938) *266*
    Robert Marion LaFollette (1855-1925) *266*
    Charles Augustus Lindbergh, S^r (1860-1924) *267*
    Louis T. McFadden (1876-1936) *267*
    John Pierpont Morgan (1837-1913) *268*
    David Mullins (1946-2018) *268*
    Wright Patman (1893-1976) *269*
    Arsene Pujo *269*
    Sir Gordon Richardson (1915-2010) *269*
    Jacob Schiff (1847-1920) *269*
    Barone Kurt von Schröder (1889-1966) *270*
    Anthony Morton Solomon (1919-2008) *270*
    Samuel Untermyer (1858-1940) *270*
    Frank Vanderlip (1864-1937) *271*
    George Sylvester Viereck (1884-1962) *271*
    Paul Volcker (1927-2019) *272*
    Paul Warburg (1868-1932) *272*
    Sir William Wiseman (1885-1962) *273*
POSTFAZIONE DI ALINE DE DIÉGUEZ 274
    Isola Jekyll *274*
    Sulle orme del buon dottor Jekyll *276*
    Preistoria della FED *278*
    Le successive crisi valutarie del 1869, 1873, 1893, 1901 e 1907 :

.... 284
Un nuovo avatar del casinò finanziario: oggi la crisi dei subprime e delle monoline... 291
Subprime... 293
Monolines.. 295
L'esempio dei monopoli Fannie Mae e Freddie Mac................... 298

BIBLIOGRAFIA.. **301**
GIÀ PUBBLICATO... **307**

Ringraziamenti

A George Stimpson e Ezra Pound, due dei più brillanti accademici del XXe secolo, per il generoso aiuto che hanno dato a un giovane scrittore guidandolo in materie in cui, lasciato a se stesso, si sarebbe inevitabilmente perso.

Desidero ringraziare i miei ex colleghi e il personale della Biblioteca del Congresso per la loro gentilezza, la loro disponibilità, il loro spirito di collaborazione e i loro suggerimenti, che hanno reso possibile la realizzazione delle prime bozze di questo lavoro. Desidero inoltre ringraziare il personale della Newberry Library di Chicago, della New York Public Library, della Alderman Library dell'Università della Virginia e della McCormick Library della Washington & Lee University di Lexington, in Virginia, per la preziosa assistenza fornita durante i miei trent'anni di approfondite ricerche sul Federal Reserve System.

Informazioni sulla copertina originale

L'illustrazione di copertina utilizza una figura araldica della città di Francoforte sul Meno in Germania, l'aquila, ripresa da Mayer Amschel Bauer (1744-1812), che avrebbe scambiato il suo cognome originario con quello di Rothschild (*Rotes Schild*, "scudo rosso"). Rothschild aggiunse cinque frecce dorate agli artigli dell'aquila per rappresentare i cinque figli che gestivano i cinque istituti bancari della famiglia Rothschild in Europa: Francoforte, Londra, Parigi, Vienna e Napoli.

L'edizione originale di questo libro era destinata a un pubblico nordamericano di lingua inglese. Alcune espressioni sono state quindi adattate per i lettori francofoni, per evitare qualsiasi errore di interpretazione o fraintendimento.

L'autore

Veterano, **Eustace Mullins** ha prestato servizio nell'aeronautica militare statunitense. Durante la Seconda guerra mondiale è stato in servizio operativo per trentotto mesi.

Nato in Virginia, ha studiato presso la locale Washington & Lee University (Lexington), per poi proseguire gli studi presso le università di New York, Ohio e North Dakota, nonché presso la San Miguel de Allende School of Fine Arts in Messico e il Washington Institute of Contemporary Arts.

La prima edizione del suo saggio, pubblicata con il titolo *Mullins On The Federal Reserve*, fu finanziata nel 1948 dal poeta Ezra Pound. Pound era stato prigioniero politico per tredici anni e mezzo in un manicomio federale, il St. Elizabeth's Hospital di Washington.

Le ricerche condotte nella Biblioteca del Congresso erano supervisionate e controllate quotidianamente da George Stimpson, fondatore del National Press Club di Washington, di cui *il New York Times* disse il 28 settembre 1952: "[È] una fonte e un riferimento particolarmente apprezzato a Capitol Hill. Funzionari governativi, membri del Congresso e giornalisti si rivolgevano a lui per ottenere informazioni su ogni tipo di argomento".

Pubblicata da Kasper & Horton (New York) nel 1952, questa prima edizione rivelava per la prima volta su scala statunitense l'esistenza di riunioni segrete di banchieri della finanza internazionale a Jekyll Island, a George, dal 1907 al 1910, proprio nel luogo in cui fu elaborata la bozza del Federal Reserve Act del 1913.

Negli ultimi anni, l'autore ha continuato il suo lavoro accumulando nuove e sempre più convincenti prove sulla storia degli individui che hanno avuto un ruolo nelle politiche perseguite dalla Federal Reserve. Questi nuovi dati, raccolti nel corso dei decenni passando al setaccio centinaia di giornali, riviste e libri, gettano una luce convincente sui legami tra le grandi case della finanza internazionale[1].

Mentre svolgeva le sue indagini, Eustace Mullins rimase membro dello staff della Biblioteca del Congresso. Divenne poi consulente dell'American Petroleum Institute per il finanziamento delle infrastrutture di trasporto, consulente dell'*Institutions Magazine* per lo sviluppo alberghiero e redattore delle quattro testate del Motor Club di Chicago.

---

[1] Il London Acceptance Council è limitato a diciassette istituti bancari di tutto il mondo, autorizzati dalla Banca d'Inghilterra a gestire il cambio di valuta.

Prefazione di Aline de Diéguez

L'ostracismo dell'eccellente lavoro di Mullins, saccheggiato dai suoi successori ma mai citato, è dovuto al sostegno dell'autore al poeta Ezra Pound e alla descrizione "ignominiosa" di entrambi come antisemiti. Lo studio meticoloso, scientifico e onesto di Mullins si concentra sulle circostanze della nascita della Federal Reserve e sulle azioni dei banchieri, e in nessun modo su una cospirazione nazionale o globale da parte di questa o quella categoria di cittadini. È un peccato che l'opera di Mullins sia oggetto di un processo alle intenzioni, quando nessuno si sognerebbe di rifiutare le opere di James Joyce, Yeats o Hemingway, che pure rimasero fedeli all'amico Ezra Pound per tutta la vita; nessuno oserebbe affibbiare a questi premi Nobel l'infame etichetta di "antisemita", che è il modo contemporaneo di mettere alla gogna un autore e di censurare la sua opera.

Il libro di Mullins è dedicato alle due persone la cui collaborazione si è rivelata più preziosa per lui. Oltre al contenuto molto delicato del libro nella terra del liberismo trionfante, del denaro dei re e delle [2] ecatonarchie della finanza nazionale e internazionale, essi permettono di comprendere meglio le ragioni delle tribolazioni editoriali di uno studio così importante e finemente documentato.

Il primo dedicatario, George Stimpson, fedele amico e più stretto collaboratore dell'autore, era un intellettuale eminente ma inoffensivo; ma fu soprattutto il secondo dedicatario, lo scrittore e poeta Ezra Pound, la cui reputazione politica era sulfurea dopo il 1945, a suscitare l'orrore degli editori. Mullins fu un visitatore abituale durante l'internamento di Pound come prigioniero di guerra americano - e quindi prigioniero del

---

[2] Dal greco *hekaton*, cento, e *cheir*, mano. Ecatonchire: che ha cento mani. Gli Ecatonchiri erano i figli di Ouranos e Gaia, giganti con cento braccia e cinquanta teste. Victor Hugo ha usato questa parola in diverse opere: "Roma ha molte braccia. È l'antico hecatonchire. Abbiamo creduto che questa bestia fosse favolosa fino al giorno in cui la piovra è apparsa nell'oceano e il papato nel Medioevo". (in *Actes et paroles*). La parola si trova anche in *William Shakespeare* e in varie poesie.

suo stesso Paese - in un manicomio psichiatrico.

Ezra Pound è stato, infatti, all'origine dell'idea stessa del libro sulla Federal Reserve, come riconosce l'autore nella sua prefazione. L'autore gli rende un omaggio caloroso e sentito. Fu Pound a incoraggiare Mullins a intraprendere le sue ricerche nella Biblioteca del Congresso, ricerche che all'internato erano vietate. Veniamo a sapere che Pound sovvenzionò addirittura Mullins, con le modeste risorse che sembra aver conservato, per aiutarlo nella sua impresa - dieci dollari alla settimana - e gli consigliò di lavorarci come se fosse un giallo: *"Devi lavorarci come un giallo"*.

Il poeta era stato immerso nell'economia e nella politica fin dalla nascita, nel 1885, poiché suo padre era un alto funzionario della Zecca di Stato dell'Idaho e suo nonno era stato membro del Congresso. Pound riteneva che le arti fossero inseparabili dalla politica e dall'economia e che si sostenessero e influenzassero a vicenda.

All'età di ventitré anni, l'incontro con il maggiore C.H. Douglas, fondatore del Credito Sociale, determinò in modo decisivo il suo impegno politico nella lotta contro il potere dei banchieri. Non è certo che il poeta americano comprendesse le sottigliezze e le implicazioni della teoria economica che il maggiore di origine scozzese sognava di applicare al Canada; ma il suo orrore per la finanziarizzazione usuraria dell'economia americana in seguito alla privatizzazione della moneta da parte di un gruppo di banchieri internazionali motivò il suo impegno politico di tutta la vita.

Il maggiore Douglas sosteneva l'utopia un po' inverosimile di distribuire a tutti del denaro - "credito sociale" - che sarebbe stato emesso dalla "società", in contrapposizione al denaro attualmente emesso dalle banche, in modo che tutti potessero acquistare i beni e i servizi prodotti in abbondanza dall'impresa capitalista. Nessuno è mai stato in grado di spiegare chiaramente come questa "distribuzione" potrebbe funzionare.

Questa utopia, leggermente modificata, è stata ripresa dalla Chiesa cattolica, in particolare in Québec e in Australia. È illustrata dal noto apologo di *Louis Even*, *L'île des naufragés*, che fornisce un'eccellente dimostrazione del devastante parassitismo dei banchieri, senza soffermarsi su come sostituirli.

Tuttavia, l'avvicinamento intellettuale a un movimento cristiano di un uomo la cui vita privata e il ribollire della sua vita intellettuale lo classificano come "artista maledetto" e rivoluzionario, è uno di quegli incontri inaspettati e bizzarri offerti dalla biografia di Ezra Pound, soprattutto se si conosce il disprezzo disilluso con cui guarda alla Chiesa di Roma. "Un altro punto di cui sono fermamente convinto", scrive, "è che ci sono più brandelli di civiltà ancora utilizzabili nelle crepe, nel disordine, negli interstizi di quel monumento barocco e polveroso, la Chiesa di Roma, che in tutte le altre istituzioni dell'Occidente".

È comprensibile, tuttavia, che la teoria del Credito Sociale sia piaciuta a un poeta che vedeva nel potere del denaro, identificato con il potere dei banchieri catatonici, e in particolare dei banchieri centrali della Fed, la corruzione della cultura e di tutte le arti.

Ezra Pound scrisse una serie di pamphlet di economia e politica: *"Credito sociale: uno shock"* (1935), poi *"Un biglietto da visita"* (1942), nel 1944, *"Oro e lavoro"* e *"America, Roosevelt e le cause della guerra attuale"*.

Se i poeti sono spesso eccellenti visionari dei mali della società, sono quasi sempre poveri politici ed economisti sognatori. Ezra Pound, amico di William Carlos Williams, T.S. Eliot, Hemingway, James Joyce, Yehuda e altri, vedeva l'arte e la letteratura d'avanguardia come fari di civiltà. Eliot, Hemingway, James Joyce, Yeats - gli ultimi tre dei quali avrebbero vinto il Premio Nobel per la Letteratura - l'inventore spumeggiante di movimenti letterari noti come imagismo e vorticismo, il poeta ispirato dal "culto dell'amore" dei trovatori e dalle religioni misteriche dell'antichità, il mistico che venerava gli insegnamenti di Confucio e la sua religione civica, che assegnava a tutti un dovere sociale, l'amante del Giappone, quest'uomo delle vette credeva, oh miseria, di vedere in Mussolini l'incarnazione del politico dei suoi sogni, capace di instaurare un nuovo sistema monetario.

Per Pound, la politica era una forma d'arte. Mussolini, che "aveva detto al suo popolo che la poesia era una necessità dello Stato", esprimeva "un livello di civiltà superiore a quello che regnava a Londra o a Washington". Ciò che accomunava artisti e dittatori, diceva, era che erano "nati per governare". Ma le regole della democrazia devono essere dimenticate, scriveva Pound già nel 1914, perché l'artista ha "abbastanza buon senso da sapere che l'umanità è insopportabilmente stupida". L'artista deve quindi "cercare di indirizzarla e persuaderla, per salvarla da se stessa".

Nel 1922 scriveva che "le masse sono malleabili" e aggiungeva che "sono le arti che formano gli stampi per modellarle". Per questo, nel 1935, nel suo libro *"Jefferson e/o Mussolini"*, Pound poté scrivere: "Non credo che un giudizio su Mussolini possa essere valido se non parte dalla sua passione di costruttore. Trattatelo come un ARTISTA e tutti i dettagli troveranno il loro posto...". Vedeva anche il fascismo italiano come "il primo serio attacco all'usurocrazia dai tempi di Lincoln".

La cosa spiacevole è che Mussolini non si accontentava di essere un "artista"!

Ezra Pound e sua moglie Dorothy si trasferirono in Italia nel 1924 e nel 1933 il poeta riuscì a presentare a Mussolini le sue idee di riforma monetaria. Non si sa come furono accolte dal Duce.

Durante la guerra, la posizione politica di Pound divenne molto scomoda. Pur continuando a considerarsi un patriota americano, il poeta, a cui è vietato l'ingresso in patria e che non ha mezzi di sostentamento, diventa commentatore radiofonico in Italia e, fedele alla sua critica di sempre alla FED, lancia attacchi virulenti al sistema finanziario americano usurario e all'amministrazione di Roosevelt, che critica per essere entrata in guerra dopo l'attacco giapponese a Pearl Harbour.

Inizialmente considerato un avversario, Ezra Pound passò da avversario a traditore e nemico, tanto che nel 1943 fu accusato di tradimento negli Stati Uniti.

Dopo l'assassinio di Mussolini da parte dei partigiani il 28 aprile 1945, Pound fu catturato nella sua casa mentre cercava di arrendersi e consegnato alle truppe americane.

Guantanamo e il suo pollaio penitenziario tropicale non sono un'invenzione recente legata alla famosa "guerra al terrore". Già nel 1945 Ezra Pound fu rinchiuso in una delle gabbie di ferro del campo di prigionia che gli americani stavano costruendo a Pisa. Le condizioni di detenzione erano feroci come quelle attualmente praticate nella base americana di Cuba: il prigioniero, che rischiava la pena di morte per alto tradimento, veniva sottoposto senza protezione al calore dell'estate italiana su un pavimento di cemento in una gabbia di ferro illuminata al giorno per tutta la notte.

Gli amici del poeta, che dopo la guerra occupavano posizioni influenti nel governo, si mobilitarono per cercare di salvarlo. L'impresa fu resa ancora più difficile dal fatto che l'incriminazione era stata promossa dallo stesso presidente Roosevelt, poiché il poeta era sospettato di essere legato a un gruppo di spie comuniste, l'ossessione dei politici dell'epoca. La caccia alle streghe e il maccartismo erano in atto.

Hemingway suggerì di dichiarare la pazzia. Così, nel novembre

1945, Ezra Pound fu dichiarato pazzo, rimpatriato negli Stati Uniti e "incarcerato" al St. Elizabeth, un ospedale psichiatrico per pazzi criminali.

Dopo la sua prima esperienza a Guantanamo, Ezra Pound ha trascorso tredici anni di internamento psichiatrico per motivi politici, ovvero le condizioni di detenzione dei dissidenti politici nell'Unione Sovietica.

Ma questo "pazzo ufficiale" continuò a lavorare alla sua opera, i *Cantos*, una gigantesca impresa poetico-politica, e tradusse trecento poesie cinesi che furono pubblicate ad Harvard nel 1954. Come ha scritto l'accademico Hector Bianciotti su Le Monde, "si tratta di una raccolta di testi su tutto ciò che ha calamitato lo spirito del poeta: letteratura e musica, Confucio e Sofocle, religioni, traduzione e antropologia? Ecco l'itinerario zigzagante del poeta che ha incarnato, forse meglio di ogni altro, il bisogno della specie di salvare la propria memoria. In altre parole, tutto ciò che, nel corso dei secoli, ha reso l'uomo l'animale perplesso che pensa, ama la bellezza e talvolta la crea per bloccare la sofferenza.

Nel frattempo, a partire dal 1953, la sua "follia" fu riclassificata come "disturbo della personalità", ma Pound fu dichiarato "guarito" solo il 18 aprile 1958 e l'accusa di tradimento fu ritirata.

Sei settimane dopo lascia l'America per l'Italia, dove muore il 1er novembre 1972.

Prefazione di Michel Drac

Il libro di Eustace Mullins racconta una fase chiave della storia economica recente, una fase che ancora oggi determina il modo in cui la nostra economia opera.

1907: il panico valutario mina il capitalismo americano

1913: viene fondata la *Federal Reserve*

Tra queste due date: sei anni di intrighi, giuramenti traditi, bugie spudorate e mezze verità accuratamente mascherate. Sei anni durante i quali i grandi banchieri d'investimento hanno approfittato del crollo programmato del loro sistema per ricostruire il loro potere.

Mullins racconta questa vittoria dei banchieri, un'ora buia nella continua lotta tra capitale e popolo.

L'intera dinamica della nostra economia contemporanea deriva da questo momento decisivo, quando il mercante di denaro si è assunto il diritto di *creare* il segno monetario. E per la prima volta, su scala globale.

Eustace Mullins ha raccontato la più grande rapina della storia.

*

Tuttavia, mentre gli eventi del 1913 erano senza precedenti per la loro portata, le loro dinamiche non erano nuove.

Il capitalismo è un campo di battaglia, e non è una novità.

La prova di ciò si trova in un testo antico quasi quanto la civiltà stessa: il Pentateuco.

È la storia di Giuseppe in Egitto (Genesi, capitoli 34-50).

Giuseppe, figlio di Giacobbe, viene tradito dai suoi fratelli, gelosi del figlio minore troppo brillante. Viene venduto come schiavo in Egitto. Una benedizione mascherata: nella terra del Faraone, le sue qualità intellettuali superiori gli assicurano un'ascesa fulminea nella società.

In quanto nomade, Giuseppe era naturalmente estraneo alle popolazioni sedentarie dell'Egitto. Ma è proprio questo che lo rende così prezioso agli occhi del Principe. Poiché Giuseppe doveva tutto a lui, perché era un ottimo amministratore e perché era lontano dagli intrighi di corte, il Faraone lo nominò suo amministratore.

Giuseppe suggerì un' metodo per eliminare le carestie che devastavano l'impero. Si costruiscano granai in tutto l'Egitto e si depositi in questi granai il quinto del raccolto. Quando i raccolti sono buoni, le riserve si accumuleranno. Ma in tempi di magra, il Faraone venderà il contenuto dei suoi granai e la carestia sarà evitata.

L'Egitto prosperò. Ma il sistema entrò presto in crisi. Confidando nei granai statali, privati di un quinto del loro raccolto, gli egiziani smisero di risparmiare. E quando si susseguirono diverse annate negative, il popolo, rovinato, non poté ricomprare il grano.

Giuseppe propose un accordo agli egiziani affamati: avrebbe dato loro del grano in cambio della loro terra. Gli egiziani accettarono. Così, riservando i risparmi al Faraone, Giuseppe riuscì a confiscare il capitale produttivo.

Truffa? Certamente. Mostruoso? Niente di meno certo.

Il patriarca Giuseppe è un personaggio complesso. Dal testo, è impossibile dire se *decise* di diventare uno spoliatore. Inizialmente, non c'è nulla di disonorevole nel suo ruolo di consigliere economico del Faraone: sembra che abbia ordinato di costruire i granai per il bene del popolo. Fu anche per evitare che gli egiziani morissero che vendette loro del grano in cambio di terra. Giuseppe non era l'anima dannata del Faraone, ma semplicemente si proponeva di razionalizzare il processo di dominio politico da un punto di vista economico. È un cadetto diseredato che sale nella gerarchia sociale utilizzando le sue superiori capacità intellettuali in un mondo governato dalla forza. È un nomade astuto che si sdoppia in un dominatore di spirito, ma non è un mostro.

Il suo carattere profondamente umano emerge chiaramente negli ultimi capitoli della Genesi, quelli in cui si svolgerà il dramma di Israele.

Giuseppe perdonò i suoi fratelli per averlo venduto come schiavo e stabilì la sua numerosa famiglia in Egitto, dove prosperò.

È così prospera, infatti, e si moltiplica così bene, che il Faraone ha paura. Cosa succederebbe se questi emergenti, questi astuti nomadi, uscissero finalmente dall'ombra in cui si sono nascosti? Dopo tutto, nulla li separa dal principe, tranne il trono. L'obiettivo inevitabile di Giuseppe non è forse quello di diventare il padrone del Faraone?

Qui inizia il libro dell'Esodo.

Violento e crudele, il sistema creato dalle scelte di Giuseppe opprime tutti gli egiziani. La fredda razionalità del patriarca generalizza una schiavitù implacabile: i suoi discendenti ne pagheranno il prezzo. Il faraone, per sottomettere gli ebrei, li ributta nelle catene che il padre aveva rafforzato.

La Bibbia espone la natura dialettica delle relazioni - in cui anche un ateo dovrebbe riconoscere che si tratta di una rivelazione sulla natura del mondo. Il Libro dice: la lotta tra nomadi predatori e sedentari produttivi, tra oppressori e oppressi, non contrappone campi *essenzializzati*. Un nomade può diventare sedentario, un oppressore può unirsi al campo degli oppressi. La vittoria prepara la sconfitta, la prosperità genera miseria, la liberazione porta con sé i semi della schiavitù - e viceversa.

Reciprocamente, perché dalla schiavitù i discendenti di Giuseppe si eleveranno a un nuovo progetto, più ambizioso, più liberatorio di quello del loro antenato. Non si tratta più di stare all'ombra del faraone, di partecipare alla sua oppressione per non essere oppressi: si tratta di abolire l'oppressione stessa, liberando un intero popolo.

Appare Mosè. Il suo piano: conquistare la Terra Promessa. Le interpretazioni di questo termine sono innumerevoli. Ma da un punto di vista economico, la Terra Promessa è la terra dove, come è scritto: "Non presterai denaro a tuo fratello a interesse" (Deuteronomio, capitolo 23).

Il progetto di Giuseppe, il capitalismo, ha dato origine al progetto di Mosè, la rivoluzione.

Da un punto di vista economico, il resto, cioè il cristianesimo, non sarà mai altro che il momento in cui Mosè e Giuseppe si separano definitivamente l'uno dall'altro.

*

Oggi, su una scala infinitamente più grande, stiamo vivendo una ripetizione dei meccanismi descritti nella Bibbia. Mullins racconta l'accordo raggiunto all'inizio del XX secolo[e] tra il nuovo Faraone, lo Stato americano, e il nuovo "Giuseppe", in questo caso un "Giuseppe" collettivo: le grandi banche anglosassoni, basate principalmente nella City di Londra.

Come si era arrivati a questo?

Per capirlo, dobbiamo guardare *allo spirito americano*.

La Rivoluzione americana non fu una rivolta contro l'Impero britannico in quanto tale: fu soprattutto un rifiuto di aderire al modello economico di quell'impero.

Naturalmente, gli americani non hanno mai pensato di rompere con il capitalismo. La libera impresa era il loro ideale. Ma ci sono due tipi di capitalismo: quello dei manager della produzione e quello dei mercanti, cioè dei banchieri.

In pratica, gran parte della Riforma protestante è consistita proprio nello strutturare la lotta tra questi due capitalismi. Seguendo Max Weber su questo preciso punto, ammetteremo che il protestantesimo, originariamente religione della piccola borghesia produttiva, costituì *anche* un'ideologia di lotta, al servizio del capitalismo produttore, contro il capitalismo banchiere. L'obiettivo era quello di accumulare capitale così rapidamente da produrre a un ritmo tale che la deduzione del Faraone non sarebbe più bastata a confiscare i beni di produzione. La libera impresa, nella mente delle popolazioni protestanti del New

England, era in breve il diritto di andare più veloce del banchiere, di rimanere senza ipoteche. Si trattava di prendere "Joseph" alla sprovvista.

Ovviamente, affinché questo progetto abbia senso, è necessario che il livello del prelievo non aumenti all'infinito. Pertanto, doveva essere negoziato. Ecco perché la prima richiesta dei coloni americani, dal Boston Tea Party alla Dichiarazione d'Indipendenza, non fu affatto l'affermazione di un'identità distinta. La prima richiesta fu: "Nessuna tassazione senza rappresentanza". Non spettava all'Impero britannico stabilire il livello di tassazione, ma doveva essere approvato dalle assemblee delle colonie: di questo si trattava.

Quindi, quando gli americani si descrivono come il nuovo Israele, non hanno del tutto torto dal punto di vista economico. Essi volevano infatti conquistare una terra promessa, una terra in cui non si concedessero prestiti a tassi usurari, una terra in cui "Giuseppe" non potesse saccheggiare e tassare all'infinito.

La fortuna ha voluto che questo progetto iniziale si allontanasse gradualmente, fino a rivoltarsi contro se stesso.

Come ho detto prima, il confine tra oppressore e oppresso, depredatore e depredato, non è mai stabile. Gli stessi uomini, lo stesso gruppo, possono essere oppressori in un determinato contesto, ma oppressi in un altro ambiente. E la barriera può essere superata in una direzione, ma anche nell'altra. Come spiegato sopra, "Giuseppe" è disumano non per essenza, ma perché i suoi interessi divergono da quelli della grande massa degli uomini. Diventa il loro avversario involontario. Non è necessario essere mostruosi per diventare disumani: basta essere molto, molto ricchi.

L'alta borghesia nordamericana prosperò a tal punto da trovarsi a sua volta in possesso di un capitale in eccesso, che poteva remunerare solo aumentando il prelievo sul plusvalore. Arrivò un momento in cui, in virtù dei suoi stessi interessi, questa alta borghesia si trovò naturalmente più vicina ai suoi ex avversari britannici che al resto del popolo americano. Da quel momento in poi, la linea di demarcazione tra gestori della produzione e gestori del capitale si spostò surrettiziamente. Non separava più un'America omogenea da un Impero britannico predatore: ora rifletteva l'opposizione tra un popolo americano produttivo e l'emergente America oligarchica, spontaneamente solidale con l'Impero britannico.

Il crimine fu commesso con la creazione della FED. D'ora in poi, i centri decisionali del capitalismo americano sarebbero stati legati dai loro interessi a quelli del capitalismo britannico. Lo Stato americano non era più quello di Mosè: era quello del Faraone, e quindi di "Giuseppe". I discendenti spirituali di Mosè nel Nuovo Mondo si erano, in alcuni casi, schierati dalla parte del nemico.

È alla storia di questo tradimento che Eustace Mullins decise di dedicare la sua vita.

Onore a lui. Siamo tutti parte di un libro scritto da Dio. La maggior parte di noi è solo l'inchiostro. A pochi, però, viene data la grazia di essere la penna.

*

La situazione odierna è semplicemente una continuazione del 1913. Leggere Mullins significa quindi comprendere la genealogia del nostro disastro.

Nel sistema capitalistico del XIXe secolo, esisteva ancora una distinzione tra l'Alta Banca, che giocava d'azzardo con il proprio denaro, e la banca di deposito, che metteva a frutto il denaro dei propri clienti. Ma oggi questa distinzione non ha più il minimo significato. Dal 1913, con la creazione della FED, le banche d'affari hanno effettivamente posto sotto il loro controllo le banche di deposito. Non contente di poter speculare con il denaro pubblico, si sono concesse un privilegio straordinario, che ha profondamente modificato il sistema capitalistico: possono creare denaro ex nihilo - questo implica che, anche dal Glass-Steagall Act fino alla sua abolizione, cioè dal 1933 al 1999, l'alta finanza ha costantemente avuto, in pratica, il sopravvento su tutto il capitale. Poter creare denaro ex nihilo significa appropriarsi di una frazione indefinita della massa monetaria globale, riducendo così indirettamente i depositi pubblici.

L'enorme carico di debito in cui si trova oggi l'Occidente è in gran parte il risultato del colpo di stato bancario del 1913. Certo, al disastro iniziale si sono aggiunti molti fattori aggravanti. Ma resta il fatto che, prima della creazione della FED, il debito pubblico statunitense era quasi inesistente. Persino gli enormi costi della guerra civile americana furono assorbiti dalla formidabile capacità di sviluppo produttivo dell'America. Al contrario, dalla creazione della FED, il debito, sia pubblico che privato, ha continuato a crescere. Il "Giuseppe" americano si è comportato esattamente come il suo predecessore di tremila anni fa. Per confiscare il capitale produttivo con il sostegno del governo, si è riservato la funzione di risparmio. Questa è la causa principale della crisi, forse quella decisiva, di cui stiamo osservando gli inquietanti scossoni dal 2007.

Sarà facile per il lettore cogliere gli aspetti di profonda *attualità della* storia di Mullins. Potrà facilmente individuare le numerose analogie tra gli anni 2010 e gli anni che hanno preceduto la creazione della FED. Vedrà come, allora come oggi, gli oligarchi, così partigiani del liberalismo per gli altri, sono invece molto attenti alla regolamentazione, quando si tratta delle loro relazioni reciproche. Imparerà molto studiando le straordinarie precauzioni prese da questi personaggi per rimanere invisibili al grande pubblico. E dietro il trono del nostro Faraone americano, esaminerà l'ombra proiettata dai nostri moderni "Giuseppe". Dietro i discorsi propagandistici degli economisti conformisti, individuerà un modo di pensare prostituito.

Il racconto di Eustace Mullins fornisce anche un esempio istruttivo di crisi provocata. Studiando i meccanismi della crisi agricola del 1920, ai lettori verranno in mente le politiche di credito abbondante seguite da Alan Greenspan sotto l'amministrazione Bush. Il lettore capirà come, attraverso la politica monetaria, gli interessi privati abbiano perfezionato l'antico sistema del patriarca Giuseppe: d'ora in poi non si tratta più di prevedere le annate di magra, ma di farle accadere.

Infine, i lettori sorrideranno senza dubbio quando leggeranno le circostanze che hanno portato il Presidente e il Congresso degli Stati Uniti a creare la FED. Ricorderanno con interesse il confronto Obama-McCain, seguendo i colpi di scena che portarono all'elezione di Wilson. Nelle votazioni affrettate all'inizio del XX secolo[e] , troveranno molte analogie con il modo in cui i piani per aiutare il settore bancario sono stati adottati nel 2008 e nel 2009.

Ma basta con i consigli! Il lettore non ne avrà bisogno, perché tutto è chiaro.

"Ecco i semplici fatti del grande tradimento...".

PREMESSA

Quando nel 1949 andai a trovare Ezra Pound, allora prigioniero politico al St. Elizabeth's Hospital di Washington (un istituto psichiatrico federale), il poeta mi chiese se avessi mai sentito parlare del Federal Reserve System. Risposi negativamente. All'epoca avevo venticinque anni. Mi chiese ancora una volta di prendere in mano una banconota da dieci dollari, con la scritta "*Federal Reserve Note*", e mi chiese di iniziare a fare delle ricerche nella Biblioteca del Congresso sulla Federal Reserve che aveva emesso questo pezzo di carta. Naturalmente, Pound non era certo in grado di farlo da solo, essendo detenuto come prigioniero politico su istigazione del governo, senza ulteriore processo. In effetti, dopo il suo bando dall'etere negli Stati Uniti, Pound trasmise dall'Italia con l'obiettivo di convincere il popolo americano a non partecipare alla Seconda guerra mondiale. Franklin D. Roosevelt ordinò personalmente l'incarcerazione di Pound, seguendo le orme dei suoi tre consiglieri Harry Dexter White, Lauchlin Currie e Alger Hiss, che in seguito dimostrarono di avere legami con lo spionaggio sovietico.

Non ero molto appassionato di finanza o di banche. Stavo lavorando a un romanzo. Tuttavia, Pound mi offrì di aumentare di dieci dollari la mia paga settimanale per diverse settimane.

Le mie ricerche iniziali hanno portato alla luce l'esistenza di un gruppo internazionale di finanzieri che aveva segretamente guidato la stesura e la successiva approvazione da parte del Congresso del Federal Reserve Act. Questo confermò ciò che Pound sospettava da tempo. Devi continuare a lavorare", mi disse, "come in un giallo". Opportunamente, la mia ricerca nella Biblioteca del Congresso fu supervisionata da un eminente accademico: George Stimpson, fondatore del National Press Club. Ecco cosa disse di lui il *New York Times* nell'edizione del 28 settembre 1952: "Considerato dai giornalisti di Washington come "la loro Biblioteca del Congresso ambulante", Stimpson era universalmente riconosciuto come un riferimento particolarmente apprezzato a Capitol Hill. Funzionari governativi, parlamentari e giornalisti si rivolgevano a lui per ottenere informazioni su ogni tipo di argomento.

Ogni giorno trascorrevo diverse ore nella Biblioteca del

Congresso a fare ricerche e poi andavo al St. Elizabeth's Hospital nel pomeriggio. Rivedevo i miei appunti con Pound. Poi cenavo alla caffetteria Scholl's con George Stimpson, che correggeva la mia copia. Infine, tornai a casa per battere a macchina le mie note corrette.

Sia Stimpson che Pound mi hanno dato molti consigli per guidarmi in una materia in cui non avevo alcuna esperienza.

Ma i finanziamenti di Pound si esaurirono. Mi rivolsi alle fondazioni Guggenheim e Huntington-Hartford, tra le altre, per completare il mio lavoro sulla Federal Reserve. Tutte le fondazioni interpellate rifiutarono di finanziare le mie ricerche, anche se la mia domanda era sostenuta da Ezra Pound, E. E. Cummings ed Elizabeth Bishop, i tre più grandi poeti americani.

Così scrissi le scoperte che avevo fatto e misi in commercio questa prima bozza a New York nel 1950. Diciotto editori rifiutarono il mio manoscritto senza ulteriori spiegazioni, ma Devin Garrity, il diciannovesimo editore contattato, presidente della Devin Adair Publishing Company, mi diede un consiglio gentile nel suo ufficio: "Mi piace il suo lavoro, ma non posso pubblicarlo", mi disse, "e non può farlo nessun altro a New York. Perché non mi porta la bozza del suo romanzo? Mi sembra che potremmo darle un anticipo... D'altra parte, può rinunciare all'idea di vedere pubblicato il suo saggio sulla Federal Reserve, dubito che arriverà mai in libreria".

Dopo due anni di lavoro incessante, questo fu un colpo terribile. Ne parlai a Pound e ci sforzammo di trovare un editore in altri Stati. Dopo due anni di sforzi, il libro apparve nel 1952 con il titolo *Mullins on the Federal Reserve*, grazie a una piccola azienda gestita da due discepoli di Pound, John Kasper e David Horton, che ne finanziarono la stampa con il proprio denaro.

Nel 1954, una seconda edizione - rielaborata senza il mio permesso - fu pubblicata nel New Jersey, con il titolo *The Federal Reserve Conspiracy*. Nel 1955, un'edizione tedesca fu pubblicata a Oberammergau da Guido Roeder: l'opera fu vietata e le diecimila copie stampate furono bruciate da agenti governativi guidati da Otto John.

Queste copie furono distrutte il 21 aprile 1961 su istigazione di Israel Katz, giudice della Corte Suprema bavarese. L'amministrazione statunitense non batté ciglio, poiché James B. Conant, Alto Commissario degli Stati Uniti in Germania, che era stato Presidente di Harvard tra il 1933 e il 135, aveva approvato l'autodafé. Questo è l'unico caso di distruzione di un titolo a causa di un incendio in Germania dalla Seconda Guerra Mondiale.

Nel 1968, la California vide un'edizione pirata del libro. Le mie innumerevoli lamentele nel decennio successivo furono vane: né l'FBI né il Servizio di Ispezione Postale degli Stati Uniti si degnarono di reagire.

Nel 1980 è stata stampata una nuova edizione in lingua tedesca. E poiché gli Stati Uniti, a quanto pare, non decidono più sugli affari interni della Germania, ora vi circola senza ostacoli, anche se è identica all'edizione del 1955 distrutta da un incendio.

Avevo collaborato con H. L. Hunt a diversi libri e lui mi consigliò di riprendere le mie indagini sulla Federal Reserve, che erano state sospese per qualche tempo, al fine di produrre una versione più completa delle mie ricerche. Poiché avevo appena firmato il contratto per la biografia "ufficiale" di Ezra Pound, il mio nuovo libro sulla Federal Reserve fu rimandato. Hunt è scomparso prima che potessi riprendere il mio lavoro: ancora una volta, mi sono trovato di fronte al problema di finanziarlo.

Le mie indagini iniziali avevano scoperto e identificato le personalità che negli Stati Uniti avevano segretamente architettato il Federal Reserve Act. In seguito, scoprii che gli individui che avevo dipinto nel 1952 come gli evanescenti burattinai dietro il Federal Reserve System erano in realtà ombre, la faccia americana emergente di un iceberg, le cui parti emergenti sarebbero state indicate come la *London Connection*. Mi resi conto che, nonostante i successi americani nelle guerre d'indipendenza contro l'Inghilterra nel 1812, gli Stati Uniti rimanevano una colonia economica e finanziaria del Regno Unito. Per la prima volta vennero individuati gli azionisti originari delle Federal Reserve Banks e le loro società madri provenienti dalla *London Connection*.

Queste indagini sono supportate da centinaia di citazioni e da una ricca documentazione basata su centinaia di giornali, periodici, libri e documenti, che rivelano filiazioni, alleanze e rapporti professionali. Più di mille edizioni del *New York Times* sono state analizzate su microfilm per autenticare gli elementi provenienti da fonti secondarie e per risalire alle fonti di prima mano.

È un'ovvietà della professione: un autore ha sempre un solo libro con sé. Questo sembra valere anche nel mio caso, dato che sono ormai al quinto decennio di scrittura continua sullo stesso argomento: la verità sul Sistema della Federal Reserve.

Fin dall'inizio, questo lavoro è stato commissionato e supervisionato da Ezra Pound. Quattro dei suoi protetti sono stati insigniti del Premio Nobel per la letteratura: William Butler Yeats per le sue poesie tardive, James Joyce per l'*Ulisse*, Ernest Hemingway per *Il sole sorge* e T. S. Eliot per La terra desolata. S. Eliot per *La terra desolata*. Pound ha svolto un ruolo fondamentale nello sviluppo e nella pubblicazione di queste opere, il che mi porta a credere che il presente lavoro, anch'esso ispirato a Ezra Pound, faccia parte di una notevole tradizione letteraria.

Inizialmente si sarebbe potuto pensare che questo libro non fosse altro che una rete acefala di manipolazioni economiche e monetarie espresse in termini tecnici. Al contrario: ben presto ha assunto l'aura di una storia terribilmente drammatica e universalmente avvincente, tanto che Ezra Pound mi ha subito esortato ad affrontarla alla maniera di un romanzo poliziesco, un genere inaugurato da Edgar Allan Poe, mio concittadino virginiano.

Credo che il persistente successo del mio lavoro negli ultimi quarant'anni abbia rivendicato la posizione politica e le affermazioni monetarie di Ezra Pound, un tempo violentemente contrastate. Inoltre, è anche un'arma molto efficace contro i potenti cospiratori che lo hanno costretto a sopportare tredici anni e mezzo in un manicomio psichiatrico senza processo, nello stile di un prigioniero politico e di un agente del KGB.

La prima prova della sua innocenza fu il rifiuto da parte degli agenti governativi - semplici esecutori dei nostri cospiratori - di permettergli di difendersi. La seconda fu nel 1958, quando le stesse autorità esecutive fecero cadere tutte le accuse contro di lui e gli permisero di lasciare l'ospedale St. Elizabeth da uomo libero. La terza e ultima, le sue confidenze, in cui descrive minuziosamente tutti gli elementi che attestano la sua condanna da parte degli spietati rappresentanti della finanza internazionale, per i quali Ezra Pound fu solo un'altra vittima, condannata ad anni di prigionia sul modello dell'Uomo con la Maschera di Ferro, per il semplice motivo che aveva avuto l'ardire di avvertire i suoi compatrioti degli atti di tradimento che sospettava contro l'intero popolo americano.

Ho tenuto molte conferenze negli Stati Uniti e sono apparso regolarmente in innumerevoli programmi radiofonici e televisivi. Questo mi ha permesso di lanciare l'allarme sul fatto che il Federal Reserve System non è affatto federale, che non detiene riserve e che non è affatto un "sistema", ma un'associazione a delinquere. Dal novembre 1910 - e dalla riunione dei cospiratori a Jekyll Island in Georgia - a oggi, i piani dei banchieri della Federal Reserve sono stati avvolti nel mistero. Ad oggi, questa segretezza è costata al popolo degli

Stati Uniti un debito pubblico di tremila miliardi di dollari, con pagamenti di interessi annuali a questi finanzieri per diverse centinaia di miliardi di dollari. Si tratta di importi che sconcertano la mente e che, a conti fatti, presi per quello che sono, sembrano difficilmente ripagabili. Gli agenti della Federal Reserve fanno regolarmente il pieno di dichiarazioni all'opinione pubblica, come il fachiro indù che suona il flauto al cobra che, soggiogato, non pensa più a minacciare. È così che dobbiamo intendere la rassicurante missiva di Donald J. Winn, assistente del Consiglio dei Governatori, in risposta a un'inchiesta avviata da un deputato, Norman D. Shumway, il 10 marzo 1983. In essa Winn sostiene che: "Il Federal Reserve System è stato istituito nel 1913 con una legge del Congresso e non è una 'impresa privata'". Una pagina dopo, Winn continua: "Le azioni delle Federal Reserve Banks sono interamente di proprietà delle banche commerciali che sono membri della Federal Reserve". Non fa il minimo ragionamento per spiegare come il governo federale possa finire per non avere alcuna azione in nessuna banca della Federal Reserve, o come questo sistema difficilmente sarebbe una "impresa privata" quando tutte le azioni che compongono il suo capitale sono detenute da "società private"!

La storia degli Stati Uniti nel XXe secolo è segnata dai sorprendenti successi dei banchieri della Federal Reserve.

1° Lo scoppio della Prima Guerra Mondiale, che fu possibile solo grazie ai fondi concessi da questa nuovissima banca centrale degli Stati Uniti.

2° La depressione agricola del 1920. 3° Il crollo del mercato azionario del venerdì nero a Wall Street nell'ottobre 1929 e la conseguente Grande Depressione.

4° La seconda guerra mondiale.

5° La trasformazione dei beni degli Stati Uniti e dei suoi cittadini dal 1945 in poi da beni reali a beni cartacei, che ha trasformato l'America vittoriosa - e la potenza mondiale che era nel 1945 - nella nazione più indebitata del mondo nel 1990.

Oggi gli Stati Uniti sono economicamente rovinati, devastati e indigenti, praticamente in bancarotta come lo erano il Giappone e la Germania nel 1945. Gli americani reagiranno per ricostruire il loro Paese, come fecero Germania e Giappone dopo aver affrontato una situazione simile? O continueranno a essere schiavi di un sistema monetario basato su un debito abissale, istituito nel 1913 con il Federal Reserve Act, fino al suo completo collasso? Questa è l'unica domanda che dobbiamo porci, e ci resta poco tempo per farlo...

A causa della gravità e del volume delle informazioni che avevo raccolto nella Biblioteca del Congresso sotto la guida di Ezra Pound, l'argomento è stato ripreso da molti altri sedicenti storici, incapaci di trovare da soli fonti di prima mano. Negli ultimi quarant'anni, mi aspettavo che le mie scoperte apparissero in numerosi libri, tutti firmati da altri autori, senza che il mio nome fosse nemmeno menzionato. Come se non bastasse, non solo la mia documentazione, ma anche il mio stesso titolo, è stato indebitamente utilizzato in un'opera voluminosa, per non dire malridotta, intitolata *I segreti del tempio, la Federal Reserve*. Questa pubblicazione, che ha fatto scalpore, è stata oggetto di critiche nel migliore dei casi incredibili, nel peggiore divertenti. La rivista *Forbes* consigliò ai suoi lettori di accontentarsi di leggere le sue recensioni per risparmiare i propri soldi, affermando che "il lettore non imparerà nulla di segreto" e che "questa è una delle sue opere le cui ambizioni superano di gran lunga i loro meriti". Non è un caso, visto che l'assoluzione dei banchieri della Federal Reserve è stata pubblicata dalla più famosa casa editrice di riviste del mondo.

ᵉSuperato lo shock iniziale, dopo aver scoperto che la figura letteraria più influente del XX SECOLO, Ezra Pound, era detenuta in questo vero e proprio "inferno" di Washington, scrissi immediatamente a un finanziere di Wall Street, di cui ero stato ospite in diverse occasioni, per chiedere il suo aiuto. Gli spiegai che, in quanto mecenate delle arti, non avrebbe dovuto tollerare che Pound rimanesse in una situazione così disumana. La sua risposta mi sconvolse. Mi rispose: "Il suo amico può rimanere dov'è". Passarono diversi anni prima che riuscissi a capire perché: per questo banchiere d'investimento e i suoi compari, Ezra Pound sarebbe sempre stato solo "il nemico".

Eustace Mullins,
Jackson Hole, Wyoming, 1991

INTRODUZIONE

Ecco i fatti di un tradimento senza precedenti, in tutta la loro semplicità. Wilson e House sapevano di imbarcarsi in un'impresa colossale. Come possiamo comprendere le motivazioni di questi individui che erano convinti della validità della loro impresa? Ciò in cui credevano di meno era la nozione di *governo rappresentativo*. Riponevano la loro fiducia in un governo di oligarchi, non responsabili, le cui azioni sarebbero diventate visibili solo dopo un tempo così lungo che l'elettorato non sarebbe mai stato in grado di fare nulla per reagire efficacemente contro le depredazioni passate e future.

Ezra Pound

Ospedale St. Elizabeth,

Washington, 1950

Nota dell'autore. Il dottor Pound scrisse questa breve introduzione alla prima stesura di quest'opera, pubblicata nel 1952 a New York da Kasper e Horton. Tuttavia, essendo un prigioniero politico rinchiuso dal governo federale senza processo, non poteva permettere che il suo nome apparisse in quest'opera senza rischiare ulteriori ritorsioni. Allo stesso modo, pur avendo commissionato il libro, non è stato possibile dedicarglielo. L'autore è ora lieto di poter colmare queste necessarie lacune a distanza di trentatré anni.

L'opinione di Jefferson sulla costituzionalità delle banche centrali

15 febbraio 1791

(cfr. *Gli scritti di Thomas Jefferson*, vol. III, ed. H. E. Bergh, p. 145 *e seguenti*).

Il testo che istituisce la banca centrale nel 1791 stabilisce, tra le altre cose, che...

1° Incorporare i sottoscrittori.

2° Autorizzarli, in virtù della loro società, a ricevere ipoteche sui terreni; e, ad oggi, ciò è contrario alle leggi di mainmorte.

3° Fare in modo che i sottoscrittori non nazionali possano possedere terreni; e, ad oggi, ciò è contrario alle leggi della nostra nazionalità.

4° Trasmettere queste terre, alla morte del proprietario, a certi successori invece che ad altri; e, ancora oggi, questo cambia le regole dell'eredità.

5° Proteggere questi beni dalla confisca o dall'incameramento; e, ad oggi, ciò è contrario alle leggi che stabiliscono la confisca e l'incameramento.

6° Trasmettere i beni personali ai successori, secondo una certa devoluzione; e, ad oggi, ciò è contrario alle leggi sulla devoluzione.

7° Dare loro un diritto speciale ed esclusivo sulle operazioni bancarie, sotto il sigillo dell'autorità nazionale; e, ad oggi, questo è contrario alle leggi contro i monopoli.

8° Conferire loro il potere di emanare leggi superiori a quelle degli Stati, nella misura in cui devono essere viste come una protezione dell'istituzione contro il controllo della legislazione statale, e questo è il modo in cui è probabile che vengano interpretate.

Ritengo che la Costituzione sia fondata su altre basi, e cioè che tutti i poteri non espressamente delegati dalla Costituzione allo Stato federale, né da essa sottratti agli Stati, sono riservati agli Stati o al popolo (12e emendamento). Emanare una singola disposizione che contravvenisse a questo quadro appositamente creato per i poteri del Congresso significherebbe imbarcarsi in un accumulo illimitato di potere, che diventerebbe rapidamente poco disposto a limitarsi a qualsiasi definizione.

L'istituzione di una banca centrale e i poteri rivendicati da questo testo non sono stati, a mio avviso, delegati allo Stato federale dalla Costituzione.

CAPITOLO I

ISOLA DI JEKYLL

"La questione del tasso di sconto uniforme è stata discussa e adottata a Jekyll Island[3].

Paul M. Warburg

La sera del 22 novembre 1910, una squadra di giornalisti si aggirava per la stazione di Hoboken, nel New Jersey. I loro volti erano tutt'altro che esultanti: avevano appena visto un gruppo composto da alcuni dei più importanti finanzieri americani lasciare la stazione per una missione segreta. L'aneddoto si svolse molti anni prima che potessero scoprire quale fosse questa missione e, anche quando lo scoprirono, non riuscirono a capire come la storia del loro Paese avesse preso una svolta epocale quella notte.

La delegazione era salita a bordo di una carrozza altamente protetta, con le tendine chiuse, diretta verso una destinazione tenuta segreta. Il gruppo era guidato dal senatore Nelson Aldrich, presidente della Commissione monetaria nazionale. Due anni prima, nel 1908, all'indomani della tragedia del 1907, che in preda al panico aveva richiesto una revisione e stabilizzazione del sistema monetario nazionale, il Presidente degli Stati Uniti Theodore Roosevelt aveva firmato la legge che istituiva la Commissione monetaria nazionale. Aldrich guidò i membri di questa commissione in un tour di due anni in Europa, per un costo totale di 300.000 dollari a carico del contribuente americano. Il rapporto di questo tour europeo e il suo progetto di riforma finanziaria sono ancora in attesa...

---

[3]pr Nathaniel Wright Stephenson, *Paul Warburg's Memorandum. Nelson Aldrich, a Leader in American Politics,* New York, Scribners, 1930.

Il senatore Aldrich è stato assistito alla stazione di Hoboken da : Shleton, suo segretario personale; A. Piat Andrew, Assistente del Segretario del Tesoro e Assistente Speciale della Commissione Monetaria Nazionale; Frank Vanderlip, Presidente della National City Bank di New York; Henry P. Davison, Senior Partner della J. P. Morgan Company, comunemente riconosciuto come rappresentante ufficiale di Morgan; e Charles D. Norton, Presidente della *First National Bank* di New York, sotto l'ombrello di Morgan. Poco prima che il convoglio ferroviario partisse, il club si arricchì di Benjamin Strong, un altro affiliato di J. P. Morgan, e di Paul Warburg, appena arrivato dalla Germania per unirsi all'istituto finanziario newyorkese Kuhn, Loeb & Co. come socio con un guadagno di 500.000 dollari all'anno.

Bertie Charles Forbes, lo scrittore finanziario che ha poi creato la rivista *Forbes* (il cui attuale proprietario, Malcolm Forbes, è suo figlio), scrisse sei anni dopo:

> "Immaginate una squadra composta da alcuni dei più grandi finanzieri del Paese che lascia tranquillamente New York City in una carrozza di un treno privato. Nell'ombra, si allontanano con discrezione per diverse centinaia di chilometri verso sud. Si sono poi imbarcati su una misteriosa imbarcazione alla volta di un'isola deserta - ad eccezione di alcuni domestici - dove sono rimasti per una settimana in un'atmosfera di tale segretezza che nessuno dei loro nomi è mai stato menzionato per paura che i domestici potessero venire a conoscenza delle loro identità e divulgare questa missione più insolita e occulta della storia della finanza nordamericana. Questa non è una finzione; sto rivelando al mondo per la prima volta la vera storia di come il rapporto monetario Aldrich, che non ha bisogno di presentazioni, fu architettato allo scopo di stabilire l'attuale sistema monetario degli Stati Uniti [...] Fu prescritta l'assoluta segretezza per tutti i partecipanti. In nessun caso i non addetti ai lavori avrebbero potuto sentire il minimo accenno a ciò che sarebbe accaduto. Il senatore Aldrich chiese a tutti di salire su una carrozza privatizzata che la compagnia ferroviaria interessata aveva incaricato di fermare a una piattaforma discreta. Il gruppo è poi partito. I giornalisti newyorkesi presenti furono presi in giro [...] Nelson Aldrich aveva annunciato a Henry, Franck, Paul e Piatt che si preparava a tenerli con sé sull'isola di Jekyll, al riparo dai rumori del mondo, finché non fossero riusciti a determinare e decretare un sofisticato sistema monetario per gli Stati Uniti. Qui sta la vera origine del nostro attuale sistema della Federal Reserve, il cui piano fu abbozzato a Jekyll Island in compagnia di Paul, Frank e Henry [...]

Warburg incarna il legame che unisce il sistema di Aldrich allo stato attuale delle cose. Egli, più di chiunque altro, ha reso possibile la realizzazione di questo progetto cartaceo[4].

Consultiamo ora la biografia "ufficiale" del senatore Nelson Aldrich:

> "Nell'autunno del 1910, sei uomini andarono a caccia: Aldrich, il suo segretario Shelton, Andrews, Davison, Vanderlip e Warburg. Diversi giornalisti stavano aspettando educatamente alla stazione di Brunswick (Georgia). Davison andò loro incontro e parlò con loro. Gli uomini della carta sparirono nel nulla e il segreto di questo strano equipaggio fu mantenuto. Il signor Aldrich volle sapere come se l'era cavata il suo amico: preferì non rispondere[5].

Davison aveva la reputazione di essere in grado di conciliare parti opposte, una sfida che aveva affrontato con successo per J. P. Morgan nel risolvere il panico bancario americano. P. Morgan nel risolvere il panico bancario americano del 1907. T. W. Lamont, un altro socio di Morgan, ha dichiarato: "Henry P. Davison ha agito come mediatore nell'affare di Jekyll Island[6].

Da queste testimonianze possiamo ricostruire i fatti. Il "vagone di piombo" di Aldrich lasciò la stazione di Hoboken per portare i finanzieri a bordo in Georgia e a Jekyll Island. Qualche anno prima, un gruppo selezionato di milionari - intorno a J.P. Morgan - aveva acquistato quest'isola per farne una stazione di villeggiatura invernale. Si chiamavano "Jekyll Island Hunting Society" e inizialmente usavano l'isola solo per la caccia, finché i milionari si resero conto che il clima ospitale dell'isola offriva una vacanza molto piacevole, lontana dai rigidi inverni di New York. Così si costruirono sontuose case, che chiamarono "bicoques", per le loro vacanze invernali con la famiglia. L'edificio del club di caccia, un po' fuori mano, veniva occasionalmente riservato per riunioni di uomini e altre attività che avevano poco a che fare con l'arte venatoria. In queste occasioni, ai membri della società non espressamente invitati veniva chiesto di non entrare nell'edificio per un certo periodo di tempo. I membri erano stati avvertiti che sarebbe

---

[4]"Current Opinion", dicembre 1916, pag. 382.

[5]Nathaniel Wright Stephenson, *Nelson W. Aldrich. A Leader in American Politics*, New York, Scribners, 1930, cap. XXIV: "Jekyll Island".

[6]T. W. Lamont, *Henry P. Davison*, Harper, 1933.

stato riservato per quindici giorni, ancor prima che la cricca di Nelson Aldrich lasciasse New York.

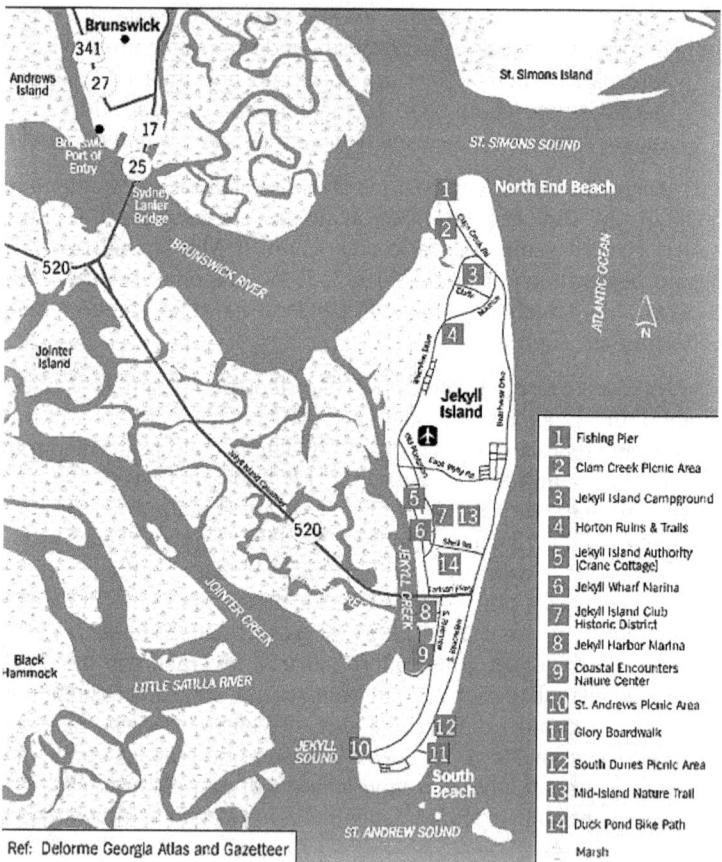

Il Jekyll Island Club fu il luogo scelto per redigere la legge per il controllo della moneta e del denaro del popolo americano, soprattutto per la sua discrezione, ma anche perché era già appannaggio di coloro che avrebbero partecipato all'operazione. Successivamente, il 3 maggio 1931, nel necrologio di George F. Baker, uno dei più stretti collaboratori di J.P. Morgan, il *New York Times* scrisse: "Il Jekyll Island Club ha perso uno dei suoi membri più onorevoli. I membri di questo club rappresentavano un sesto di tutta la ricchezza del mondo". L'appartenenza a questa società era esclusivamente ereditaria.

Il gruppo Aldrich era poco interessato alla caccia. Jekyll Island fu scelta come scenario per lo sviluppo della banca centrale americana perché offriva la massima privacy, senza giornalisti nel raggio di 80 chilometri. L'imperativo della segretezza era tale che i membri del team avevano concordato, prima del loro arrivo a Jekyll Island, che nessuno dei loro nomi sarebbe stato pronunciato durante le due settimane di permanenza. Dovevano accontentarsi dei loro nomi di battesimo, poiché i cognomi Warburg, Strong, Vanderlip e altri non dovevano essere pronunciati durante il soggiorno. La società di caccia aveva offerto due settimane di ferie ai soliti domestici, e per l'occasione erano stati fatti venire dal continente nuovi dipendenti che non potevano conoscere i membri presenti. Quindi, anche se fossero stati interrogati subito dopo l'evento, non avrebbero potuto rivelare alcuna identità. Queste precauzioni si rivelarono talmente efficaci che i cospiratori presenti a Jekyll Island in quel momento tennero successivamente diverse piccole riunioni informali a New York.

Ma perché tutti questi segreti? Perché un tale viaggio, per migliaia di chilometri, in una carrozza privata, in una casa di caccia isolata dal mondo? Con ogni probabilità, si trattava di realizzare un progetto di interesse pubblico, al fine di pianificare la riforma monetaria che avrebbe dovuto soddisfare il popolo americano e che era stata annunciata dalla Commissione monetaria nazionale. In circostanze normali, tali partecipanti non si opporrebbero a che il loro impegno sia ampiamente conosciuto. Ma il cenacolo di Jekyll Island non ha seguito questa strada. Nessuna targa commemorativa fu mai apposta per immortalare le azioni potenzialmente altruistiche degli individui che nel 1910 si riunirono nella sede della loro società di caccia con l'obiettivo di cambiare il destino di tutti i cittadini americani.

In effetti, sarebbe difficile trovare un qualche disinteresse tra i cospiratori a Jekyll Island. Il Gruppo Aldrich si trovava lì a titolo privato per decidere la legislazione monetaria e bancaria che sarebbe stata apertamente elaborata dalla Commissione Monetaria Nazionale. In gioco c'era il futuro controllo della moneta e del credito degli Stati Uniti d'America. Se mai una vera riforma monetaria fosse stata concepita e presentata al Congresso, beh, avrebbe segnato la fine del potere oligarchico dei creatori di una moneta planetaria egemonica. I conciliaboli dell'isola di Jekyll assicurarono che la banca centrale da istituire negli Stati Uniti avrebbe offerto a questi finanzieri tutto ciò che essi avevano incessantemente perseguito.

In quanto più qualificato dal punto di vista tecnico, Paul Warburg fu incaricato di svolgere il ruolo chiave nella preparazione della riforma. Gli altri partecipanti studiarono e discussero il suo lavoro in seguito. Il senatore Nelson Aldrich doveva assicurarsi che il testo finale assumesse la forma giusta per ottenere il sostegno del Congresso, mentre gli altri finanziatori dovevano concordare durante questa unica visita le garanzie necessarie per assicurare che il progetto tenesse conto di tutti i loro desideri: non ci poteva essere un secondo incontro una volta tornati a New York, perché un secondo viaggio avrebbe rivelato i loro segreti.

Il cenacolo di Jekyll Island si riunì per nove giorni, lavorando instancabilmente per portare a compimento la sua grande opera. Nonostante gli interessi che univano le parti coinvolte, nacquero dei dissensi. Il senatore Aldrich, con il suo spirito malato di dominazione, si considerava il leader naturale del gruppo e non riusciva a trattenersi dal dare ordini a tutti. Essendo l'unico membro del gruppo a non essere un professionista della finanza, si sentiva comunque a disagio. Nel corso della sua carriera, gli interessi finanziari erano stati tutt'altro che trascurabili, ma si accontentava di essere un azionista e di raccogliere i frutti delle azioni che possedevano. Gli aspetti tecnici delle operazioni bancarie erano in gran parte fuori dalla sua portata.

Paul Warburg, invece, riteneva che ogni questione sollevata durante i loro colloqui meritasse uno studio serio, non solo una semplice risposta. Non perdeva mai l'occasione di fare una lunga presentazione ai suoi colleghi, non nascondendo il suo piacere nel mostrare la sua vasta conoscenza delle questioni finanziarie. I suoi interlocutori si indignavano per questo, provocando alcune aspre repliche da parte di Aldrich. Fu la prodigiosa attenzione alla diplomazia di Henry P. Davison a cementare il gruppo e a permettergli di portare a termine il suo lavoro. Il marcato accento toscano di Warburg offendeva i timpani dei suoi ascoltatori, che tuttavia sapevano che la sua presenza era essenziale per far sì che un solido progetto di banca centrale in linea con i loro interessi vedesse la luce. Warburg fece ben poco per ammorbidire i loro pregiudizi, stuzzicandoli continuamente su questioni tecnico-finanziarie, che essi consideravano una sua prerogativa.

"In ogni cospirazione, deve essere mantenuta la massima

segretezza possibile[7].

Il programma di "riforma monetaria" architettato a Jekyll Island doveva essere presentato alle Camere come il frutto del lavoro della Commissione monetaria nazionale. Era essenziale nascondere l'identità dei veri autori del testo. Dal panico bancario americano del 1907, l'avversione dell'opinione pubblica nei confronti dei banchieri era stata così violenta che nessun deputato avrebbe rischiato di approvare un disegno di legge con il sigillo di Wall Street, anche se avesse dovuto le sue spese elettorali a Wall Street.

Il programma di Jekyll Island era un progetto di banca centrale e gli Stati Uniti avevano una lunga tradizione di resistenza all'imposizione di una banca centrale ai cittadini americani. Iniziò con la lotta di Thomas Jefferson contro la proposta di Alexander Hamilton (sostenuta da James Rothschild) di creare la prima Banca degli Stati Uniti. La battaglia continuò con la vittoria del presidente Andrew Jackson sulla seconda proposta di Alexander Hamilton, sostenuta da Nicholas Biddle, l'agente guidato da James Rothschild da Parigi. A seguito di queste lotte, fu istituito il Sistema di Sub-Tesoreria Indipendente per tenere i possedimenti degli Stati Uniti fuori dalle mani dei finanzieri.

Un'analisi dei panici bancari del 1873, del 1893 e del 1907 mostra che essi furono il risultato di trucchi degli esperti londinesi di finanza internazionale. Nel 1908, l'opinione pubblica chiese al Congresso di approvare una legge per prevenire ulteriori panici bancari causati da inganni. La Commissione monetaria nazionale, con a capo Nelson Aldrich perché leader della maggioranza del Senato, fu istituita per ostacolare tale riforma e piegarla nella direzione desiderata.

La questione fondamentale, come disse Paul Warburg ai suoi colleghi, era evitare il nome di "banca centrale". Per questo motivo si preferì chiamarla "Federal Reserve System", per indurre gli osservatori a credere che non si trattasse affatto di una banca centrale. Tuttavia, il programma di Jekyll Island equivaleva alla creazione di una banca centrale, che svolgeva tutte le funzioni necessarie che ci si aspettava da un'istituzione di questo tipo: doveva essere di proprietà privata e avrebbe tratto profitto dalla proprietà delle sue azioni. Inoltre, avrebbe dovuto controllare la moneta e il credito dello Stato come banca di

---

[7]Clarendon, *Storia della ribellione e delle guerre civili in Inghilterra*, 1647.

emissione.

Stephenson fa riferimento all'incontro in questione nel capitolo che dedica a Jekyll Island nella sua biografia di Aldrich:

"Come verrebbe controllata la Reserve Bank? Sarebbe controllata dal Congresso. Il governo avrebbe una rappresentanza nel suo consiglio esecutivo, e quindi una conoscenza esaustiva di tutte le decisioni dell'istituto, ma la maggior parte dei responsabili delle decisioni sarebbe scelta - direttamente o indirettamente - dalle banche associate[8]".

La Federal Reserve proposta doveva quindi essere controllata "dal Congresso" e rendere conto al governo, ma la maggior parte dei suoi responsabili decisionali sarebbero stati "direttamente o indirettamente" nominati dalle banche associate. L'apice dell'intelligenza di Warburg era la nomina del Consiglio dei Governatori della Federal Reserve da parte del Presidente degli Stati Uniti, con la supervisione del lavoro del Consiglio da parte di un Comitato Consultivo Federale che si sarebbe riunito con i Governatori. I membri di questo comitato dovevano essere scelti dai dirigenti delle dodici banche che compongono la Federal Reserve, rimanendo al di fuori del pubblico.

Un'altra preoccupazione era quella di nascondere il fatto che il "Federal Reserve System" era il giocattolo dei padroni della finanza di New York.

Da un punto di vista elettorale, i parlamentari dell'Ovest e del Sud si sarebbero silurati approvando una proposta *avanzata a Wall Street*. I piccoli imprenditori e gli agricoltori di queste vaste regioni avevano sofferto molto a causa di precedenti crisi valutarie, che avevano alimentato un forte risentimento pubblico nei confronti dei finanzieri della East Coast, portando a un movimento politico noto come "populismo" per tutto il XIXe secolo. L'archivio privato di Nicholas Biddle, pubblicato più di cento anni dopo la sua morte, dimostra che i finanzieri della East Coast non tardarono a rendersi conto che l'opinione pubblica era decisamente contro di loro.

A Jekyll Island, Paul Warburg sottolineò il sotterfugio fondamentale per evitare che il cittadino medio intuisse che il suo progetto equivaleva alla creazione di una banca centrale: il sistema di

---

[8]Nathaniel Wright Stephenson, *Nelson W. Aldrich. A Leader in American Politics,* New York, Scribners, 1930, cap. XXIV: "Jekyll Island", p. 379.

riserve regionali. Egli concepì una rete di quattro banche di riserva affiliate, che sarebbero state dodici, situate in diverse parti del Paese. Al di fuori del mondo della finanza, pochi osservatori si accorsero che questa teorizzazione di un sistema di riserve regionali era solo un'illusione per mascherare la concentrazione del potere monetario e creditizio nazionale a New York.

Come nominare gli amministratori del suddetto sistema di riserve regionali fu un'altra idea avanzata da Paul Warburg a Jekyll Island. Il senatore Nelson Aldrich insistette sul fatto che dovessero essere nominati piuttosto che eletti, eliminando il Congresso dal processo di nomina. La sua esperienza alle Camere gli aveva insegnato che il parere parlamentare era spesso contrario agli interessi di Wall Street, a causa della necessità dei rappresentanti eletti dell'Ovest e del Sud di dimostrare alla loro base elettorale che sapevano come combattere contro gli avvoltoi della costa orientale.

Warburg chiarì che i direttori delle banche regionali da lui progettate avrebbero dovuto avere il sigillo dell'esecutivo, attraverso il Presidente. Questa chiara eliminazione del controllo parlamentare evidenzia il fatto che il progetto della Federal Reserve era incostituzionale fin dall'inizio, poiché il Federal Reserve System avrebbe agito come banca di emissione. L'articolo 1er, sezione 8, paragrafo 5, della Costituzione degli Stati Uniti d'America assegna espressamente al Congresso il "potere di coniare moneta e di regolarne il valore". Il programma Warburg sollevò le camere da questa sovranità: i controlli e gli equilibri stabiliti dalla Costituzione di Thomas Jefferson furono minati. Nel sistema immaginato, i suoi amministratori avrebbero avuto il controllo sulla moneta e sul credito della nazione, la cui selezione sarebbe stata sancita solo dalla funzione esecutiva del potere. La funzione giudiziaria (la Corte Suprema, ecc.) era già apparentemente asservita all'esecutivo, perché i membri della Corte Suprema erano nominati dal Presidente degli Stati Uniti.

In seguito, Paul Warburg produsse un lungo documento - quasi 1.750 pagine! - sul suo progetto: *The Federal Reserve System. Its Origin and Growth*[9]. L'isola di Jekyll non viene mai menzionata. Scrive solo (vol. 1, p. 58):

"Mentre i conciliaboli si avviavano alla conclusione, al termine di

---

[9] Paul Warburg, *Il sistema della Federal Reserve. Its Origin and Growth*, volume I, pag. 58, New York, Macmilan, 1930.

una settimana di accesi dibattiti, fu approvata la bozza preliminare di quello che sarebbe diventato l'Aldrich Bill; il piano - presentato nelle sue linee generali - prevedeva una 'National Reserve Association', cioè un'istituzione centrale di riserva per l'emissione agevolata di moneta, basata sull'oro e sull'andamento dell'economia".

Warburg scrive a p. 60:

"Le conclusioni di questa sessione erano completamente riservate. Il fatto che ci fosse stata una riunione non doveva nemmeno essere divulgato". In una nota a piè di pagina, aggiunge: "Anche se sono passati diciotto anni, mi sento a malapena autorizzato a dare una descrizione precisa di queste riunioni, ai cui partecipanti il senatore Aldrich aveva chiesto la massima segretezza".

È sorprendente che le rivelazioni fatte da B.C. Forbes[10] sull'operazione segreta di Jekyll Island abbiano avuto scarso impatto. La rivelazione avvenne solo due anni dopo l'approvazione del Federal Reserve Act da parte del Congresso degli Stati Uniti e nessuno ne venne a conoscenza nel momento in cui avrebbe potuto dare i suoi frutti, cioè durante le deliberazioni parlamentari sul testo della legge. Gli addetti ai lavori, tuttavia, si affrettarono a liquidare le accuse di Forbes come una grottesca montatura. Stephenson ne parla nel suo libro su Aldrich, pag. 484[11].

"Questo curioso soggiorno a Jekyll Island è stato ampiamente considerato un mito. B. C. Forbes aveva ricavato le sue informazioni dal vago e breve resoconto di un giornalista sull'evento di Jekyll Island, ma la loro pubblicazione non ha avuto alcun effetto ed è stata generalmente liquidata come un'elaborazione fantasiosa".

Due linee guida, anch'esse efficaci, resero l'insabbiamento dell'incontro di Jekyll Island un successo. La prima, secondo Stephenson, consisteva nel liquidare qualsiasi resoconto di questo tipo come un romanzo di fantasia senza alcun fondamento nella realtà. Sebbene vi siano stati brevi accenni all'isola di Jekyll in libri successivi sul Federal Reserve System, l'attenzione del pubblico non è stata particolarmente catturata. Come abbiamo detto, il lungo e

---

[10]"Current Opinion", dicembre 1916, pag. 382.

[11]Nathaniel Wright Stephenson, *op. cit.* p. 484.

apparentemente esaustivo studio di Warburg sul Federal Reserve System non menziona mai Jekyll Island, ma ammette una riunione "speciale". Le parole "Jekyll Island" non compaiono in nessuno dei suoi numerosi scritti o lunghi discorsi... tranne una volta. Accettò l'invito del professor Stephenson a scrivere un breve testo per la biografia di Aldrich. Questa allusione è riprodotta a pag. 485, in quello che potrebbe essere definito il "memorandum di Warburg". Paul Warburg afferma: *"La questione di un tasso bancario uniforme fu discussa e concordata a Jekyll Island".*

Un altro partecipante al "club dei nomi" (in quanto i loro cognomi venivano tenuti nascosti ai domestici) era meno misterioso. Qualche tempo dopo, Frank Vanderlip fece alcuni rapidi riferimenti all'incontro. Egli scrisse nel *Saturday Evening Post* del 9 febbraio 1935, a pag. 25:

> "Anche se personalmente ritengo che la società trarrebbe beneficio da una maggiore trasparenza negli affari delle grandi aziende, alla fine del 1910 c'era una ragione che mi spingeva a essere tanto riservato, e persino sospettoso, quanto poteva esserlo un cospiratore [...] Era perché sarebbe stato fatale per il senatore Aldrich se il suo progetto fosse stato scoperto come prodotto con l'aiuto di Wall Street: Furono prese precauzioni a tal fine, che avrebbero fatto la gioia di un James Stillman (un oscuro e famigerato finanziere che presiedeva la National City Bank durante la guerra ispano-americana e che si dice abbia trascinato gli Stati Uniti in quel conflitto) [...] Non credo di esagerare minimamente se dico che il nostro incontro confidenziale sull'isola di Jekyll fu la scena del vero sviluppo di ciò che alla fine avrebbe portato al Federal Reserve System. "

In un articolo di approfondimento pubblicato il 27 marzo 1983 con il titolo "Follow The Rich to Jekyll Island" nella sezione "Travel" del *Washington Post*, Roy Hoopes confidava:

> "Nel 1910, quando Aldrich e quattro esperti di finanza cercavano un luogo dove incontrarsi segretamente per revisionare il sistema monetario statunitense, finsero di andare a caccia a Jekyll Island dove si seppellirono per dieci giorni, in un club, per architettare lo schema che avrebbe dato vita alla Federal Reserve".

Vanderlip scrisse in seguito in *From Farmboy to Financier*[12] , la

---

[12]Frank Vanderlip, *Da contadino a finanziere.*

sua autobiografia:

> "Il vero motivo del nostro viaggio segreto a Jekyll Island era la concezione di quello che sarebbe stato conosciuto come Federal Reserve System. Gli elementi chiave del progetto Aldrich si trovano tutti nella legge che fu approvata per istituire la Federal Reserve".

Il professor E. R. A. Seligman, associato all'istituto bancario internazionale J. & W. Seligman e preside della Scuola di Economia della Columbia University, ha scritto *Proceedings,* un saggio pubblicato dall'Accademia di Scienze Politiche, in cui scrive vol. IV, n° 4, p. 387-390:

> "Pochi sanno quanto gli Stati Uniti siano in debito con Warburg, perché possiamo affermare senza timore di smentita che il Federal Reserve Act, nei suoi elementi fondamentali, è il prodotto del lavoro di Warburg più che di qualsiasi altro individuo. La creazione di un Consiglio [dei Governatori] della Federal Reserve istituisce sotto ogni aspetto, tranne che per il nome, una vera e propria banca centrale. La legge che istituisce la Federal Reserve ha accolto senza riserve gli elementi essenziali del piano Aldrich per quanto riguarda la gestione delle riserve e la politica degli sconti, e questi elementi - così come sono stati elaborati - provengono da Warburg e da nessun altro. Non bisogna dimenticare che Warburg aveva in mente un solo obiettivo pratico. Nell'elaborare il suo programma e nel dare corpo ai suoi suggerimenti, marginalmente migliorati nel tempo, dovette tenere presente che l'educazione di una popolazione può essere solo progressiva e che la maggior parte di questo compito consiste nel distruggere i pregiudizi e dissipare i sospetti. I suoi piani comprendevano quindi innumerevoli elementi accessori volti a mettere in guardia il pubblico da pericoli immaginari e a persuaderlo che l'insieme delle sue proposte era realizzabile. Warburg desiderava che, nel corso degli anni, sparissero varie clausole che erano state inserite nella legge - soprattutto su suo impulso - a scopo esclusivamente educativo".

Ora che il debito pubblico degli Stati Uniti ha superato i mille miliardi di dollari, sì, possiamo ammettere di essere "in debito con il signor Warburg"... Questo debito pubblico era praticamente inesistente all'epoca in cui egli preparava l'istituzione della Federal Reserve.

Il professor Seligman sottolinea che Warburg fu estremamente abile nel capire che la vera missione dei partecipanti alle conferenze di Jekyll Island era quella di elaborare una riforma finanziaria che avrebbe gradualmente *educato la nazione*, "distrutto i pregiudizi" e "dissipato i sospetti". La campagna che accompagnò l'approvazione di questa legge riuscì perfettamente in questo intento.

CAPITOLO II

IL PROGETTO ALDRICH

"Nelson Aldrich ha messo sotto il suo controllo le finanze e le tariffe, come se fossero di sua esclusiva responsabilità e giurisdizione. Il signor Aldrich sta facendo tutto il possibile per architettare una legislazione finanziaria e monetaria attraverso la Commissione monetaria nazionale. Centinaia e centinaia di migliaia di persone credono sinceramente che Aldrich rappresenti da solo la minaccia più grande e pericolosa per gli interessi del popolo americano. Ernest Newman ha recentemente affermato: "Ciò che il Sud inflige ai negri in campo politico, Aldrich lo riserverebbe ai Mudsill del Nord se avesse un mezzo sicuro ed efficace per farlo"".

- *Harper's Weekly*, 7 maggio 1910

I partecipanti ai conciliaboli di Jekyll Island tornarono a New York e avviarono una campagna di propaganda a livello nazionale a sostegno del "Progetto Aldrich". Tre delle più rinomate università, Princeton, Harvard e l'Università di Chicago, fecero da tramite per questa operazione e le banche nazionali contribuirono con cinque milioni di dollari per convincere l'opinione pubblica americana che questo progetto di banca centrale doveva essere adottato dal Congresso.

Woodrow Wilson, governatore del New Jersey ed ex presidente dell'Università di Princeton, fu scelto come portavoce del Progetto Aldrich. Durante il panico bancario del 1907, Wilson aveva detto: "Tutti questi problemi potrebbero essere evitati con un consiglio di sei o sette persone con lo stesso spirito civico di J. P. Morgan che si occupi degli affari del Paese".

Stephenson scrisse nella sua biografia di Nelson Aldrich del 1930:

"Il 16 gennaio 1911 uscì una pubblicazione intitolata *Suggested Plan for Monetary Legislation*, di Nelson Aldrich, basata sulle scoperte di Jekyll Island. A pagina 388 si legge: "Fu istituita un'organizzazione per il progresso finanziario. Il signor Warburg introdusse la possibilità di fondare una Lega dei Cittadini, che in seguito divenne la Lega Nazionale dei Cittadini [...] Al professor Laughlin, dell'Università di Chicago, fu chiesto di occuparsi delle attività di propaganda di questa organizzazione[13]".

Va notato che Stephenson descrive il lavoro della Lega Nazionale dei Cittadini come "propaganda", il che è in linea con la spiegazione di Seligman secondo cui il lavoro di Warburg era progettato per "educare una popolazione" e "distruggere i pregiudizi".

Una buona parte dei cinque milioni di dollari in dotazione ai finanziatori fu dedicata alla Lega Nazionale dei Cittadini, guidata da accademici. Il professor O. M. Sprague di Harvard e J. Laurence Laughlin dell'Università di Chicago furono i due più zelanti propagandisti del progetto Aldrich.

Charles A. Lindbergh S[r] osservato:

"J. Laurence Laughlin, presidente del comitato esecutivo della Lega Nazionale dei Cittadini fin dalla sua fondazione, ha ripreso le sue funzioni di professore di economia politica all'Università di Chicago. Nel giugno del 1911, il professor Laughlin ha approfittato di un anno sabbatico concesso dall'Università per dedicare tutto il suo tempo alla campagna educativa intrapresa dalla Lega [...] Ha lavorato instancabilmente, ed è stato in gran parte in virtù dei suoi sforzi e della sua perseveranza che la campagna si è conclusa con la gloriosa prospettiva di essere un'impresa di successo [...] Il nostro lettore sa bene che l'Università di Chicago è stata fondata da John D. Rockefeller, che vi ha investito una grande somma di denaro. Rockefeller, che vi investì circa cinquanta milioni di dollari[14].

Stephenson rivela nella sua biografia di Nelson Aldrich che anche la Citizens' League era una creatura di Jekyll Island. Nel capitolo 24 scopriamo che il progetto Aldrich fu presentato al Congresso come il frutto di tre anni di lavoro, riflessione e osservazione da parte dei

---

[13] Nathaniel Wright Stephenson, *Nelson W. Aldrich. A Leader in American Politics*, New York, Scribners, 1930.

[14] Charles A. Lindbergh S[r], *Banking, Currency and the Money Trust*, 1913, p. 131.

membri della Commissione monetaria nazionale, le cui spese superarono i 300.000 dollari[15].

Il 15 dicembre 1911, testimoniando davanti al Comitato di Legislazione dopo la presentazione del progetto Aldrich al Congresso, il rappresentante Lindbergh spiegò:

> "Il nostro sistema finanziario è un cattivo sistema e rappresenta un peso considerevole per la popolazione [...] L'ho accusato di essere un trust monetario. Il progetto Aldrich è chiaramente un programma architettato per servire gli interessi di questo trust [...] Perché questo trust monetario sta ora esercitando una pressione così forte a favore del progetto Aldrich, prima ancora che i nostri concittadini possano scoprire cosa questo trust vuole veramente fare?".

Lindbergh si spinse oltre:

> "Il progetto Aldrich è il piano di Wall Street. Rimescola completamente le carte del governo su istigazione dell'uomo che ha sostenuto un trust monetario. Se necessario, ci sarà un nuovo panico bancario per intimidire la popolazione. Aldrich, pagato dallo Stato per rappresentare il popolo americano, preferì presentare una proposta di legge favorevole ai monopoli. Solo grazie a un'abile manovra fu istituita la Commissione monetaria nazionale. Nel 1907, la Terra rispose nel modo più bello possibile, offrendo all'America i migliori raccolti della sua storia. Molte altre industrie erano in piena espansione e, dal punto di vista naturale, tutte le circostanze erano giuste per rendere quell'anno il più prospero di tutti. Tuttavia, tutto questo fu sostituito da enormi perdite dovute al panico bancario. Wall Street era ben consapevole che l'opinione pubblica americana avrebbe chiesto una soluzione per evitare che un evento così innaturale si ripetesse. La maggioranza dei membri del Congresso e dei Senatori cadde nella rete di Wall Street votando a favore della legge monetaria d'emergenza Aldrich-Vreeland. Il vero obiettivo, tuttavia, era quello di istituire una commissione monetaria in grado di proporre una riforma dei nostri regolamenti monetari e bancari per soddisfare il cartello del denaro. Questi interessi ristretti sono attualmente impegnati a educare le persone ovunque per renderle

---

[15]Nel 1911, il progetto Aldrich fu inserito nel programma ufficiale del Partito Repubblicano.

favorevoli al progetto Aldrich. Si dice che sia stata raccolta una grossa somma a questo scopo. Ma fu la speculazione di Wall Street a causare il panico bancario del 1907. I risparmi dei depositanti furono prestati agli speculatori e a chiunque il fondo monetario volesse favorire. Quando i risparmiatori chiesero indietro i loro risparmi, le banche non li avevano più e questo creò il panico".

Edward Vreeland, coautore della legge, scrisse su *The Independent* (di proprietà di Aldrich) il 25 agosto 1910: "Con il progetto monetario del senatore Aldrich, i monopoli scompariranno, perché difficilmente potranno guadagnare più del 4% di interessi, e un monopolio non può sopravvivere con un tasso così basso. Inoltre segnerà la fine del coinvolgimento del governo negli affari finanziari".

Le incredibili dichiarazioni di Vreeland sono tipiche dell'efficacia della propaganda riversata a favore del progetto Aldrich. I monopoli sarebbero scomparsi... Il governo sarebbe uscito dal settore bancario... Un'utopia!

Il numero del 19 gennaio 1911 del *Nation Magazine* osservava:

> Il termine "*banca centrale*" è stato meticolosamente evitato, ma alla "Federal Reserve Association" - come sarà chiamato l'organismo centrale proposto - sono state concesse tutte le prerogative e i poteri che di solito ci si aspetta dalle banche centrali in Europa.

Al suo ritorno dall'Europa, la Commissione monetaria nazionale non tenne alcuna sessione ufficiale per quasi due anni. Non fu mai prodotto alcun verbale per autenticare gli autori dell'Aldrich Bill. Non essendosi riuniti ufficialmente, i membri di questa commissione poterono solo affermare pietosamente che il testo presentato era il loro.

L'unico risultato evidente dei 300.000 dollari spesi da questa commissione fu la creazione di una collezione di trenta grandi libri sulle misure finanziarie europee. Tra questi, una storia di mille pagine sulla Reichsbank, la banca centrale che controllava il denaro e il credito in Germania, i cui principali azionisti erano i Rothschild e l'istituto bancario di famiglia di Paul Warburg, la M. M. Warburg Company.

Gli archivi della Commissione Monetaria Nazionale rivelano che essa non ha mai funzionato come organo deliberativo. Infatti, la sua unica "riunione" fu l'evento segreto di Jekyll Island, che non viene menzionato in nessuna delle produzioni della Commissione. Il senatore Cummins fece approvare dal Congresso una risoluzione che richiedeva alla Commissione di presentare, l'8 gennaio 1912, una relazione sui tre anni di lavoro, indicando i risultati effettivamente raggiunti. Di fronte a questo ostacolo, la Commissione monetaria nazionale cessò di esistere.

Con un montepremi di 5.000.000 di dollari, i fanatici del progetto Aldrich iniziarono una battaglia senza quartiere contro i loro detrattori. Andrew Frame presentò la sua opinione sull'American Bankers Association alla Commissione bancaria e valutaria della Camera dei Rappresentanti. Parlava a nome dei banchieri occidentali contrari al progetto Aldrich:

Il Presidente Carter Glass. - Perché le banche occidentali non hanno alzato la voce quando l'American Bankers Association ha dato la sua approvazione formale e - non c'è dubbio - unanime al progetto presentato dalla Commissione monetaria nazionale?

Andrew Frame. - Sono lieto che abbia attirato la mia attenzione su questo argomento. Il Currency Bill fu reso pubblico solo pochi giorni prima della riunione dell'American Bankers Association a New Orleans nel 1911. Nemmeno l'1% dei banchieri del Paese aveva avuto modo di leggerlo, ma ci furono dodici dichiarazioni a favore. Il generale Hamby di Austin, Texas, inviò una lettera al presidente Watts chiedendo di poter intervenire contro la legge. Ricevette una risposta molto scortese... Così mi rifiutai di partecipare alla votazione e molti altri banchieri fecero lo stesso.

Onorevole Bulkley. - Sta forse insinuando che nessun membro di questa associazione ha potuto esprimere un'opinione contraria al progetto?

Andrew Frame. - Tutte le voci contrarie sono state messe a tacere.

Onorevole Kindred. - Ma i verbali mostrano che il voto è stato quasi unanime...

Andrew Frame. - Il disegno di legge era già stato elaborato dal senatore Aldrich e presentato al Comitato esecutivo dell'American Bankers Association nel maggio 1911. Pur essendo un membro di questo comitato, ricevetti il testo solo il giorno prima delle delibere. In effetti, quando il disegno di legge arrivò a New Orleans, i banchieri americani non avevano avuto modo di leggerlo.

Onorevole Kindred. - Il Presidente ha semplicemente respinto coloro che volevano discutere la questione in termini negativi?

Andrew Frame. - Non avrebbe permesso a nessuno degli oppositori della proposta di legge di prendere la parola.

Presidente Glass. - Cosa si deve capire dal fatto che alla successiva sessione annuale dell'American Bankers Association, a Detroit nel

1912, l'Associazione non rinnovò il suo sostegno al piano della Commissione Monetaria Nazionale, meglio noto come "piano Aldrich"?

Andrew Frame. - Non ha rinnovato il suo sostegno e i fanatici del progetto Aldrich sapevano bene che non l'avrebbe più sostenuto: erano molto attesi, ma non hanno rimesso la questione all'ordine del giorno.

Il Presidente Glass ha quindi convocato uno dei dieci finanzieri più potenti d'America, George Blumenthal, socio dell'istituto finanziario internazionale Lazard Frères e cognato di Eugene Meyer Jr. Carter Glass lo accolse calorosamente, commentando: "Il senatore O'Gorman di New York è stato così gentile da suggerire il suo nome". Un anno dopo, O'Gorman avrebbe impedito alla commissione del Senato di porre domande potenzialmente imbarazzanti al suo padrone, Paul Warburg, in vista della sua nomina a primo governatore del Federal Reserve Board.

George Blumenthal ha detto:

"Dal 1893, la mia azienda - Lazard Frères - è in prima linea nelle esportazioni e importazioni di oro ed è quindi legata a tutti gli attori di questo mercato".

Taylor, un membro del Parlamento, chiese allora: "Può dirci che ruolo ha avuto nell'importazione dell'oro negli Stati Uniti?". Taylor fece questa richiesta perché gli economisti considerano il Panico Bancario del 1893 come l'esempio dei panici valutari causati dai movimenti dei metalli preziosi.

"No", ha risposto George Blumenthal, "non ho assolutamente nulla da dire su questo punto, perché non è rilevante per l'ordine del giorno".

Durante queste udienze, Leslie Shaw, un finanziere di Filadelfia, di fronte ad altri testimoni, criticò aspramente il tanto decantato "decentramento" del nuovo sistema. Egli osservò: "Secondo il piano Aldrich, i banchieri avranno associazioni locali e distrettuali, ma il controllo sarà centralizzato. Immaginate un'associazione locale a Indianapolis. Non si potrebbero nominare tre persone per gestirla? Così come l'uomo che si occupa di tutto il resto? Quando si mettono tutte le banche nello stesso cesto, esse sono in grado di avere un'influenza colossale su tutto in America, tranne che sulla stampa".

Per garantire la pubblicità alla legge monetaria dei Democratici, Carter Glass rese pubblico il materiale che documentava le attività repubblicane della Commissione monetaria nazionale del senatore

Aldrich. Il suo rapporto alla Camera nel 1913 diceva: "Il senatore MacVeagh stima le spese della Commissione monetaria nazionale a 207.130 dollari al 12 maggio 1911. Da allora sono stati spesi altri 500.000 dollari dalle casse pubbliche. Tuttavia, dopo aver analizzato l'intera produzione della Commissione Monetaria Nazionale, il nostro Comitato per la Moneta e le Banche ha trovato ben poco di efficace per il mercato finanziario americano. Ci opponiamo al progetto Aldrich su diversi punti...

- L'assoluta assenza di un adeguato controllo governativo o pubblico sul meccanismo bancario proposto.

- La sua propensione ad affidare il controllo e i voti alle grandi banche del sistema progettato.

- In questo sistema c'è un grande pericolo di inflazione monetaria.

- L'ipocrisia della proposta di finanziare gli obblighi di queste misure, secondo cui questo sistema non avrebbe alcun costo per il governo, è una vergognosa bugia.

- La proposta di legge è pericolosa in quanto comporta il rischio di un monopolio.

Fin dall'inizio delle sue attività, la Commissione per la moneta e le finanze ebbe la chiara impressione che le ovvie conseguenze del lavoro della Commissione monetaria nazionale fossero l'istituzione di una banca centrale".

La denuncia di Glass del progetto di Aldrich come piano di banca centrale trascurava il fatto che anche la sua proposta di Federal Reserve ritornava alle funzioni classiche di una banca centrale: le sue azioni dovevano essere detenute da azionisti privati autorizzati a utilizzare il credito del governo americano a proprio vantaggio; doveva controllare la moneta nazionale e le possibilità di credito; doveva agire come una banca che si dimetteva per finanziare lo Stato "mobilitando" contanti in tempo di guerra.

Nel giugno 1981, Vera C. Smith scriveva in *The Rationale of Central Banking*: "La definizione essenziale di banca centrale sta nel suo sistema bancario, in cui una singola banca ha un monopolio, totale o parziale, limitato all'emissione di moneta. Una banca centrale non può essere prodotta naturalmente dalla semplice vita delle banche: viene istituita dall'esterno o stabilita come frutto di favori governativi".

Ecco: una banca centrale ottiene il suo carattere predominante dal monopolio dell'emissione di moneta, che normalmente appartiene al governo. Questo è il nucleo del suo potere. Da quel momento in poi, la creazione di una banca centrale ha conseguenze inflazionistiche dirette a causa di un sistema di riserva frazionaria che consente la creazione di credito puramente contabile, cioè di denaro virtuale, che decuplica il "denaro" effettivamente detenuto nelle banche sotto forma di depositi o di azioni.

Il progetto Aldrich fu difficilmente approvato dal Congresso, poiché i repubblicani persero la maggioranza alla Camera dei Rappresentanti nel 1910 e poi al Senato nel 1912, quando persero anche la presidenza degli Stati Uniti.

CAPITOLO III

L'ATTO CHE ISTITUISCE LA RISERVA FEDERALE

> *"Il nostro sistema finanziario è un cattivo sistema e rappresenta un notevole onere per la popolazione [...] Questa legge stabilisce il più grande monopolio su tutta la terra".* -
>
> Charles Augustus Lindbergh S^r ,
> Membro del Congresso degli Stati Uniti

Nel 1912, le posizioni assunte dal senatore LaFollette e dal rappresentante Lindbergh divennero le bandiere dell'opposizione al progetto Aldrich. Esse contribuirono a rendere l'opinione pubblica americana più avversa a qualsiasi fiducia monetaria.

Il 15 dicembre 1911 il deputato Lindbergh disse: "Il governo porta in tribunale altri monopoli, ma sostiene il trust della moneta. Per molti anni ho pazientemente atteso un'occasione favorevole per esporre il volume delirante della nostra massa monetaria e per dimostrare che non c'è favoritismo più scandaloso di quello del governo nei confronti del cartello monetario".

Il senatore LaFollette denunciò apertamente la camicia di forza imposta agli Stati Uniti da una cricca di una cinquantina di persone. George F. Baker, socio di J. P. Morgan, interrogato dai giornalisti su questa accusa, sostenne che era totalmente infondata: rispose che, grazie a fonti personali, sapeva che il Paese era controllato da non più di otto persone.

Il *Nation Magazine ha* dedicato un editoriale alle osservazioni del senatore LaFollette: "Se esiste un trust valutario, dobbiamo sapere se sta usando la sua influenza per il bene o per il male".

Il senatore LaFollette, nelle sue memorie, ha osservato che la sua presa di posizione contro il fondo monetario gli era poi costata la presidenza degli Stati Uniti, così come il sostegno iniziale di Woodrow Wilson al progetto Aldrich lo aveva catapultato a quella suprema magistratura.

Alla fine, il Congresso cercò di placare l'opinione pubblica istituendo una commissione d'inchiesta sul controllo della moneta e del credito negli Stati Uniti. Si trattava della Commissione Pujo, una commissione subordinata alla Commissione per la valuta e le finanze, che nel 1912 presiedette le famose audizioni sul "money trust", presiedute dal rappresentante Arsene Pujo della Louisiana, considerato un portabandiera degli interessi petroliferi.

Queste audizioni si trascinarono deliberatamente per cinque mesi, producendo 600 pagine dattiloscritte in quattro volumi. Mese dopo mese, i finanzieri viaggiarono in treno da New York a Washington per essere ascoltati dalla commissione, prima di tornare alle loro case di New York. Le sedute furono quanto di più deludente potesse esserci; non ne uscì nulla di conclusivo. I banchieri dichiararono solennemente di essere veri banchieri e sostennero di aver sempre agito esclusivamente per il bene comune. Dichiararono di essere motivati solo dall'idea più alta dell'interesse generale, proprio come i membri del Congresso che li stavano ascoltando.

Possiamo comprendere meglio la natura paradossale delle udienze Pujo sul fondo monetario esaminando più da vicino l'individuo che le ha promosse: Samuel Untermyer. Era uno dei principali donatori della campagna presidenziale di Woodrow Wilson e uno dei più ricchi avvocati d'affari di New York. In una voce autobiografica del *Who's Who* del 1926, ammette di aver ricevuto una parcella di 775.000 dollari per un singolo affare: la fusione (riuscita) della *Utah Copper Company* con la *Boston Consolidated* and Nevada Company, una società del valore di 100.000.000 di dollari.

Untermyer si oppose alla convocazione del senatore LaFollette e del deputato Lindbergh, che avevano entrambi spinto il Congresso ad aprire l'inchiesta. In qualità di consulente speciale della Commissione Pujo, Untermyer presiedette le udienze con lo stile di un one-man-show. Dall'inizio alla fine, i membri del Congresso, compreso il presidente della commissione, il rappresentante Arsene Pujo, sono rimasti in silenzio. Tra questi osservatori silenziosi c'era il rappresentante James Byrne della Carolina del Sud, che era il deputato del distretto di provenienza di Bernard Baruch e che in seguito sarebbe diventato noto come "l'uomo di Baruch" quando Baruch lo avrebbe messo a capo dell'Ufficio di Mobilitazione durante la Seconda Guerra Mondiale.

Pur essendo uno specialista del settore, Untermyer non ha chiesto ai finanzieri intervistati informazioni sul sistema di direzioni incrociate attraverso cui controllavano il settore industriale. Non ha nemmeno parlato del movimento internazionale dell'oro, considerato uno dei fattori alla base dei panici bancari, né dei legami tra i finanzieri americani e le loro controparti europee. Le istituzioni bancarie internazionali - Eugene Meyer, Lazard Frères, J. & W. Seligman, Ladenburg Thalmann, Speyer Brothers, M. M. Warburg e Rothschild Brothers - non suscitarono la curiosità di Samuel Untermyer, anche se il circolo finanziario newyorkese sapeva bene che queste aziende familiari avevano filiali o consociate a Wall Street.

Quando Jacob Schiff è stato convocato dalla Commissione Pujo, Untermyer ha avuto l'accortezza di riservargli le domande, permettendogli di parlare per lunghi minuti senza rivelare nemmeno un'informazione sulle attività dell'istituto bancario Kuhn Loeb Company, di cui è il socio anziano e che il senatore Robert L. Owen aveva identificato come la testa di ponte dei Rothschild d'Europa negli Stati Uniti.

J. P. Morgan, ormai anziano e con pochi mesi di vita, è stato chiamato dalla commissione a descrivere le operazioni finanziarie che ha gestito a livello internazionale per diversi decenni. Dichiarò, per l'edificazione del signor Untermeyer, che "il denaro è una materia prima". Questo era uno dei trucchi preferiti dai creatori di denaro, che volevano far credere all'opinione pubblica che la creazione di denaro fosse un fenomeno del tutto naturale, simile alla coltivazione del grano, mentre in realtà era un regalo offerto ai finanzieri dai governi che controllavano.

J. P. Morgan ha anche spiegato alla commissione Pujo che, quando concede un prestito, tiene conto di un solo fattore: la personalità del richiedente. La sua capacità di rimborso e il suo patrimonio erano quindi di scarsa importanza. Questa stupefacente affermazione lasciò sbigottiti i membri della commissione, già stanchi.

La farsa della Commissione Pujo si conclude senza che un solo critico delle zecche potesse testimoniare o parlare. Secondo Samuel Untermyer, il senatore LaFollette e il rappresentante Charles Augustus Lindbergh non avevano alcun diritto di esistere. Tuttavia, questi parlamentari riuscirono a convincere l'opinione pubblica che i finanzieri di New York stavano per arrogarsi il monopolio della moneta e del credito degli Stati Uniti. Al termine delle udienze, i finanzieri e i giornali che li sostenevano sostennero che l'unico modo per impedire tale monopolio era quello di adottare la legge monetaria e bancaria proposta al Congresso: si trattava della legge adottata un anno dopo con il nome di "Federal Reserve Act". La stampa chiedeva quindi tranquillamente di rompere il monopolio finanziario di New York, ma allo stesso tempo voleva che lo sviluppo di un nuovo sistema bancario fosse affidato al più colto di tutti i banchieri: Paul Warburg...

La campagna presidenziale del 1912 vide una delle più notevoli inversioni politiche della storia americana. Il presidente in carica, William Howard Taft, era popolare e i repubblicani, in un contesto di generale prosperità, detenevano solidamente il potere grazie alla loro maggioranza in entrambe le assemblee. Il suo avversario democratico, Woodrow Wilson, governatore del New Jersey, era uno sconosciuto a livello nazionale. Quest'uomo asciutto e austero non entusiasmava le folle.

Entrambi i partiti avevano inserito nei rispettivi programmi un progetto di riforma monetaria: i repubblicani sostenevano il progetto Aldrich, attaccato come un piano di Wall Street, e i democratici avevano progettato il futuro Federal Reserve Act. Nessuno dei due movimenti si preoccupò di informare l'opinione pubblica americana che questi due progetti erano quasi identici, a parte i nomi.

A posteriori, sembrano esserci pochi dubbi sul fatto che i finanziatori si fossero accordati per sbarazzarsi di Taft e sostenere Wilson. Come lo sappiamo? Taft sembrava certo di essere rieletto, condannando Wilson alle ali, ma Theodore Roosevelt si mise improvvisamente "in gioco". Si dichiarò candidato di un terzo partito, il Bull Moose. Senza un finanziamento eccezionale, la sua apparizione sul palco sarebbe stata ridicola. Tuttavia, ricevette un'enorme pubblicità sui giornali, persino più di Wilson e Taft messi insieme. In quanto repubblicano ed ex presidente, era sicuro che Roosevelt avrebbe sottratto molti voti a Taft. Così fu, e Wilson fu eletto. Ancora oggi, nessuno è in grado di fornire il programma di Roosevelt o di dire perché abbia sabotato la sua stessa parte. Poiché i banchieri finanziarono tutti e tre i candidati, erano certi di vincere in ogni caso.

Le audizioni parlamentari rivelarono in seguito che all'interno della *Kuhn, Loeb Company* Felix Warburg sosteneva Taft, Paul Warburg e Jacob Schiff Wilson e Otto Kahn Roosevelt. Il risultato fu l'elezione di un Congresso e di un Presidente democratici nel 1912, in modo che l'istituzione di una banca centrale potesse diventare una realtà. Sembrava probabile che il piano Aldrich, denunciato come una macchinazione di Wall Street, avrebbe avuto una lettura difficile al Congresso, poiché i Democratici si sarebbero opposti violentemente, mentre un candidato democratico vittorioso - sostenuto da un Congresso a maggioranza democratica - avrebbe potuto far passare il piano della banca centrale. Taft fu lasciato in disparte, perché i finanzieri dubitavano che sarebbe stato in grado di portare a buon fine il progetto Aldrich. E lo strumento della sua fine fu... Roosevelt[16].

Per confondere ancora di più l'opinione pubblica americana e ingannarla sul reale scopo della legge istitutiva della Federal Reserve, gli autori del progetto Aldrich - guidati dall'influente Nelson Aldrich (anche se non sedeva più al Senato) e da Frank Vanderlip, presidente della National City Bank - alzarono la voce contro la proposta democratica. Rilasciarono interviste ogni volta che riuscirono a trovare una cassa di risonanza; denunciarono la proposta democratica come dannosa per il settore bancario ed eccessivamente favorevole all'amministrazione. Hanno brandito lo spauracchio dell'inflazione sulla base delle disposizioni della proposta relative alla stampa di banconote da parte della Federal Reserve. Il 23 ottobre, *The Nation* ha osservato: "Il signor Aldrich stesso ha suonato la campana a morto sul problema del "fiat money" governativo, cioè del denaro coniato senza essere sostenuto dall'oro come standard". Eppure nel 1908 era stato presentato un disegno di legge con il suo nome con lo stesso scopo. Inoltre, sapeva benissimo che il "governo" avrebbe avuto poco a che fare con la creazione di denaro e che il Consiglio dei Governatori della Federal Reserve sarebbe stato interamente responsabile dell'emissione di moneta".

Le affermazioni di Frank Vanderlip erano così insolite che il senatore Robert L. Owen, presidente della neonata Commissione del Senato per la moneta e le finanze, lo accusò il 18 marzo 1913 di aver condotto una falsa campagna pubblica sulla legge. L'interesse pubblico, aveva sostenuto Carter Glass in un discorso al Congresso del 13 settembre 1913, sarebbe stato protetto da un comitato consultivo di finanzieri. "Non c'è nulla di pericoloso in queste transazioni. Un comitato consultivo di banchieri, che rappresenta ciascuna delle riserve regionali del sistema, si riunirà con il Consiglio dei governatori *almeno* quattro volte l'anno. Come avremmo potuto essere più prudenti nel salvaguardare gli interessi del popolo?

Glass sosteneva che il Comitato consultivo federale proposto avrebbe costretto il Consiglio dei governatori della Federal Reserve ad agire solo nell'interesse del popolo americano.

---

[16]I risultati delle elezioni del 1912 furono, in numero di rappresentanti: Wilson = 409, Roosevelt = 167, Taft = 15.

Il senatore Root insistette sul problema dell'inflazione, sostenendo che la circolazione delle banconote si sarebbe espansa all'infinito e avrebbe causato un'inflazione colossale a causa della legge istitutiva della Federal Reserve. La storia successiva del Federal Reserve System ha dimostrato che non solo questa legge incoraggiava l'inflazione, ma anche che l'emissione di moneta poteva essere limitata, causando deflazione, come avvenne tra il 1929 e il 1939.

Tra gli oppositori di questo sistema "decentralizzato" c'era Alfred Crozier, un avvocato di Cleveland, Ohio: fu chiamato a testimoniare davanti alla Commissione del Senato per aver pubblicato nel 1912 un'opera polemica, *U.S. Money vs. Corporation Currency*[17]. Egli accusò l'Aldrich-Vreeland Bill del 1908 di essere nient'altro che una copertura per Wall Street, osservando che quando un governo doveva emettere la propria moneta sostenuta da titoli detenuti da operatori privati, la nazione non era più libera.

Crozier ha assicurato che la commissione del Senato "dovrebbe proibire la concessione o la commercializzazione di prestiti offerti al solo scopo di influenzare la quotazione dei titoli e il livello della domanda di credito, nonché l'aumento concertato dei tassi di interesse da parte delle banche allo scopo di influenzare l'opinione pubblica o l'azione di un organo legislativo". Da diversi mesi i media indipendenti riportano la notizia che William McAdoo, Segretario al Tesoro, sta denunciando una cospirazione da parte di grandi interessi finanziari per ottenere una contrazione monetaria e un aumento dei tassi di interesse, al fine di incitare l'opinione pubblica a chiedere al Congresso di approvare la legislazione monetaria voluta da questi stessi interessi. La cosiddetta legge sulla regolamentazione monetaria concede a Wall Street e alle grandi banche proprio ciò per cui i banchieri si battono da un quarto di secolo, ossia il CONTROLLO PRIVATO DELLA VALUTA AL POSTO DEL CONTROLLO PUBBLICO. Il progetto di Aldrich è riuscito in pieno. Entrambi i testi privano il governo e il popolo di qualsiasi controllo sul denaro pubblico e concedono alle banche il potere esclusivo e pericoloso di scegliere se il denaro debba essere scarso o abbondante. Il progetto di legge Aldrich affida questo potere a una banca centrale. Il disegno di legge governativo lo affida a dodici banche regionali, tutte esclusivamente nelle mani degli stessi

---

[17]Lo studio di Crozier ha evidenziato il desiderio dei banchieri di sostituire "una moneta commerciale" al corso legale degli Stati Uniti garantito dall'articolo 1er, sezione 8, § 5, della Costituzione.

interessi privati che avrebbero posseduto e gestito la banca di Aldrich. Poco prima di essere assassinato, il presidente Garfield aveva detto che chi controlla la massa monetaria controlla le imprese e le attività delle persone. Un secolo prima, Thomas Jefferson aveva avvertito gli americani che una banca centrale privata che emetteva denaro pubblico sarebbe stata una minaccia alle libertà del popolo più grande di un esercito invasore".

È divertente pensare a quanti presidenti degli Stati Uniti sono stati assassinati dopo aver espresso preoccupazione per la questione del denaro pubblico: Lincoln, con il suo dollaro "Greenback", e Garfield, che ha parlato di questioni monetarie poco prima del suo assassinio.

Ora possiamo capire perché è stata necessaria una così vasta campagna di inganni concertati, dall'incontro segreto di Jekyll Island ai due progetti di "riforma" simili, anche se presentati con nomi diversi dai Democratici e dai Repubblicani. I finanzieri hanno avuto difficoltà a strappare ai cittadini americani la gestione dell'emissione di denaro. La Costituzione la riservava al popolo, attraverso il Congresso, fino a quando quest'ultimo non accettò di cedere questo monopolio ai banchieri che desideravano creare una propria banca centrale. Pertanto, affinché il Federal Reserve Act venisse adottato, è stato necessario esercitare una continua influenza da dietro le quinte. Questa influenza fu esercitata in particolare da due figure oscure e non elette: l'immigrato tedesco Paul Warburg e il colonnello texano Edward Mandell House.

Paul Warburg si è presentato davanti alla Commissione Finanze e Monetaria della Camera dei Rappresentanti, dove ha subito condiviso il suo *curriculum vitae*: "Sono un membro dell'istituto bancario *Kuhn, Loeb Company*. Sono arrivato in America nel 1902, dopo essere nato ad Amburgo, in Germania, dove ho imparato le complessità del denaro, ho studiato finanza a Londra e a Parigi e poi ho viaggiato in tutto il mondo. Durante il Panico Bancario del 1907, la prima idea che mi venne in mente fu: "Abbiamo una camera di compensazione nazionale". Il progetto Aldrich comprende diverse disposizioni che non sono altro che i principi fondamentali del settore bancario. Per quanto riguarda questo progetto [il testo Owen-Glass], bisogna cercare la stessa cosa: centralizzazione delle riserve, mobilitazione del credito commerciale ed emissione flessibile di moneta".

L'espressione usata da Warburg, "mobilitazione del credito", era essenziale in vista dell'imminenza della Grande Guerra, il cui finanziamento sarebbe stato il primo compito del sistema della Federal Reserve. Gli Stati europei, da parte loro, erano già in bancarotta a causa delle loro banche centrali, che avevano mantenuto eserciti pesantemente riforniti per quasi mezzo secolo. Di conseguenza, non erano in grado di finanziare un nuovo conflitto. Una banca centrale sottopone necessariamente le nazioni a un giogo inesorabile per quanto riguarda gli armamenti e la difesa, con conseguente aumento del debito. Allo stesso tempo, produce una dittatura militare e una schiavitù bancaria, costringendo le popolazioni a pagare gli "interessi" creati artificialmente dai finanzieri.

Il senatore Stone intervenne il 12 dicembre 1913 durante la lettura della legge sulla Federal Reserve al Senato:

"Per anni le grandi banche hanno voluto i loro uomini al Tesoro per servire meglio i loro scopi. Cito solo un articolo di *World*: "Non appena il signor McAdoo arrivò a Washington, una donna - nominata al Dipartimento del Tesoro su istigazione della National City Bank per raccogliere informazioni di prima mano sulle questioni bancarie e su tutti gli argomenti di interesse per questo gigante di Wall Street - fu licenziata. Il Segretario e il suo vice, John Skelton Williams, furono immediatamente criticati dagli intermediari dell'establishment di Wall Street.

"Io stesso sono stato informato in diverse occasioni che i banchieri si rifiutavano di concedere prestiti a singoli individui a causa delle loro divergenze di opinione. Le principali istituzioni finanziarie di New York e Chicago avevano fretta di raccogliere fondi colossali per sostenere la campagna del senatore Aldrich *e altri, che* stavano attraversando gli   Stati Uniti per difendere il loro progetto. Nel mio Stato, alcuni finanzieri mi hanno detto che è stato chiesto loro di partecipare a questa campagna di raccolta fondi e che lo hanno fatto per paura di essere messi da parte e boicottati. Ci sono banchieri sul nostro territorio che sono nemici del bene comune. In passato, il vigore dell'industria americana poteva essere paralizzato da una manciata di banche giganti, al solo scopo di mantenere il loro potere esclusivo sulle attività finanziarie e sugli affari economici del nostro Paese".

Nella sua autobiografia, Carter Glass racconta di essere stato convocato alla Casa Bianca da Woodrow Wilson, che gli comunicò il progetto di emettere titoli di Stato di riserva. Ecco come Glass lo descrive: "Per un momento rimasi senza parole. Poi ho protestato. Non ci sono titoli di Stato qui, signor Presidente". Wilson rispose che era stato costretto a scendere a compromessi per salvare la legge.

L'espressione "compromesso su questo argomento" proviene

direttamente da Paul Warburg. In *Roosevelt*[18] , *Wilson e la legge sulla Federal Reserve*, il colonnello Elisha Ely Garrison scrisse: "Nel 1911, Lawrence Abbot - agente personale del signor Roosevelt al *The Outlook* - mi diede una copia della famosa bozza Aldrich per la riforma monetaria. Dissi che non potevo credere che fosse stata scritta dal signor Warburg. Questa bozza era identica al testo Aldrich-Wreeland, che prevedeva l'emissione di moneta contro titoli. Warburg lo sa bene quanto me. Sono andato subito a trovarlo per chiedergliene conto. - Voglio sapere la verità! - Sì, è stata una mia idea. - Perché? - È un compromesso", ha spiegato Warburg a[19].

Garrison racconta che l'8 febbraio 1912 Warbug gli scrisse quanto segue:

"Sono assolutamente certo che dopo una discussione approfondita lei vedrà le cose come le vedo io, o io le vedrò come le vede lei, ma preferirei che le vedesse come le vedo io".

Questa è un'altra espressione notevole di Warburg. Facendo pressione sui membri del Congresso, dietro le quinte, affinché servissero i suoi interessi, minacciava velatamente di sperare che *vedessero le cose a modo suo*. Tutti coloro che non hanno rispettato questa minaccia si sono trovati, alle elezioni successive, ad affrontare avversari sostenuti da ingenti somme di denaro per aiutarli a vincere.

Il colonnello Garrison, agente della Brown Brothers Bank (poi Brown Brothers Harriman), aveva ottimi rapporti con l'élite finanziaria. Del colonnello House scrive: "Il colonnello House è perfettamente in sintonia con il primo piano del signor Warburg". A pagina 337, cita il Colonnello House:

"Raccomando inoltre che il Consiglio dei governatori sia composto da cinque membri anziché quattro e che il loro mandato sia di dieci anni anziché otto, al fine di garantire una maggiore stabilità e privare il Presidente del potere di modificare la composizione del Consiglio durante il suo mandato".

"Questa espressione di House è decisiva, perché in seguito i presidenti rimasero impotenti a cambiare il corso degli eventi. Non

---

[18]Theodore Roosevelt.

[19]Elisha Ely Garrison, *Roosevelt, Wilson and the Federal Reserve Law*, Boston, Christopher Publications, 1931.

avevano alcun controllo sulla composizione del Consiglio dei governatori per imporre una maggioranza simile a quella del loro mandato presidenziale". Garrison continua dicendo

> "Paul Warburg fu l'organizzatore della legge che istituiva la Federal Reserve dopo l'animosità e la rivolta nazionale causate dal progetto Aldrich. Il barone Alfred Rothschild di Londra era la mente di entrambi i progetti".

Nella sua autobiografia *Challenging Years, il* rabbino Stephen Wise descrive il colonnello Edward Mandell House[20] come un "Segretario di Stato non ufficiale". House e Wilson erano ben consapevoli che, promulgando il Federal Reserve Act, stavano creando un organo ancora più potente della Corte Suprema. In realtà, il Consiglio dei governatori della Riserva finanziaria agiva come una corte suprema finanziaria: le sue decisioni non potevano essere appellate.

Nel 1911, quando Wilson non era ancora presidente degli Stati Uniti, House si rintanò nella sua casa in Texas per finire di scrivere un libro intitolato *Philip Dru, Administrator*. Apparentemente un romanzo, si trattava in realtà di un programma dettagliato per un futuro governo americano che, secondo House, avrebbe "instaurato il socialismo come lo aveva sognato Karl Marx". Questo "romanzo" prevedeva l'introduzione di un'imposta progressiva sul reddito, una tassa sui profitti, l'assicurazione contro la disoccupazione, la sicurezza sociale e un sistema monetario flessibile. In breve, era l'agenda politica che sarebbe stata poi seguita dalle amministrazioni di Woodrow Wilson e Franklin D. Roosevelt. L'amministrazione di B. W. Huebsch di New York pubblicò quest'opera "anonima", che circolò ampiamente negli ambienti governativi, molto probabilmente conoscendo l'identità del suo autore.

George Sylvester Viereck[21], che conosceva House da molti anni, scrisse in seguito un libro sul rapporto tra Wilson e House: *The Strangest Friendship in History*[22]. Westbrook Pgler, editorialista *di Hearst* tra il 1932 e il 1956, sentì parlare del libro di *Philip Dru* e

---

[20]Vedere la voce "House" in "Biografie".

[21]Si veda la voce "Viereck" in "Biografie".

[22]George Sylvester Viereck, *La più strana amicizia della storia. Woodrow Wilson e il Col. House*, New York, Liveright, 1932.

contattò Viereck nel 1955 per chiedergli se ne avesse una copia. Viereck gli inviò la copia che aveva e Pegler scrisse un articolo al riguardo, nel quale dichiarò:

> "Tra le istituzioni descritte brevemente in *Philip Dru c'è il* Federal Reserve System. Gli Schiff, i Warburg, i Kahn, i Rockefeller e i Morgan confidavano pienamente in House. Gli interessi di Schiff, Rockefeller e Morgan erano fisicamente rappresentati al misterioso conciliabolo di Jekyll Island. Frankfurter approdò alla Harvard Law School grazie ai contributi di Felix e Paul Warburg, e una cosa tira l'altra e abbiamo Alger e Donald Hiss, Lee Pressman, Harry Dexter White e molti altri protetti di Little Weenie[23]".

Le posizioni positivamente socialiste di House erano in piena evidenza in *Philip Dru, Administrator*, in particolare alle pp. 57-58, dove House scriveva:

> "In modo diretto e forte, dimostrò che la nostra civiltà era totalmente sbagliata, poiché limitava - tra le altre cose - l'efficienza, mentre nessuno sarebbe stato a corto di cibo o di vestiti se la società fosse stata ben organizzata. La conseguenza? Che le leggi, i costumi e i comportamenti in vigore erano anche responsabili della disuguaglianza di opportunità e delle profonde disparità tra i pochi privilegiati e il resto di noi. Il risultato di questo stato di cose è stato quello di rendere inefficiente una gran parte della popolazione, la cui percentuale di efficienza variava da Paese a Paese, a seconda del rapporto tra educazione-istruzione-motivi altruistici/ignoranza-superstizione-motivi autointeressati[24].

---

[23] L'autore si trovava con Viereck nella sua suite all'Hotel Belleclaire quando Pegler lo contattò per chiedergli il libro. Viereck glielo passò tramite la sua segretaria. Viereck si mise a ridere nel vedere Pegler così eccitato: "Con questo, dovrebbe scrivere un buon articolo!", mi confidò Viereck. In effetti, Pegler scrisse un ottimo articolo. Tuttavia, aveva esagerato nel parlare dei Warburg. Finché aveva limitato i suoi attacchi a "La Grande Bouche" (Eleonore Roosevelt) e a suo marito, gli era stato permesso di continuare, ma poiché aveva reso pubblico il legame tra Warburg e il circolo di spie comuniste a Washington, la sua firma fu immediatamente disapprovata dai principali giornali della città e la lunga carriera di Pegler ebbe fine.

[24] Col. Edward M. House, *Philip Dru, amministratore*, New York, B. W. Heubsch, 1912.

Nel suo romanzo, House (*alias* Dru) immagina di diventare dittatore e di imporre le sue idee rivoluzionarie alla popolazione. A pagina 148 si legge: "Erano tutti d'accordo che Dru era l'uomo giusto e che un cervello provvidenziale aveva finalmente fatto irruzione nella Repubblica". *In Infra*, si attribuisce il grado di generale: "Il generale Dru rese pubblico il suo progetto di concentrare tutti i poteri che ci si aspetta da un dittatore [...] Li aveva convinti di essere privo di qualsiasi ambizione personale [...] Si proclamò 'amministratore della Repubblica'[25] ".

Questo sognatore che si immaginava dittatore è riuscito in realtà a salire al rango di consigliere intimo del Presidente degli Stati Uniti e a vedere molte delle sue fantasie diventare leggi! A pagina 227 elenca la legislazione che avrebbe voluto promulgare come dittatore: tra queste ci sono leggi sulle pensioni di vecchiaia, sui sussidi di disoccupazione per i salariati, sui mercati cooperativi, su un sistema bancario di riserva federale, sul prestito collaborativo, sulle agenzie nazionali per l'impiego e altre "leggi sociali". Alcune di queste furono adottate durante la presidenza Wilson; altre dovettero attendere Franklin D. Roosevelt, che di fatto seguì le orme dell'amministrazione Wilson. Il personale era cambiato poco e House continuò a sorvegliare il governo in disparte.

Come la maggior parte delle figure oscure citate in questo libro, il colonnello Edward Mandell House faceva parte dell'inevitabile legame con Londra. Nato da una famiglia olandese, gli "Huis", i suoi antenati, avevano vissuto in Inghilterra per quasi tre secoli. Suo padre si stabilì in Texas, dove fece fortuna come contrabbandiere durante la guerra civile americana. Vendette cotone e altre merci di contrabbando ai suoi contatti inglesi, tra cui i Rothschild, e elargì ogni sorta di beni ai texani assediati. House père non aveva molta fiducia nell'incerto destino del Texas, per cui depositò prudentemente tutti i suoi guadagni derivanti

---

[25] Abbiamo preso questa citazione, tratta da *Philip Dru, amministratore* pubblicato nel 1912 dal colonnello House, per dimostrare il suo spirito marxista e totalitario. Per otto anni, House sarebbe stato il principale consigliere del Presidente Wilson. In seguito avrebbe continuato la sua opera di influenza all'interno dell'amministrazione di Franklin D. Roosevelt. Dalla sua casa di Magnolia, nel Massachusetts, House consigliò Roosevelt attraverso Felix Frankfurter, che visitava regolarmente la Casa Bianca. Lo stesso Frankfurter sarebbe poi stato nominato da Roosevelt alla Corte Suprema.

dai suoi traffici malavitosi nella Baring Bank di Londra[26].

Alla fine della guerra civile era uno degli individui più ricchi di tutto il Texas. Suo figlio fu chiamato "Mandell", dal nome di uno dei commercianti con cui era associato. Secondo Arthur Howden Smith, quando House padre morì nel 1880, il suo patrimonio fu così suddiviso tra i figli: la società bancaria a Thomas William, la piantagione di zucchero a John e le piantagioni di cotone - con un reddito annuo di 20.000 dollari - a Edward Mandell[27].

All'età di 12 anni, il giovane Edward Mandell House contrae la meningite. Poco dopo, un colpo di sole lo paralizzò, lasciandolo quasi invalido e conferendogli uno strano aspetto asiatico. Non aveva mai intrapreso alcuna professione, ma il denaro ereditato dal padre gli permise di affermarsi come un kingmaker nella politica texana, facendo eleggere cinque governatori consecutivi tra il 1893 e il 1911. In quest'ultimo anno, si schierò a favore di Wilson nella corsa presidenziale, consegnandogli su un piatto d'argento la cruciale rappresentanza texana che gli garantì il successo. House incontrò Wilson per la prima volta al Gotham Hotel il 21 maggio 1912.

George Sylvester Viereck scrive in *The Strangest Friendship in History. Woodrow Wilson e il Col. House* :

Qual è la base della vostra amicizia?", chiesi a House. - L'armonia delle nostre personalità e opinioni", rispose. - Quali erano i vostri obiettivi e i suoi? - Realizzare progetti generosi e progressisti nella

---

[26]*Dope, Inc.* descrive la banca Baring come segue: e"La Baring Brothers, la principale banca commerciale dell'oppio dal 1789 a oggi, aveva anche stretti legami con le famiglie di Boston [...] Al crepuscolo del XIX SECOLO, il banchiere più importante del gruppo creò la Morgan's House - che era anche coinvolta nel commercio dell'oppio in Oriente [...] Le attività di Morgan in Estremo Oriente includevano il traffico di oppio, sotto il sigillo ufficiale britannico [...] Il caso Morgan merita di essere esaminato in dettaglio".Le attività di Morgan in Estremo Oriente includevano il traffico di oppio, sotto il sigillo ufficiale britannico [...] Il caso Morgan merita particolare attenzione da parte delle agenzie di polizia e di controllo americane, a causa degli stretti legami tra la Morgan Guaranty Trust e le banche britanniche specializzate in droga. "

[27]Arthur Howden Smith, *The Real Col. House*, New York, Doran Company, 1918.

legislazione[28].

House disse a Viereck di aver dato a Wilson 35.000 dollari quando gli fece visita alla Casa Bianca. Questa somma fu superata solo da quella data da Bernard Baruch a Wilson: 50.000 dollari.

La trionfale realizzazione dei piani di House non sfuggì all'attenzione degli altri intimi di Wilson. House scrive a pagina 157 del 1er volume di *The Intimate Papers of Col. House*: *"Alcuni membri del Gabinetto, come il signor Lane e il signor Bryan, commentavano l'influenza esercitata da Wilson. House*: "Alcuni membri del Gabinetto, come il signor Lane e il signor Bryan, commentavano l'influenza che Dru esercitava sul Presidente. "Tutto ciò che il libro aveva delineato si stava verificando", osservò Lane. "Alla fine, il Presidente è Philip Dru"[29] ".

Sempre in *The Intimate Papers of Col. House*, menzionò alcune iniziative da lui intraprese a favore della Federal Reserve Act: *"Dicembre 1912. House*, menziona alcune iniziative da lui intraprese a favore del Federal Reserve Act: "19 dicembre 1912. Ho parlato per telefono con Paul Warburg sul tema della riforma monetaria. Gli ho raccontato del mio periodo a Washington e di ciò che avevo fatto per far funzionare le cose come un orologio. Gli dissi che il Senato e il Congresso sembravano abbastanza disposti a fare ciò che lui voleva e che il Presidente Wilson, che sarebbe stato inaugurato di lì a poco, aveva idee precise in merito[30].

Qui c'era il colonnello House, agente di Warburg a Washington, che assicurava a Warburg che il Senato e il Congresso avrebbero agito secondo i suoi desideri e che il futuro Presidente "aveva idee precise in proposito". In un'atmosfera simile, ogni parvenza di governo rappresentativo era svanita.

House continua, nei suoi *Documenti* :

"13 marzo 1913. Warburg e io abbiamo avuto una conversazione privata sulla riforma monetaria.

---

[28]George Sylvester Viereck, *La più strana amicizia...*, op. cit.

[29]Col. Edward Mandell House, *The Intimate Papers of Col. House*, ed. Charles Seymour, Houghton Mifflin Co, 1926-1928, vol. I, p. 157.

[30]*Ibidem*, vol. I, p. 163.

"27 marzo 1913. Il signor J. P. Morgan Jr. e il signor Denny, della sua società, sono arrivati alle 5 esatte. McAdoo è arrivato circa dieci minuti dopo. Morgan aveva un programma monetario pronto e rilegato. Gli suggerii di farlo battere a macchina in modo che non sembrasse troppo organizzato in anticipo e di inviarlo a Wilson (e a me) il giorno stesso.

"23 luglio 1913. Ho cercato di dimostrare al sindaco di Boston, Quincy, l'irresponsabilità dei banchieri orientali nell'opporsi alla legge di riforma valutaria. Mostrai a Henry Higginson[31] come il disegno di legge fosse stato meticolosamente redatto. Poco prima del suo arrivo, avevo finito di leggere una relazione del professor Sprague di Harvard sull'analisi di Paul Warburg della legge Glass-Owen. Domani riferirò a Washington. Tutti i finanzieri che Warburg sapeva essere esperti in materia furono invitati a partecipare alla stesura del progetto di riforma.

"13 ottobre 1913. Paul Warburg è stato il mio primo visitatore della giornata. È venuto a parlare del problema monetario. Non approva alcune disposizioni della legge di riforma Glass-Owen. Gli ho promesso di metterlo in contatto con McAdoo e il senatore Owen, in modo che possa discutere la questione con le persone competenti.

"17 novembre 1913. Paul Warburg mi ha telefonato per il suo viaggio a Washington. Più tardi è venuto a casa mia con il signor Jacob Schiff. Si sono fermati solo pochi minuti. Fu soprattutto Warburg a parlare. Aveva una nuova proposta da fare riguardo al raggruppamento delle banche di riserva ordinarie, in modo che questi elementi fossero più strettamente legati tra loro e avessero un rapporto più diretto con il consiglio [dei governatori]".

In *La più strana amicizia della storia. Woodrow Wilson e il Col. House,* George Sylveste Viereck ha scritto: "Gli Schiff, i Warburg, i Kahn, i Rockefeller e i Morgan confidavano in House. House fece da intermediario tra la Casa Bianca e le banche quando la legislazione sulla Federal Reserve prese finalmente forma[32].

A pagina 45, Viereck osserva: "Il colonnello House ritiene che questo sistema monetario sia il coronamento dell'amministrazione

---

[31] Il banchiere più importante di tutta Boston.

[32] George Sylvester Viereck, *La più strana amicizia...*, op. cit.

Wilson[33] ".

Il testo Glass (la versione della Camera della legge finale che istituiva la Federal Reserve) fu approvato dalla Camera dei Rappresentanti il 18 settembre 1913 con 287 voti favorevoli e 85 contrari. Il Senato adottò la propria versione il 19 dicembre 1913, con 54 voti a favore e 34 contrari. Le differenze significative tra le versioni del Senato e della Camera superavano il numero di 40, per cui gli oppositori della legge di riforma in entrambe le camere del Congresso furono portati a credere che sarebbero passate molte settimane prima che il testo fosse riesaminato. I membri del Congresso si stavano preparando a lasciare Washington per la pausa natalizia, pensando che il disegno di legge non sarebbe stato all'ordine del giorno fino al nuovo anno. È qui che i banchieri hanno concepito e consumato l'atto più bello del loro piano: in un solo giorno, hanno sistemato tutti i 40 emendamenti e l'hanno messo immediatamente ai voti. La legge fu approvata lunedì 22 dicembre 1913 dalla Camera dei Rappresentanti (282 favorevoli, 60 contrari) e dal Senato (43-23).

Il *New York Times ha* citato questa legge nel suo editoriale del 21 dicembre 1913:

"New York avrà una base più solida per il suo sviluppo finanziario e la città dovrebbe presto diventare il cuore monetario dell'intero pianeta".

Il 22 dicembre 1913 il *New York Times pubblicò il* titolo in lettere maiuscole:

IL PROGETTO DI RIFORMA MONETARIA POTREBBE ESSERE RATIFICATO OGGI. ALL'1.30 DI QUESTA MATTINA, I PARLAMENTARI AVEVANO APPIANATO QUASI TUTTE LE LORO DIVERGENZE. NESSUNA GARANZIA SUI DEPOSITI. IL SENATO HA CEDUTO SU QUESTO PUNTO, MA HA FATTO PASSARE UNA SERIE DI MODIFICHE.

"Con un ritmo senza precedenti, il Congresso dedicato ad appianare le divergenze tra la Camera dei Rappresentanti e il Senato sulla legge valutaria ha praticamente concluso i suoi lavori questa mattina presto. Sabato i legislatori hanno fatto poco più che spedire le questioni preliminari, riservando la domenica allo

---

[33]*Id.*

studio dei 40 principali ostacoli [...] Nessun altro testo importante sarà esaminato questa settimana in entrambe le camere del Congresso. I loro membri si stanno già preparando a lasciare Washington.

Il *New York Times ha* detto bene: "un ritmo incredibile". Dietro questa tattica di rifinitura, possiamo intuire l'abilità di Paul Warburg. Molti degli oppositori più zelanti della legge avevano già lasciato Washington. Tradizionalmente, il fair play politico richiedeva che nessuna legge importante fosse messa ai voti nella settimana prima di Natale. Tuttavia, questa consuetudine fu spazzata via con un gesto della mano per imporre al popolo americano il Federal Reserve Act.

Il *Times ha* discretamente ripreso una breve citazione del rappresentante Lindbergh che dichiarava che "questo disegno di legge stabilisce il più grande monopolio del mondo intero" e ha citato il deputato di Guernsey, Maine, membro repubblicano della Commissione della Camera per la valuta e le finanze: "Questo è un disegno di legge inflazionistico. L'unica questione da chiarire è la gravità dell'inflazione".

Ecco cosa disse Lindbergh alla Camera dei Rappresentanti in quel giorno memorabile:

"Questa legge stabilisce il più grande monopolio della terra. Un governo occulto, quello del potere monetario, avrà il diritto di città nel momento stesso in cui il Presidente promulgherà questo testo legislativo. Il popolo non se ne renderà conto subito, ma il giudizio sarà possibile in pochi anni. Presto i trust si renderanno conto di aver esagerato, anche nel loro interesse. Gli americani dovranno proclamare la loro indipendenza se vogliono liberarsi da questo giogo monetario. Per farlo, dovranno controllare il Congresso. I lobbisti di Wall Street difficilmente avrebbero potuto ingannarci se voi, membri della Camera e del Senato, non aveste trasformato questo Congresso in una grande barzelletta [...] Se il nostro Congresso rappresentasse il popolo, sarebbe una garanzia di stabilità. Questo sistema monetario è il più grande crimine del Congresso. Il più scandaloso crimine legale della storia è il risultato di questa legislazione finanziaria. Ancora una volta, i gruppi congressuali e i leader di partito hanno privato il popolo dell'autogoverno".

Nell'editoriale del 23 dicembre 1913, il *New York Times* pubblicò un'osservazione lontana dalle critiche di Lindbergh: "La legge sul denaro e sulle banche è stata migliorata e arricchita a Capitol Hill ad ogni passaggio da una camera all'altra. Il Congresso ha lavorato sotto l'occhio vigile del popolo americano per portare a compimento questa legislazione".

Il *New York Times* intendeva probabilmente "sotto gli occhi degli americani", *sotto gli occhi di Paul Warburg*, al quale fu assegnato un modesto ufficio a Capitol Hill per alcuni giorni per supervisionare la trionfale operazione che fu completata prima di Natale e che permise l'approvazione della legge, con senatori e deputati solidali con la causa che lo incontravano in qualsiasi momento per seguire le sue istruzioni.

La "velocità senza precedenti" con cui il Federal Reserve Act fu approvato dal Congresso durante quello che oggi verrebbe definito "il crimine di Natale" nascondeva un fatto imprevisto: Woodrow Wilson ne era all'oscuro, sebbene gli fosse stato detto - come a molti altri - che il testo non sarebbe stato riesaminato prima del nuovo anno. Si rifiutò quindi di firmare il disegno di legge, opponendosi alle sue clausole relative alla nomina di direttori di "categoria B". Nella sua biografia di Bernard Baruch, William L. White riferisce che Baruch, il maggior donatore della campagna elettorale di Wilson, fu sorpreso di apprendere che Wilson si rifiutava di siglare la legge. Si recò immediatamente alla Casa Bianca e disse al Presidente che si trattava solo di un punto di dettaglio, che avrebbe potuto essere affrontato in seguito tramite "circolari amministrative". L'importante era che il Federal Reserve Act fosse promulgato senza indugio. Wilson firmò la legge il 23 dicembre 1913. La storia dimostrerà che in quel giorno maledetto la Costituzione degli Stati Uniti cessò di essere il testo di riferimento per l'organizzazione del popolo americano, poiché le sue libertà furono consegnate a un piccolo gruppo di finanzieri senza Stato.

Il *New York Times* del 24 dicembre 1913 riportava il seguente titolo: "WILSON PROMULGA LA LEGGE MONETARIA! Altri due titoli, sempre in maiuscolo, seguivano subito dopo: "PROSPERITÀ PER LA LIBERTA'" e : "A SOSTEGNO DI TUTTE LE CLASSI SOCIALI". Chi potrebbe opporsi a una legislazione che dovrebbe andare a beneficio di tutti? Il *New York Times* descrive l'atmosfera gioviale che circondò la promulgazione del testo da parte di Wilson, alla presenza della sua famiglia e di personalità ufficiali. Il giornale esultava: "La magia del Natale ha circondato l'evento".

Rixey Smith afferma nella sua biografia di Carter Glass che tra i testimoni di questa promulgazione c'erano il vicepresidente Marshall, il segretario Bryan, Carter Glass, il senatore Owen, il segretario McAdoo, il portavoce Champ Clark e alcuni alti funzionari del Tesoro. Nessuno dei veri autori del testo (i compari di Jekyll Island) era presente: si erano cautamente ritirati dai riflettori per assaporare la loro vittoria nell'ombra.

Rixey Smith disse: "Era come se il Natale fosse stato festeggiato con due giorni di anticipo". Jacob Schiff scrisse al Colonnello House il 24 dicembre 1913: "Mio caro Colonnello House, desidero ringraziarla per il lavoro silenzioso ma molto efficace che ha svolto a favore del Currency Bill, e congratularmi con lei per il fatto che è stato possibile far diventare legge questo progetto. I miei migliori auguri, sinceramente, JACOB SCHIFF".

Moore, rappresentante del Kansas, ha commentato l'approvazione del disegno di legge parlando alla Camera dei Rappresentanti: "D'ora in poi il Presidente degli Stati Uniti sarà il dittatore assoluto delle finanze del Paese. Egli nomina un consiglio di vigilanza composto da sette persone, tutte appartenenti al suo partito politico, anche se questo partito è in minoranza al Congresso. In definitiva, sarà il Segretario del Tesoro a dover decidere ogni volta che ci sarà un disaccordo tra lui e il Consiglio dei Governatori, mentre uno e un solo membro di questo Consiglio potrà essere sostituito durante il mandato del Presidente successivo".

Originariamente decennale, il mandato dei membri del Board of Governors fu esteso a quattordici anni dal Banking Act del 1935: ciò significava che questi decisori della nazione americana in materia finanziaria rimanevano in carica più a lungo della durata di tre mandati presidenziali successivi, anche se non erano praticamente eletti dal popolo.

Mentre il colonnello House, Jacob Schiff e Paul Warburg assaporavano l'incomparabile felicità di un dovere compiuto, altri protagonisti del dramma erano soggetti a rimorsi tardivi. Nel 1916, Woodrow Wilson confidò (cfr. *National Economy and the Banking System*, Senate Papers, n° 3-223, 76e Congress, 1re session, 1939): "Il nostro sistema creditizio è concentrato (all'interno del Federal Reserve System). Di conseguenza, la crescita della nazione e di tutte le nostre attività è nelle mani di pochi individui".

Quando Clarence W. Baron chiese a Warburg se approvasse la legislazione così come era stata infine promulgata, Warburg rispose: "Ah, non include esattamente tutto ciò che volevamo, ma ciò che manca può sempre essere aggiunto in seguito da decisioni amministrative".

La maggior parte degli storici contemporanei attribuisce a Woodrow Wilson e Carter Glass il merito di aver approvato la legge, anche se Wilson era il meno coinvolto nel processo parlamentare. George Creel, un giornalista veterano di Washington, osservò nell'*Harper's Weekly* del 26 giugno 1915: "Da parte democratica, Woodrow Wilson non ebbe alcuna influenza se non il suo patrocinio presidenziale. Fu Bryan a occuparsi della disciplina del voto del Congresso sulle tariffe, sull'abrogazione dei pedaggi del Canale di Panama e sulla legge sul denaro". Bryan scriverà in seguito: "Ecco l'unica cosa che rimpiango di tutta la mia carriera politica: il ruolo che ho svolto nell'assicurare l'approvazione del Federal Reserve Act".

Il 25 dicembre 1913 *The Nation* commentava: "La Borsa di New York ha conosciuto una ripresa di crescita ininterrotta non appena si è saputo che il Senato si stava preparando ad approvare il Federal Reserve Act.

Ciò contraddice l'affermazione che il Federal Reserve Act sia una legge di riforma monetaria. In generale, la Borsa di New York dovrebbe essere considerata il barometro più affidabile del vero significato della legislazione promulgata a Washington. Il senatore Aldrich ha anche segnalato di non avere più dubbi sul Federal Reserve Act. In un giornale di sua proprietà, chiamato *The Independent*, scrisse nel luglio 1914: "Prima che questa legge fosse approvata, i finanzieri di New York potevano dominare solo le riserve di New York. Ora possiamo dominare tutte le riserve bancarie d'America.

H. W. Loucks ha attaccato il Federal Reserve Act in *The Great Conspiracy of the House of Morgan*: "Con il Federal Reserve Act hanno strappato al popolo il potere, costituzionalmente garantito, di coniare moneta e di regolarne il valore, trasferendolo a se stessi". Loucks continua a spiegare a pagina 31: "La Casa di Morgan ha ora il controllo dell'industria, del commercio e degli affari pubblici. Esercita un controllo totale sul processo decisionale dei politici dei partiti democratico, repubblicano e progressista. L'attuale incredibile campagna di "preparazione" è pianificata più per la coercizione interna che per la difesa da aggressioni esterne[34]."

La promulgazione del Federal Reserve Act da parte di Woodrow Wilson fu il culmine di diversi anni di collaborazione con il colonnello House - suo grande amico - e Paul Warburg. Franklin D. Roosevelt fu una delle persone che House incontrò durante l'amministrazione Wilson, dove era Assistente Segretario della Marina. Franklin D. Roosevelt si recò in "pellegrinaggio" nella casa del colonnello House a

---

[34]H. W. Loucks, *The Great Conspiracy of the House of Morgan*, pubblicato dall'autore, 1916.

Magnolia non appena ottenne la nomination del Partito Democratico alla presidenza nel 1932. Dopo la parentesi repubblicana degli anni Venti, Roosevelt portò a termine gli obiettivi di *Philip Dru, amministratore*[35] che Wilson non era riuscito a raggiungere. Tra le conquiste di Roosevelt figurano: la promulgazione di un sistema di sicurezza sociale, l'imposta sui profitti e la creazione di uno scaglione d'imposta sul reddito fino al 90% dei guadagni.

Charles Seymour, biografo di House, ha scritto: "Era stanco degli intrighi che circondavano i partiti politici e le nomine. Anche il ruolo che aveva svolto nelle riforme politiche utili (il Federal Reserve Act, la revisione delle tariffe e la riforma dell'imposta sul reddito) non lo soddisfaceva affatto. Dall'inizio del 1914, dedicò sempre più tempo a quella che considerava la forma più alta di politica, per la quale si sentiva particolarmente competente: gli affari internazionali[36] ".

Nel 1938, poco prima di morire, House disse a Charles Seymour:

"Negli ultimi quindici anni, anche se pochi lo sospetteranno, sono stato al centro degli eventi. Nessun personaggio straniero importante veniva in America senza incontrarmi. Ero vicino agli ambienti che hanno assicurato l'insediamento di Roosevelt, che mi ha dato carta bianca per consigliarlo. I nostri ambasciatori mi inviavano regolarmente rapporti.

Un'analisi comparata del testo della legge del 1913 approvata dalla Camera dei Rappresentanti e della versione emendata dal Senato rivela un cambiamento sorprendente... Il Senato ha respinto: "I responsabili delle Federal Reserve Banks possono essere sospesi per un motivo legittimo, stabilito per iscritto e che consenta un dibattito, come l'incompetenza, la negligenza del dovere, la frode o l'occultamento; tale rimozione deve ottenere l'approvazione del Presidente degli Stati Uniti". L'Alta Corte ha emendato questo passaggio: "Se un policymaker o un funzionario di una Federal Reserve Bank deve essere sospeso o rimosso, il motivo di tale rimozione sarà immediatamente comunicato dal Consiglio dei Governatori, per iscritto, al funzionario o al policymaker interessato e alla sua banca".

Questo emendamento ha cambiato completamente le condizioni

---

[35] E. M. House, *Philip Dru, amministratore*, New York, B. W. Heubsch, 1912.

[36] Col. E. M. House, *The Intimate Papers of Col. House*, Houghton Mifflin Co, 4 volumi, 1926-1928.

richieste per il licenziamento di un dirigente o amministratore. Non esistono più motivi legittimi o condizioni esaustive per il licenziamento. L'incompetenza, l'inadempienza, la frode e l'inganno sono quindi improbabili per il Consiglio dei governatori... E il funzionario licenziato non può più appellarsi al presidente.

In risposta a un'interrogazione scritta, l'Assistant Secretary del Federal Reserve Board ha risposto che in 36 anni è stato rimosso un solo funzionario "per giusta causa", ma l'identità del funzionario e i dettagli del caso sono stati taciuti in quanto "questione privata" tra un individuo, la sua Reserve Bank e il Federal Reserve Board.

Il Federal Reserve System fu inaugurato nel 1914 con l'istituzione del Comitato operativo voluto da Woodrow Wilson, composto dal Segretario al Tesoro William McAdoo, da suo genero, il Segretario all'Agricoltura Houston e da John Skelton Williams, Comptroller of the Currency.

J. P. Morgan incontrò i membri di questo comitato operativo a New York il 6 gennaio 1914. Chiese loro di limitare a sette il numero di aree regionali all'interno del nuovo sistema.

Questa commissione avrebbe dovuto scegliere i siti per le banche di riserva "decentralizzate". Anche se J. P. Morgan era convinto che fosse meglio non crearne più di 4, la commissione aveva la possibilità di istituire da 8 a 12 banche di riserva. La scelta delle sedi fu fortemente influenzata dalla politica, poiché le 12 città selezionate sarebbero diventate centri finanziari di importanza cruciale. Richmond fu la scelta successiva, per premiare Carter Glass e Woodrow Wilson, entrambi nativi della Virginia e a cui si deve il Federal Reserve Act. Gli altri membri eletti della commissione erano: Boston, Philadelphia, Cleveland, Chicago, St. Louis, Atlanta, Dallas, Minneapolis, Kansas City e San Francisco. Tutte queste città sono diventate importanti "distretti finanziari".

Tuttavia, questi bastioni locali impallidivano rispetto a un sistema totalmente dominato dalla Federal Reserve Bank di New York. Nel suo *America's Sixty Families*, Ferdinand Lundberg ha osservato: "In effetti, la Federal Reserve Bank di New York aveva assunto la guida del sistema di dodici banche regionali, perché New York era *il* mercato monetario degli Stati Uniti. Le altre undici banche avevano edifici imponenti ed estremamente costosi, eretti per salvaguardare l'orgoglio locale e sedare le paure ereditate da Andrew Jackson nel cuore degli Stati Uniti. Benjamin Strong, presidente della Bankers Trust (J. P. Morgan), fu nominato primo governatore della Federal Reserve Bank di New York. Esponente dell'alta finanza, Strong aveva manipolato per molti anni il sistema monetario americano a vantaggio delle grandi banche di New York. Durante il suo mandato, Strong creò stretti legami tra la Federal Reserve e la Banca d'Inghilterra e la Banque de France. Benjamin Strong rimase governatore della Federal Reserve Bank di New York fino alla sua improvvisa scomparsa nel 1928, durante un'inchiesta parlamentare sulla collusione segreta tra i governatori delle banche di riserva e i capi delle principali banche centrali europee. Fu questa collusione a portare alla Grande Depressione del 1929-1931[37].

Strong aveva sposato la figlia del presidente della Bankers Trust, il che gli permise di entrare a far parte di una stirpe coinvolta in intrighi dinastici che svolgevano un ruolo chiave nelle sfere dell'alta finanza. Aveva anche fatto parte della squadra originaria di Jekyll Island, nel "club dei nomi di battesimo", e si era così trovato legittimato a ricoprire le più alte cariche all'interno della Federal Reserve, come Governatore della Riserva di New York, che supervisionava l'intero sistema.

Paul Warburg è citato anche nel libro di riferimento di J. Laurence Laughlin, *The Federal Reserve Act. Its Origins and Purposes*: "Il signor Paul Warburg, della *Kuhn, Loeb Company*, ha presentato nel marzo del 1910 un solido piano per essere conosciuto come *United Reserve Bank of the United States*. Il *New York Times* del 24 marzo 1910 ha pubblicato questo piano. Le personalità coinvolte nel lavoro della Commissione monetaria nazionale si riunirono in segreto a Jekyll Island per quasi due settimane nel dicembre 1910. Si impegnarono a fondo per preparare un progetto di legge che la Commissione monetaria nazionale avrebbe dovuto presentare al Congresso degli Stati Uniti. Tra i presenti a Jekyll Island c'erano il senatore Aldrich, H. P. Davison della J. P. Morgan Company, Paul Warburg della *Kuhn, Loeb Company*, Frank Vanderlip della National City Bank e Charles D. Norton della *First National Bank*. Non c'è dubbio che, tra di loro, l'intelligenza finanziaria più completa fosse quella di Warburg, grazie alla sua formazione bancaria in Europa. Il senatore Aldrich non aveva particolari conoscenze finanziarie[38].

Harold Kelloch scrisse un articolo per il *Century Magazine* nel maggio 1915 intitolato "Warburg il rivoluzionario". In esso, Kelloch scriveva di Paul Warburg:

"Ha imposto le sue opinioni a una nazione di 100.000.000 di

---

[37]Ferdinand Lundberg, *Le sessanta famiglie d'America*, 1937.

[38]J. Laurence Laughlin, *Il Federal Reserve Act. Le sue origini e i suoi scopi*.

anime [...] Senza il signor Warburg su questo suolo, il Federal Reserve Act non avrebbe mai visto la luce". L'istituto finanziario Warburg & Warburg di Amburgo è sempre rimasto un'azienda esclusivamente familiare. Poiché tutti i Warburg sono nati nel mondo della finanza, nessun altro se non un Warburg poteva avere tutte le competenze necessarie per realizzare la riforma. Nel 1895 ottenne la mano della figlia del defunto Salomon Loeb, della *Kuhn, Loeb Company*. Entrò a far parte della società nel 1902. Il reddito di Warburg derivante dalle sue attività professionali ammontava a quasi mezzo milione all'anno. Le aspirazioni di Warburg erano puramente disinteressate e patriottiche".

I veri obiettivi del Federal Reserve Act disillusero rapidamente molti di coloro che si erano innamorati dei suoi primi commenti autorizzati. Nel 1916, W. H. Allen scrisse sul *Moody's Magazine*: "Lo scopo del Federal Reserve Act era quello di prevenire la concentrazione finanziaria a favore delle banche di New York, inducendo le banche regionali a utilizzare i fondi disponibili localmente, ma i movimenti di denaro mostrano che da quando la legge è in vigore gli uffici di New York hanno superato le loro controparti regionali ogni mese - ad eccezione del dicembre 1915. Solo a New York i tassi si sono stabilizzati. Altrove, i tassi elevati sono stati mantenuti. Questa legislazione, che avrebbe dovuto privare Wall Street della sua capacità speculativa, ha in realtà fornito agli speculatori, sia al rialzo che al ribasso, un'arma mai posseduta prima. In realtà, lungi dall'aver prosciugato i flussi verso Wall Street - come aveva impudentemente annunciato Glass - questo testo ha, al contrario, allargato i vecchi canali e ne ha scavati due nuovi. Il primo porta direttamente a Washington per fornire a Wall Street uno strumento di controllo dell'eccedenza di liquidità disponibile nel Tesoro americano. Grazie al potere di emettere banconote è stata trovata una fonte inesauribile di denaro fiat. Il secondo canale confluisce nelle principali banche centrali europee: è grazie a questo canale che Wall Street può, senza preoccuparsi, ricorrendo a vendite di obbligazioni virtualmente garantite dal governo statunitense, godere dell'immunità dalle richieste estere di oro, che sono alla base delle maggiori crisi della nostra storia."

Per molti anni, un fitto mistero ha avvolto i veri proprietari delle azioni delle banche della Federal Reserve. Il rappresentante Wright Patnam, un critico dichiarato del sistema, si è messo alla ricerca dell'identità di questi azionisti. Le azioni delle dodici Reserve Bank regionali originarie sono state acquistate dalle banche nazionali di queste dodici località. Poiché la Federal Reserve Bank di New York era responsabile della fissazione dei tassi d'interesse e della supervisione delle transazioni sul mercato aperto, e in questo modo controllava in modo permanente l'offerta di moneta in tutto il Paese, gli azionisti di questa istituzione sono in realtà i veri leader dell'intera impalcatura. I nomi di questi azionisti possono ora essere svelati. Sono disponibili i certificati azionari originali delle dodici Federal Reserve Banks, che riportano i proprietari delle azioni delle banche nazionali di ogni settore.

La Federal Reserve Bank di New York emise 203.053 azioni e, secondo i registri del Comptroller of the Currency del 19 maggio 1914, le principali banche newyorkesi presero più della metà delle azioni disponibili. La National City Bank, controllata da Rockefeller, Kuhn e Loeb, fece la parte del leone con 30.000 azioni. La *First National* Bank di J. P. Morgan ne comprò 15.000. Quando si fusero nel 1955, la loro nuova entità possedeva quindi un portafoglio di un quarto di tutte le azioni della Federal Reserve Bank di New York, che supervisionava l'intero sistema, e i suoi amministratori potevano quindi nominare Paul Volcker o qualsiasi altro uomo di loro scelta alla carica di Presidente del Consiglio dei Governatori della Federal Reserve. La Chase National Bank ottenne 6.000 azioni. La Marine Nation Bank di Buffalo, che sarebbe diventata Marine Midland, ne acquisì altrettante. Questo istituto era di proprietà della famiglia Schoellkopf, che deteneva la Niagara Power Company e diversi altri interessi strategici. La National Bank of Commerce di New York City ottenne 31.000 azioni.

Gli azionisti di queste banche che detengono azioni della Federal Reserve Bank di New York sono coloro che controllano i destini politici ed economici dei cittadini americani dal 1914. Sono i Rothschild d'Europa, Lazard Frères (Eugene Meyer), *Kuhn Loeb & Compagny*, la *Warburg Company*, *Lehman Brothers*, *Goldman Sachs*, la famiglia Rockefeller e la clientela di J. P. Morgan. Questi interessi si sono fusi e, in tempi recenti, continuano a intrecciarsi in vista di un controllo sempre più stretto. La *National Bank of Commerce* è diventata la *Morgan Guaranty Trust Company*; i Lehman Brothers si sono fusi con la *Kuhn, Loeb Company*; la *First National Bank* ha sposato la *National City Bank*; e, nelle altre undici banche regionali della Federal Reserve, questi stessi azionisti possiedono indirettamente azioni o controllano queste riserve; le altre azioni di queste ultime sono detenute dalle famiglie regnanti degli Stati in questione, che possiedono o controllano le principali industrie locali[39].

---

[39]Vedere le tabelle V-IX.

Queste famiglie "locali" formano comitati regionali agli ordini di New York, con gruppi come il Council on Foreign Relations, la Commissione Trilaterale e altri strumenti di controllo ideati dai loro padroni. Questo mondo finanzia e dirige la vita politica della propria regione, sceglie i candidati su cui investire e i loro piani raramente incontrano un ostacolo insormontabile.

La divisione originaria degli Stati Uniti in quarantotto Stati federali continentali è stata messa in discussione dall'istituzione di dodici "distretti finanziari" sotto la guida delle banche della Federal Reserve, inaugurando un'era di "regionalismo" basata su dodici distretti che non hanno alcuna relazione con i confini reali degli Stati.

Queste conseguenze dell'adozione del Federal Reserve Act hanno dimostrato la validità delle accuse mosse da Thomas Jefferson nel 1791 contro il progetto di una banca centrale:

- che gli acquirenti delle azioni della Federal Reserve Bank formassero una società commerciale le cui azioni potessero essere detenute - e di fatto lo sono - da cittadini stranieri;

- che queste azioni sarebbero passate a una certa linea di successori;

- che sarebbero stati protetti dalla confisca o dall'incameramento;

- che questi azionisti avrebbero un monopolio finanziario, in contrasto con le leggi contro i monopoli;

- e che si sarebbero arrogati il potere di approvare leggi che avrebbero avuto la precedenza su quelle degli Stati.

In nessuno Stato federale il legislatore può rendere nulla la minima disposizione stabilita dal Consiglio dei Governatori della Federal Reserve a beneficio esclusivo dei suoi azionisti privati. Il Consiglio promulga decisioni che fissano i tassi di interesse, l'offerta di moneta e le quotazioni delle valute. Tutti questi poteri abrogano *di fatto* il potere dei legislatori statali e la loro responsabilità nei confronti degli elettori.

Il *New York Times* aveva annunciato che le banche della Federal Reserve sarebbero state pronte a iniziare le operazioni il 1er agosto 1914. In realtà, però, esse attesero fino al 16 novembre 1914 per iniziare a operare. Il loro patrimonio totale ammontava allora a 143 milioni di dollari grazie alla vendita delle azioni della Federal Reserve Bank agli azionisti delle banche nazionali che le avevano sottoscritte. Quanto di questi 143 milioni di dollari sia stato effettivamente pagato per le azioni rimane un mistero. Alcuni storici ipotizzano che gli azionisti abbiano versato solo la metà di questa somma in contanti; altri pensano che non abbiano pagato nulla, essendosi accontentati di firmare assegni emessi dalle banche nazionali che controllavano. Quest'ultima ipotesi sembra la più probabile, poiché fin dall'inizio le operazioni della Federal Reserve non furono altro che "carta emessa contro carta" e le registrazioni nei libri contabili comprendevano solo i titoli che cambiavano di mano.

Le persone scelte dal Presidente Woodrow Wilson per formare il primo Consiglio dei Governatori della Federal Reserve provenivano dal "gruppo dei banchieri". Proprio perché Wilson aveva affermato di rappresentare "la gente comune" contro "gli interessi particolari", era stato candidato dal Partito Democratico alla presidenza. Secondo lo stesso Wilson, era possibile per lui nominare un solo nome nel Consiglio dei Governatori della Federal Reserve: gli altri erano decisi dai finanzieri di New York. La scelta di Wilson ricadde su Thomas D. Jones, fiduciario di Princeton e direttore della International Harvester e di numerose altre società. Insieme a lui presiedettero Adolph C. Miller, economista dell'Università di Chicago (Rockefeller) e di Harvard (Morgan), che era stato anche Assistente Segretario agli Interni; Charles S. Hamlin, già Assistente del Segretario al Tesoro per otto anni; F. A. Delano, un parente di Roosevelt che aveva fatto carriera nel settore ferroviario assumendo il controllo di un gran numero di compagnie ferroviarie per conto della *Kuhn, Loeb Company*; W. P. G. Harding, presidente del Consiglio di amministrazione di Roosevelt. P. G. Harding, presidente della *First National Bank* di Atlanta, e Paul Warburg, della Kuhn, *Loeb Company*. Secondo *The Intimate Papers of Col. House*, Warburg era stato scelto perché *"il suo nome era stato scelto per la prima volta"*. House, Warburg fu scelto perché "il Presidente favorì (House) la nomina di Paul Warburg di New York per la sua abilità ed esperienza in campo monetario, dimostrata sia sotto le amministrazioni repubblicane che democratiche[40] ".

Delano, pur essendo anch'egli cittadino americano, era nato, come Warburg, in terra straniera. Secondo il dottor Josephson e altri ricercatori, Warren Delano - suo padre - era stato coinvolto nel commercio cinese di oppio a Hong Kong, e quindi Frederick Delano nacque lì nel 1863.

Scrive Paul Emden in *The Money Powers of Europe*: "I Warburg

---

[40]Charles Seymour, *The Intimate Papers of Col. House*, 4 volumi, 1926-1928, Houghton Mifflin Co.

acquisirono la loro posizione eccezionale negli ultimi vent'anni del secolo scorso, parallelamente all'ascesa della *Kuhn, Loeb Company* di New York, con la quale avevano rapporti sia familiari che personali. Nel 1913, Paul Warburg realizzò con incredibile genialità la revisione del sistema bancario americano a cui lavorava dal 1911 con il senatore Aldrich: aveva così determinato meticolosamente le basi monetarie e finanziarie degli Stati Uniti[41].

Il 6 maggio 1914, il *New York Times*[42] riportava che Warburg si era "ritirato" dalla *Kuhn, Loeb Company* per entrare a far parte del Board of Governors, senza però dimettersi dalle sue importanti cariche presso l'*American Surety Company*, la *Baltimore & Ohio Railroad*, la *National Railway of Mexico*, la Wells Fargo o la *Westinghouse Electrice Corporation*, società che continuavano a farlo sedere nei loro consigli di amministrazione. *Who's Who* ha elencato questi incarichi, aggiungendo l'American *I. G. Chemical Company* (una filiale di I. G. Farben), *Agfa Ansco Corporation, Westinghouse Acceptance Company, Warburg Company of Amsterdam, oltre a* presiedere il consiglio di amministrazione della *International Acceptance Bank* e di molte altre banche, ferrovie e altre società.

"La *Kuhn, Loeb Company* e la Warburg hanno quattro voti, cioè dicono la maggioranza nel Consiglio della Federal Reserve[43]".

Nonostante il suo ritiro dalla *Kuhn, Loeb Company* nel maggio 1914 per assumere un posto nel Consiglio dei Governatori della Federal Reserve, Warburg fu convocato da una sottocommissione del Senato nel giugno 1914 per rispondere alle domande sul suo ruolo dietro le quinte nell'approvazione del Federal Reserve Act da parte del Congresso degli Stati Uniti. Questa prima domanda lasciava presagire domande sull'incontro segreto di Jekyll Island: Warburg si rifiutò di rispondere. Il 7 luglio 1914 scrisse a G. M. Hitchcock, presidente della Commissione valutaria e finanziaria del Senato, che chiedergli di rispondere a qualsiasi domanda avrebbe potuto minare l'autorità del

---

[41]Paul Emden, *The Money Power of Europe in the 19th and 20th Century*, London, S. Low, Marston Co. 1937.

[42]L'edizione del 30 aprile 1914 del *New York Times* riportava che le dodici regioni avevano raccolto sottoscrizioni per 74.740.800 dollari e che le banche sottoscrittrici avrebbero pagato solo la metà di questo importo entro sei mesi.

[43]Clarence W. Barron, *More They Told Barron*, Arno Press, 1973. *New York Times*, 12 giugno 1914, p. 204.

Consiglio dei governatori e che quindi avrebbe dovuto declinare l'invito. A quanto pare, Warburg era pronto a ingannare la commissione del Senato e a confermarlo senza ulteriori domande. Il *New York Times* del 10 luglio 1914 difese Warburg dalla "Inquisizione del Senato". Poiché Warburg non era ancora stato interrogato e i senatori non erano particolarmente disposti a farlo parlare usando tattiche di pressione, il termine "inquisizione" sembra più che inappropriato. La questione si risolse quando la Commissione del Senato, in una pietosa resa, accettò che a Warburg fosse consegnato in anticipo un elenco di domande, in modo che potesse leggerle ed essere esonerato dal rispondere a quelle che avrebbero potuto pregiudicare il suo ruolo nel Consiglio dei Governatori. Il 23 luglio 1914, *The Nation* riportava: "Il signor Warburg ha finalmente conferito con il senatore O'Gorman, accettando di incontrarsi informalmente con la sottocommissione del Senato per raggiungere un compromesso e fornire tutte le informazioni che si possono ragionevolmente desiderare. A Washington si ritiene che la conferma di Warburg sia già assicurata". *The Nation* aveva ragione: essendo state gettate le basi dal suo "sensale", il più familiare senatore O'Gorman di New York, soprannominato "il senatore di Wall Street", la nomina di Warburg fu convalidata. Il senatore Robert L. Owen aveva precedentemente accusato Warburg di essere l'agente americano della famiglia Rothschild, ma interrogarlo a questo proposito avrebbe potuto ricordare l'"Inquisizione" medievale e i suoi colleghi senatori erano troppo civili per accettare una simile possibilità[44].

Durante le audizioni di Paul Warbug da parte della Commissione bancaria e valutaria del Senato, il senatore Bristow chiese il 1er agosto 1914:

"Quanti di questi soci (della *Kuhn, Loeb Company*) sono cittadini americani?

Warburg. - Sono tutti cittadini americani, tranne il signor Kahn, che è un cittadino britannico.

Bristow. - Una volta era candidato al Parlamento, vero?

---

[44]La conferma di Warburg fu sancita l'8 agosto 1914 con 38 voti favorevoli e 11 contrari. Il suo principale avversario fu il senatore Bristow del Kansas, che fu dipinto dal *New York Times* come un "repubblicano radicale" e la cui notevole biblioteca di libri rari sugli affari finanziari fu acquistata dal sottoscritto nel 1983 per sostenere il presente lavoro.

Warburg. - Mi è stato detto. Gli era stato consigliato di farlo e lui voleva farlo.

Paul Warburg ha inoltre dichiarato alla commissione: "Sono andato in Inghilterra, dove sono rimasto per due anni, lavorando inizialmente per la banca discount Samuel Montague & Company. Poi sono andato in Francia per lavorare per una banca francese.

Il Presidente. - E qual era questa banca francese?

Warburg. - La Banca russa per il commercio estero, che ha una filiale a Parigi.

Bristow. - Da quanto ho capito, lei dice di essere stato un repubblicano, ma quando è arrivato Theodore Roosevelt è diventato un simpatizzante e poi un sostenitore di Wilson?

Warburg. - Si.

Bristow. - Mentre suo fratello (Felix Warburg) sosteneva Taft?

Warburg. - Si.

I tre soci della *Kuhn, Loeb Company* sostenevano tre diversi candidati alla presidenza americana. Paul Warburg sosteneva Wilson, Felix Warburg finanziava Taft e Otto Kahn appoggiava Theodore Roosevelt. Paul Warburg chiarì questa situazione insolita davanti alla commissione, sostenendo che non avevano alcuna influenza politica l'uno sull'altro, "poiché la finanza e la politica non si mescolano".

Le domande sulla nomina di Warburg svanirono grazie al clamore suscitato dall'unica nomina al Consiglio dei Governatori di cui Wilson era pienamente responsabile: quella di Thomas B. Jones. I giornalisti avevano scoperto che Jones, al momento della sua nomina, era perseguito dal Procuratore Generale degli Stati Uniti. Wilson difese il suo nominato, dicendo alla stampa: "La maggior parte delle persone legate a ciò che di solito chiamiamo 'grandi imprese' sono oneste, sincere e patriottiche". Nonostante le giustificazioni di Wilson, la Commissione del Senato per le Finanze e la Valuta iniziò le audizioni sulle qualifiche di Thomas D. Jones per entrare nel Consiglio dei Governatori. Wilson inviò una lettera al presidente della commissione, il senatore Robert L. Owen:

Alla Casa Bianca, 18 giugno 1914

Caro senatore Owen,

Il signor Jones si è sempre schierato dalla parte dei diritti del popolo contro quelli dei privilegiati. È stato il servizio pubblico a unirlo alla Harvester Company, non gli interessi privati. Tra molti altri nomi, era l'unico che potevo scegliere personalmente in tutta coscienza.

Cordiali saluti,

Woodrow Wilson

Woodrow Wilson disse: "Non c'è motivo di credere che questo rapporto sfavorevole rifletta l'opinione del Senato in quanto tale". Alcune settimane dopo, Thomas D. Jones si ritirò e la nazione fece a meno dei suoi servizi.

Tra gli altri membri originari del Consiglio dei Governatori figuravano il Segretario al Tesoro William McAdoo, genero di Wilson e presidente della *Hudson-Manhattan Railroad*, una ferrovia controllata dalla *Kuhn, Loeb Company*, e John Skelton Williams, Comptroller of the Currency.

Quando le Federal Reserve Banks aprirono i battenti il 16 novembre 1914, Paul Warburg esclamò:

"Questo giorno può essere considerato come il 4 luglio della storia economica degli Stati Uniti".

CAPITOLO IV

IL COMITATO CONSULTIVO FEDERALE

Il 30 settembre 1913, quando la Federal Reserve Act fu approvata dalla Camera dei Rappresentanti, Carter Glass assicurò che l'interesse nazionale sarebbe stato garantito da un comitato consultivo di finanzieri:

> "Non c'è nulla di minaccioso in queste attività. Un comitato consultivo di finanzieri che rappresenta tutti i distretti regionali del sistema di riserva si riunirà con il Consiglio dei governatori almeno quattro volte all'anno. Quale maggiore precauzione avremmo potuto istituire per garantire l'interesse dei cittadini?".

Carter Glass non spiegò allora, né lo fece mai in seguito, perché credeva che un gruppo di banchieri avrebbe protetto l'interesse nazionale. Né fornì una sola prova che dimostrasse che i banchieri avessero mai agito in questo modo nella storia degli Stati Uniti. In realtà, il Comitato Consultivo Federale si rivelò essere l'essenziale macchina amministrativa che Paul Warburg aveva immaginato nel Federal Reserve Act. Era esattamente il tipo di controllo occulto e dietro le quinte del sistema che aveva richiesto. Subito dopo il passaggio al Congresso, C.W. Barron, un giornalista finanziario, chiese a Warburg se approvasse la legge che era stata infine firmata. Warburg rispose: "Beh, non contiene assolutamente tutto ciò che volevamo, ma ciò che manca può essere aggiunto in seguito tramite regolamenti amministrativi". Il Comitato consultivo divenne il veicolo ideale per i piani di Warburg. Per settant'anni agì nel più completo anonimato, i suoi membri e i loro legami commerciali passarono inosservati al grande pubblico.

Il senatore Robert Owen, presidente della commissione bancaria e valutaria del Senato, si espresse sei mesi prima dell'approvazione della legge (citazione dal *New York Times*, 3 agosto 1913):

"Il Federal Reserve Act concederà agli interessi finanziari, industriali e commerciali lo sconto sulla carta commerciale qualificata, equilibrando così la nostra vita industriale e commerciale. Lo scopo delle banche della Federal Reserve non è certo quello di fare fortuna, ma di servire un bene nazionale essenziale: mettere in contatto i commercianti e gli imprenditori con le banche e garantire un mercato fisso per i manufatti, i prodotti agricoli e la manodopera. Non c'è motivo per cui le banche controllino il Federal Reserve System. La stabilità darà al nostro commercio uno sviluppo sano e completo.

Le speranze del senatore Owen furono deluse dall'ascesa dei cospiratori di Jekyll Island sulla composizione originaria delle istituzioni interessate. La coppia Morgan-Kuhn, Loeb aveva acquisito un numero di azioni della Federal Reserve Bank di New York sufficiente a garantirne il controllo, con quasi la metà delle azioni detenute attraverso i loro cinque stabilimenti newyorkesi (*First National Bank*, National City Bank, National Bank of Commerce, Chase National Bank e Hanover National Bank), ma aveva anche convinto il presidente Woodrow Wilson a nominare uno dei partecipanti alla spedizione a Jekyll Island, Paul Warburg, nel Consiglio dei governatori della Federal Reserve.

Ciascuna delle dodici Federal Reserve Banks avrebbe dovuto eleggere un membro del Federal Advisory Committee, che si sarebbe riunito quattro volte l'anno a Washington con il Consiglio dei Governatori per "consigliarlo" sulla politica monetaria. Questo dava l'impressione di garantire una democrazia perfetta: in realtà, i dodici "consiglieri", ognuno dei quali rappresentava una diversa area degli Stati Uniti, dovevano difendere gli interessi economici delle loro diverse regioni con un solo voto. Ammirevole forse nella sua formulazione, questo concetto assumeva un aspetto del tutto diverso nella dura realtà economica. Pensate che un direttore di banca di St. Louis o di Cincinnati, seduto a una riunione con Paul Warburg e J.P. Morgan per "consigliarli" su questioni monetarie, si metterebbe contro due dei più influenti finanzieri del mondo, quando la minima nota scarabocchiata da uno di loro potrebbe essere sufficiente a far fallire la sua piccola banca?

In realtà, le piccole banche dei dodici distretti della Federal Reserve non erano altro che satelliti dei grandi interessi finanziari di New York, alla cui mercé si trovavano. Come sottolinea Martin Mayer in *The Bankers*: "J. P. Morgan manteneva 'corrispondenze' con un certo numero di piccole banche in tutto il paese⁴⁵ ". Le grandi banche newyorkesi non si accontentavano di transazioni multimilionarie con altri grandi interessi finanziari: effettuavano anche molte piccole transazioni in tutti gli Stati Uniti con istituti "corrispondenti".

Evidentemente sicuri che le loro truffe non sarebbero mai state smascherate, il duo di azionisti Morgan-Kuhn, Loeb scelse i membri del Comitato Consultivo Federale senza mezzi termini: essi provenivano dalle istituzioni in cui il consorzio aveva azioni e dalle loro banche satellite. Sembra che nessuno nel mondo finanziario se ne sia accorto, visto che per i primi sessant'anni di vita della Federal Reserve non si è parlato di questo argomento.

Poiché l'accusa che gli azionisti di New York potessero controllare il Federal Advisory Committee sembrava necessariamente troppo forte, il suo primo presidente fu eletto nel 1914 dai membri di questo organismo nella persona di J. B. Morgan, presidente della *First National Bank* di Chicago. Nel 1914, la *Rand McNally* elencava le principali banche corrispondenti delle grandi istituzioni. Ad esempio: la banca corrispondente della *First National Bank* di New York, controllata da Baker e Morgan, era la sua omonima di Chicago, che a sua volta aveva come principale corrispondente la *Bank of Manhattan* di New York, controllata da Jacob Schiff e Paul Warburg della *Kuhn, Loeb Company*. James B. Forgan figurava anche come direttore della *Equitable Life Insurance Company*, anch'essa controllata da Morgan. Tuttavia, i legami tra la *First National Bank* of Chicago e queste banche di New York erano ancora più stretti di quanto suggerisca questo elenco.

A pagina 701 di *The Growth of Chicaco Banks*, di F. Cyril James, si fa riferimento al "fruttuoso legame tra la *First National Bank* of Chicago e gli interessi di Morgan. L'establishment di Chicago inviò urgentemente un benevolo ambasciatore a New York per invitare George F. Baker a sedere nel consiglio di amministrazione della *First National Bank* of Chicago⁴⁶ ". (Da J. B. Forgan a Ream, 7 gennaio 1903) In effetti, Baker e Morgan avevano scelto personalmente il primo presidente del Comitato consultivo federale.

James B. Anche Forgan (1852-1924) ha stabilito la "London Connection" all'interno del sistema della Federal Reserve. Nato a St.

---

⁴⁵Martin Mayer, *The Bankers*, New York, Weybright and Talley, 1974, p. 207.

⁴⁶F. Cyril James, *The Growth of Chicago Banks*, New York, Harper, 1938.

Andrews, in Scozia, iniziò la sua carriera bancaria presso la Royal Bank of Scotland, una banca corrispondente della Banca d'Inghilterra. Arrivò in Canada per lavorare presso la Bank of British North America, prima di entrare nella Bank of Nova Scotia, che lo mandò a Chicago negli anni Ottanta del XIX secolo. All'alba del XX SECOLO^e, divenne presidente della *First National Bank* of Chicago.

Per sei anni fu presidente del Comitato consultivo federale. Alla sua uscita da questo organismo, gli successe Frank O. Wetmore, che assunse anche la carica di presidente della *First National Bank* of Chicago nello stesso momento in cui Forgan fu promosso a presidente del Consiglio dei governatori della Federal Reserve.

Nel primo Comitato consultivo federale, il rappresentante del Distretto della Riserva di New York era nientemeno che... J. P. Morgan. Egli fu scelto per presiedere il Comitato esecutivo. Paul Warburg e J. P. Morgan parteciparono così alle riunioni del Consiglio dei governatori durante i primi quattro anni di vita della Federal Reserve, circondati dai governatori e dagli altri membri del comitato, consapevoli che il loro futuro era correlato a questi due importanti finanzieri.

Nel 1914, un altro membro del Comitato consultivo federale era Levi L. Rue, in rappresentanza del distretto di Filadelfia. Rue era presidente della Philadelphia National Bank, che la *Rand McNally* del 1914 identificava come la prima banca corrispondente della *First National Bank* di New York. Anche la *First National Bank* di Chicago fece della Philadelphia National Bank la sua principale banca corrispondente a Filadelfia.

Tra gli altri membri del Comitato consultivo federale figurano Daniel S. Wing, presidente della *First National Bank* di Boston; W. S. Rowe, presidente della *First National Bank* of Cincinnati; e C. T. Jaffray, presidente della First *National Bank* di Minneapolis.

Tutti questi istituti erano banche corrispondenti delle *Big Five di* New York, che controllavano il mercato finanziario americano.

Jaffray aveva un legame ancora più stretto con gli interessi di Baker-Morgan. Nel 1908, Baker e Morgan crearono una holding, la First Security Corporation, per reinvestire i sostanziosi dividendi delle loro azioni della *First National Bank* di New York. Questa acquisì 500 azioni della *First National Bank* di Minneapolis. Quindi, anche se era stato "scelto" dagli azionisti della banca di riserva di Minneapolis per rappresentare i loro interessi, Jaffray era molto più di un semplice dipendente di Baker o Morgan. La First Security Corporation possedeva anche 50.000 azioni della Chase National Banks, 5.400 della National

Bank of Commerce, 2.500 della Bankers Trust e 928 della Liberty National Bank, la stessa banca di cui Henry P. Davison era stato presidente quando era stato portato via per entrare nel gruppo di J. P. Morgan. P. Morgan. C'erano anche azioni di New York Trust, Atlantic Trust e Brooklyn Trust. First Security si concentrava su azioni dal valore evidente e che promettevano buoni dividendi. Nel 1927, questo fondo raccolse 5.000.000 di dollari, oltre agli 8 milioni di dollari destinati agli azionisti.

E. F. Swinney, un altro membro del primo Comitato consultivo federale, era presidente della *First National Bank* di Kansas City. Era anche direttore della *Southern Railway* e, secondo *Who's Who*, era "politicamente non affiliato".

Archibald Kains rappresentava il distretto di San Francisco nel Comitato consultivo federale, ma teneva un piede a New York come presidente dell'American Foreign Banking Corporation.

Dopo aver ricoperto la carica di governatore tra il 1914 e il 1918, Paul Warburg non chiese di essere riconfermato. Tuttavia, non era disposto a tagliare i ponti con la Federal Reserve, che aveva lavorato duramente per creare e rendere operativa. J.P. Morgan rinunciò cortesemente al suo posto nel Comitato consultivo federale e per i dieci anni successivi Paul Warburg rappresentò il Distretto della Riserva di New York nel Comitato. Fu vicepresidente dal 1922 al 1925, poi presidente nel 1926-1927. In questo modo, Warburg rimase la presenza dominante alle sessioni del Consiglio dei governatori per tutti gli anni Venti, quando le banche centrali europee concepirono la violenta contrazione del credito che si ritiene abbia precipitato il crollo del 1929 seguito dalla Grande Depressione.

Sebbene la maggior parte dei "consigli" forniti al Consiglio dei governatori dal Comitato consultivo federale non sia mai stata verbalizzata, frammenti di questi consigli furono riportati, in rare occasioni, in brevi dispacci del *New York Times*. L'edizione del 21 novembre 1916 riportava che il Comitato consultivo federale si era riunito a Washington per la sua riunione trimestrale:

> "Si è discusso dell'assorbimento del credito europeo e della sua estensione al Sud America e ad altri paesi. I funzionari della Federal Reserve hanno sottolineato che, per mantenere la propria posizione globale nel settore finanziario, gli Stati Uniti devono aspettarsi di svolgere un gran numero di servizi finora svolti dall'Inghilterra, estendendo il credito a breve termine necessario per la produzione e la spedizione di tutti i tipi di merci nel commercio internazionale. Le accettazioni commerciali estere

richiedono anche tassi bancari più bassi e mercati dell'oro più liberi e affidabili". (Nel 1916 la prima guerra mondiale era in pieno svolgimento).

Oltre ai suoi incarichi nel Consiglio dei governatori e nel Comitato consultivo federale, Paul Warburg continuò a consigliare i finanzieri sulle strategie da adottare. Il 22 ottobre 1915 si rivolse al Twin City Bankers Club di St. Paul, Minnesota. Il suo discorso recitava come segue:

> "È nel vostro interesse agire affinché le banche della Federal Reserve siano il più potenti possibile. Immaginare cosa possa riservare il futuro per la crescita dell'attività finanziaria americana va oltre la mente umana. Dato che le grandi potenze europee sono confinate nei confini delle loro nazioni e che gli Stati Uniti sono diventati la nazione creditrice dell'intero pianeta, i confini del terreno davanti a noi sono determinati solo dalla nostra capacità di espanderci senza rischi. L'ampiezza del nostro futuro finanziario sarà in definitiva limitata dalla quantità di oro che saremo in grado di raccogliere per gettare solide fondamenta alla nostra sovrastruttura bancaria e creditizia".

La composizione del Consiglio dei Governatori della Federal Reserve e del Comitato Consultivo Federale, dai primi membri a quelli attuali, evidenzia i legami tra la riunione di Jekyll Island e la finanza londinese. Si tratta di una prova inconfutabile, che qualsiasi tribunale accetterebbe, dell'esistenza di un piano per prendere il controllo del denaro e del credito del popolo americano a beneficio dei suoi tiratori di corde. I famosi pionieri di Jekyll Island furono Frank Vanderlip, presidente della National City Bank, che nel 1914 acquisì gran parte delle azioni della Federal Reserve Bank di New York; Paul Warburg, della *Kuhn, Loeb Company*; Henry P. Davison, l'uomo di fiducia di J. P. Morgan. Il braccio destro di Morgan, Henry P. Davison, che fu anche direttore della *First National Bank* of New York e della National Bank of Commerce, che acquisì anche una quota significativa del capitale della Federal Reserve Bank of New York; e Benjamin Strong, anch'egli ritenuto luogotenente di Morgan, che ereditò la carica di governatore della Federal Reserve Bank of New York negli anni Venti[47].

---

[47]"Il Comitato Consultivo Federale ha una grande influenza sul Consiglio dei Governatori. J. P. Morgan, Jr, figlio del defunto J. P. Morgan e capo della J. P. Morgan Company, è ovviamente a capo di questo comitato. I dodici membri di

CAPITOLO V

LA CASA DI ROTHSCHILD

Il successo della cospirazione della Federal Reserve susciterà molte domande nei lettori che non hanno familiarità con la storia degli Stati Uniti. Come poteva l'alleanza Kuhn, Loeb e Morgan, per quanto influente, pensare da un lato di poter istituire un sistema che le permettesse di prosciugare tutto il denaro e il credito dei cittadini americani e dall'altro che una tale legge sarebbe stata approvata?

La possibilità di redigere questa "legge sulla Federal Reserve" - diretta emanazione della spedizione di Jekyll Island - e di portarla a compimento era indubbiamente alla portata della coppia Kuhn, Loeb-Morgan. Citiamo John Moody nel suo articolo "The Seven Men" pubblicato sul *McClure's Magazine* nell'agosto 1911:

> "Sette individui controllano oggi, da Wall Street, una parte immensa dell'industria e delle risorse fondamentali degli Stati Uniti. Tre di questi uomini - J. P. Morgan, James J. Hill e George F. Baker, quest'ultimo a capo della *First National Bank* of New York - fanno parte della nebulosa Morgan; gli altri quattro - John D. e William Rockefeller, nonché James Stillman, alla guida della National City Bank, e Jacob H. Schiff, della Kuhn, Loeb Company

questo comitato, come tutti sanno, provengono dalle stesse scuole. Il Federal Reserve Act non è una semplice legge che concede un privilegio speciale: sono state scelte persone privilegiate per controllare la Federal Reserve e consigliare i suoi direttori. Il Consiglio dei governatori e il Comitato consultivo federale gestiscono il Federal Reserve System come organi di governo. Nessun funzionario pubblico, se mai ne avesse l'inclinazione, oserebbe incrociare le spade con loro". (Queste righe spiegano perché, nella primavera del 1918, Woodrow Wilson ordinò agli agenti della sua amministrazione di sequestrare le lastre di stampa di questo libro e di distruggerne tutte le copie.

- sono legati alla Standard Oil City Bank [...]. Schiff, della *Kuhn, Loeb Company* - sono legati alla *Standard Oil City Bank* [...] Il sistema capitalistico centralizzato sta estendendo la sua presa su tutti gli Stati Uniti [...] Questo processo non è solo logico dal punto di vista economico, ma è anche automatizzato da un punto di vista pratico[48] ".

La cospirazione del 1910 per prendere il controllo del denaro e del credito del popolo americano era guidata da individui che già controllavano la maggior parte delle risorse americane. Secondo John Moody, era praticamente automatico che le loro attività si sviluppassero in questo modo.

Ciò che John Moody non sapeva, o non aveva indicato ai suoi lettori, era che questi individui, tra i più influenti degli Stati Uniti, erano responsabili di un altro potere, questo straniero, un potere che aveva cercato risolutamente di estendere la sua influenza negli Stati Uniti fin dall'inizio di questa giovane repubblica. Si trattava del potere finanziario inglese, concentrato nella filiale londinese della Casa Rothschild. La verità è che nel 1910 gli Stati Uniti erano in pratica governati dal Regno Unito. E oggi non è cambiato nulla in questo senso. Le dieci principali holding bancarie americane, tutte con filiali a Londra, sono saldamente gestite da una manciata di istituti bancari: *J. P. Morgan Company, Brown Brothers Harriman, M. M. Warburg & Co, Kuhn-Loebe* e J. Henry Schroder. Questi avevano stretti legami con Rothschild, principalmente attraverso la supervisione di quest'ultimo del mercato monetario internazionale attraverso la manipolazione dei prezzi dell'oro. Il prezzo dell'oro mondiale è determinato quotidianamente negli uffici di *N. M. Rothschild & Company* a Londra...

Sebbene queste società fossero apparentemente americane, avendo semplicemente delle filiali londinesi, la realtà è che prendevano gli ordini a Londra. La storia di questi istituti bancari è tanto affascinante quanto poco conosciuta dal grande pubblico. Le loro origini risalgono al commercio internazionale di oro, schiavi, diamanti e vari beni di contrabbando. Le considerazioni morali non hanno spazio nelle decisioni commerciali prese da queste società: sono interessate solo al denaro e al potere.

Oggi, a Newport, nel Rhode Island, i turisti ammirano le sontuose

---

[48]John Moody, "I sette uomini", *McClure's Magazine*, agosto 1911, p. 418.

dimore degli immensi ricchi, senza rendersi conto che queste "tenute" ricordano le ambizioni dei milionari dell'epoca vittoriana... ma anche le colossali fortune che questi pochi americani consolidarono a Newport quando era la capitale del commercio degli schiavi.

Per secoli Venezia è stata il fulcro del commercio umano. Tuttavia, a partire dal XVIIe secolo, la Gran Bretagna, nuova padrona dei mari, approfittò del suo dominio marittimo per monopolizzare questo "commercio". Con il fiorire delle colonie americane, il popolo americano - ferocemente indipendente e che in maggioranza non voleva la schiavitù - fu sorpreso di scoprire che un gran numero di schiavi veniva scaricato nei suoi porti.

Per molti anni, Newport fu il centro di questo spregevole commercio. Nel 1791, William Ellery, collettore del porto di Newport, disse: "... un etiope potrebbe cambiare il suo lavoro con la stessa rapidità con cui un mercante di Newport potrebbe trasformare i suoi prodotti guadagnati lentamente in un commercio molto lucrativo...".

John Quincy Adams osservò a pagina 459 del suo *Journal*: "La precedente prosperità di Newport era dovuta principalmente ai grandi profitti del commercio degli schiavi africani".

Il dominio di J. P. Morgan e della Brown firm nella finanza americana può essere fatto risalire allo sviluppo di Baltimora, quando divenne la capitale della tratta degli schiavi nel XIX SECOLO^e. Queste due società, fondate a Baltimora, aprirono filiali a Londra, si posero sotto l'egida della Casa Rothschild e i loro potentati tornarono ad aprire filiali a New York negli Stati Uniti per diventare *il* potere essenziale non solo della finanza, ma anche del governo politico. Con il passare degli anni, i posti chiave dell'amministrazione furono sempre più occupati da persone legate a questi finanzieri. Robert Lovett, ad esempio, è stato Segretario alla Difesa mentre era socio di Brown Brothers Harriman. Thomas S. Gates era socio di Drexel and Company, una filiale di J. P. Morgan. George H. W. Bush, attuale vicepresidente degli Stati Uniti, è figlio di Prescott Bush, anch'egli socio di Brown Brothers Harriman. Prescott Bush, senatore di lungo corso del Connecticut, ha anche fondato la società di media CBS, che ha diretto per molti anni.

Per capire perché queste aziende fanno quello che fanno, dobbiamo dare una rapida occhiata alle loro origini. Pochi sanno che la J. P. Morgan Company è nata come "George Peabody & Co. George Peabody (1795-1869) nacque a South Danvers, nel Massachusetts. Iniziò l'attività a Georgetown nel 1814 come grossista di merceria. La sua azienda - Peabody, Riggs and Company - operava anche nel mercato degli schiavi di Georgetown. Per essere più vicini alle fonti di approvvigionamento, nel 1815 lui e il suo socio si trasferirono a Baltimora, dove operarono dal 1815 al 1835 come Peabody & Riggs.

Peabody si trovò sempre più coinvolto in relazioni commerciali, il cui cuore era a Londra. Nel 1835 aprì a Londra la George Peabody & Company. Nella capitale inglese aveva ottimi contatti commerciali, grazie a un'altra azienda di Baltimora, la Brown Brothers, che si era stabilita a Liverpool. Alexander Brown si era trasferito a Baltimora nel 1797 per fondare quello che sarebbe diventato il più antico istituto bancario degli Stati Uniti. È ancora in attività oggi, attraverso Brown Brothers Harriman a New York, Brown, Shipley & Company in Inghilterra e Alex Brown & Son a Baltimora. L'influenza occulta esercitata da questa nebulosa si spiega con il fatto che Sir Montagu Norman, a lungo governatore della Banca d'Inghilterra, era un socio di Brown, Shipley & Company[49]. All'epoca considerato semplicemente il finanziere più influente del pianeta, nel 1927 Sir Montagu Norman organizzò le "discussioni non ufficiali" tra i capi delle banche centrali che portarono direttamente al grande crollo del mercato azionario del 1929.

Poco dopo il suo arrivo a Londra, George Peabody fu sorpreso di essere invitato a un'udienza con il burbero barone Nathan Mayer Rothschild. Senza giri di parole, Rothschild spiegò a Peabody che gran parte dell'aristocrazia londinese lo detestava apertamente e rifuggiva dai suoi inviti. Propose a Peabody, ancora di mezzi modesti, di farsi un nome come ospite prodigo i cui ricevimenti sarebbero stati sulla bocca di tutti. Tutte le spese sarebbero state ovviamente coperte da Rothschild. Peabody accettò l'offerta e divenne presto l'ospite più popolare della capitale. La sua cena annuale del 4 luglio, per celebrare l'indipendenza

---

[49]"Esisteva un accordo informale che prevedeva che un direttore di Brown, Shipley & Co. facesse parte del Consiglio dei governatori della Banca d'Inghilterra, e Norman fu eletto nel 1907". *Montagu Norman. Biografia attuale*, 1940.

americana, divenne estremamente popolare tra l'aristocrazia britannica, molti dei quali gongolavano per la maleducazione e le cattive maniere di Rothschild sorseggiando il vino di Peabody, senza rendersi conto che ogni goccia era pagata da Rothschild.

Non sorprende che l'ospite più famoso di Londra sia diventato anche uno degli uomini d'affari di maggior successo, soprattutto perché la Casa Rothschild lo sosteneva segretamente. Peabody era solito condurre i suoi affari con 500.000 sterline in contanti. Si dimostrò molto astuto nelle sue acquisizioni e cessioni su entrambe le sponde dell'oceano. In America, il suo intermediario era la Beebe, Morgan & Company di Boston, gestita da Junius S. Morgan, padre di John Pierp. Morgan, padre di John Pierpont Morgan.

Peabody, non essendosi mai sposato, non aveva eredi e l'alto e affascinante Junius Morgan gli fece un'ottima impressione. Nel 1854, il "capo" convinse Morgan a venire a Londra e a unirsi a lui come socio nella sua azienda, la George Peabody & Company. Nel 1860, John Pierpont Morgan - figlio di Junius - fu assunto come apprendista presso lo studio newyorkese Duncan, Sherman, cosa che suscitò le ire del padre, il quale escogitò immediatamente un piano per convincere Charles H. Dabney - uno dei principali soci di Duncan, Sherman - a unirsi al figlio in una nuova società: Dabney, Morgan & Company. Il *Bankers Magazine* del dicembre 1864 riportava che Peabody aveva chiuso il suo conto con Duncan, Sherman e che ci si aspettava che altre aziende seguissero l'esempio. Non sorprende che i conti di Peabody siano stati affidati alla Dabney, Morgan Company.

John Pierpont Morgan nacque negli Stati Uniti nel 1837, durante il primo panico bancario. Vale la pena notare che questo panico fu provocato da Rothschild, con il quale Morgan si sarebbe poi associato.

Esasperato dai piani dei finanzieri che cercavano di convincerlo a rinnovare la carta della Seconda Banca degli Stati Uniti, il presidente Andrew Jackson dichiarò nel 1836: "Siete un nido di vipere. È mia intenzione estirparvi, e per il Signore vi estirperò". Se solo il popolo fosse consapevole della grave ingiustizia in cui sono caduti la nostra moneta e il nostro sistema bancario, ci sarebbe una rivoluzione prima del mattino".

Sebbene Nicholas Biddle fosse il presidente della Banca degli Stati Uniti, era ben noto che il barone James de Rothschild era, da Parigi, il principale investitore in questa banca centrale. Sebbene Jackson avesse *posto il veto* al rinnovo della carta costitutiva della banca, probabilmente non era a conoscenza del fatto che pochi mesi prima, il 1°er gennaio 1835, la Casa di Rothschild aveva stretto legami con il governo americano come agente finanziario del Dipartimento di Stato, subentrando a Baring.

Henry Clews, un famoso banchiere, dimostra nel suo libro *Twenty-eight Years in Wall Street*[50] che il panico bancario del 1837 fu architettato perché la carta della Seconda Banca degli Stati Uniti era scaduta nel 1836. Il presidente Jackson non solo ritirò immediatamente i fondi governativi - 10.000.000 di dollari - dalla Second Bank of the United States, ma li depositò anche nelle banche di vari Stati. La conseguenza pratica, secondo Clews, fu che gli Stati Uniti entrarono in un periodo di grande prosperità: questo improvviso afflusso di denaro portò a un'improvvisa crescita dell'economia nazionale e il governo pagò l'intero debito nazionale, lasciando un'eccedenza di 50.000.000 di dollari nelle casse del Tesoro.

I finanzieri europei ebbero una risposta a questa situazione. Clews

---

[50]Henry Clews,

rivela *di seguito*: "Il panico bancario del 1837 fu aggravato dalla Banca d'Inghilterra che in un solo giorno vendette tutti i suoi asset legati agli Stati Uniti".

La Banca d'Inghilterra era ovviamente sinonimo di Barone Nathan Mayer Rothschild. Perché la Banca d'Inghilterra ha "rotto" da un giorno all'altro tutte le sue attività legate agli Stati Uniti, cioè si è rifiutata di acquistare o scontare tutti i titoli, le obbligazioni e le altre cambiali con sede negli Stati Uniti? Lo scopo di questa iniziativa era quello di provocare un immediato panico finanziario in America, in modo da provocare una contrazione totale del credito, bloccare l'emissione di nuove azioni o obbligazioni e rovinare coloro che cercavano di convertire i loro titoli americani in contanti. È in questo contesto di panico bancario che nacque John Pierpont Morgan. Joseph Morgan, suo nonno, era un prospero agricoltore che possedeva 5,3 ettari ad Hartford, nel Connecticut. In seguito aprì il City Hotel e l'Exchange Coffe Shop e nel 1819 fu uno dei fondatori della *Aetna Insurance Company*.

George Peabody ritenne di aver fatto la scelta giusta nominando Junius S. Morgan come suo successore. Morgan accettò di mantenere la sua relazione segreta con la N. M. Rothschild Company e ampliò immediatamente le attività della società trasportando grandi quantità di minerale negli Stati Uniti per la costruzione di ferrovie. Il ferro di Peabody fu la base di molte delle ferrovie costruite negli Stati Uniti tra il 1860 e il 1890. Nel 1864, quando Peabody fu felice di ritirarsi e di cedere la sua azienda a Morgan, autorizzò il cambiamento del nome della società in Junius S. Morgan Company. Morgan Company". Da allora, la società di Morgan è stata governata in gran parte da Londra e John Pierpont Morgan ha trascorso gran parte della sua vita nella sua sontuosa casa londinese di Prince's Gate.

Il panico bancario del 1857 fu uno dei maggiori successi dell'impresa Rothschild-Peabody di Morgan. Erano passati vent'anni dal panico del 1837 e le sue lezioni erano state dimenticate da una schiera di investitori impazienti e desiderosi di scommettere selvaggiamente sui profitti di un'America in crescita. Era giunto il momento di fregarli di nuovo! Il mercato azionario funziona come un'onda che si infrange a riva: porta con sé un numero infinito di piccole creature che traggono da essa, per tutta la loro esistenza, l'ossigeno e l'acqua di cui hanno bisogno per sopravvivere. Queste creature navigano sulla cresta dell'"onda della crescita". Improvvisamente, con l'alta marea, l'onda si infrange sulla riva, si ritira e lascia sulla sabbia tutti gli organismi privati dell'acqua. Un'altra onda potrebbe venire a salvarli, ma con ogni probabilità sarà troppo lontana e alcuni di questi elementi sono condannati. Allo stesso modo, le ondate di crescita alimentate dal denaro creato artificialmente si ritirano quando si verifica una contrazione altrettanto artificiale del credito, lasciando che coloro che hanno portato così in alto perdano il fiato e appassiscano senza alcuna speranza di salvezza.

Corsaro, la vita di J. P. Morgan[51] descrive il panico bancario del 1857 causato dal crollo del mercato dei cereali e dall'improvviso fallimento della Ohio Life and Trust con una perdita di 5.000.000 di dollari. 900 altre società americane fallirono sulla sua scia. Un fatto degno di nota: solo un'azienda non solo sopravvisse, ma addirittura prosperò nonostante il crollo. In *Corsair*, apprendiamo che la Banca d'Inghilterra prestò 5.000.000 di sterline a George Peabody & Company durante il panico del 1857. In *Morgan the Magnificent*[52], Winkler dimostra che la Banca d'Inghilterra anticipò a Peabody 1.000.000 di sterline per salvare la sua azienda, una somma enorme per l'epoca, equivalente a 100.000.000 di dollari dell'epoca. Tuttavia, nessun'altra società ricevette un trattamento così favorevole durante il panico. Matthew Josephson ci spiega perché a pagina 60 di *The Robber Barons*:

> "George Peabody and Company, il grande albero da cui Morgan è cresciuto, era rinomato per le sue qualità e virtù conservatrici. Durante il panico finanziario del 1857, quando i titoli svalutati venivano scaricati sul mercato americano da investitori indigenti, Peabody e il vecchio Morgan - che detenevano grandi quantità di contanti - acquistarono tutte le obbligazioni con un valore reale e le vendettero per molto di più una volta che la sanità mentale era tornata[53]".

La storia di Morgan può essere ricostruita attraverso le varie biografie a lui dedicate. Dopo che si creò il panico, arrivò sul mercato un portafoglio con 1.000.000 di sterline di liquidità per riacquistare titoli a basso prezzo dagli investitori in preda al panico, per rivenderli in seguito e trarne enormi profitti. Questo portafoglio apparteneva alla società Morgan, dietro la quale si celavano le astute manovre del barone Nathan Mayer Rothschild. Sebbene Morgan apparisse occasionalmente

---

[51]*Corsaro, la vita di Morgan*, Boston, Little, Brown & Co, 1981.

[52]John K. Winkler, *Morgan the Magnificent*, New York, Vanguard, 1930.

[53]Matthew Josephson, *The Robber Barons*, New York, Harcourt Brace, 1934.

come agente finanziario di un'operazione dei Rothschild, la loro associazione a Londra e a New York rimaneva un segreto, anche per gli osservatori finanziari più smaliziati. Mentre l'impresa Morgan cresceva rapidamente alla fine DEL XIX SECOLO^e fino a dominare le finanze della nazione americana, molti commentatori furono sorpresi dall'apparente mancanza di appetito dei Rothschild per eventuali investimenti nell'economia americana in rapido sviluppo. In *The Masters of Capital*, a pagina 27, John Moody osserva: "I Rothschild si accontentarono di rimanere stretti alleati di Morgan [...] per quanto riguarda il territorio americano[54]". Se la prudenza è la madre della sicurezza, la segretezza ne è il nonno!

Il motivo per cui i Rothschild d'Europa preferirono agire anonimamente in America, dietro la facciata di J. P. Morgan & Company, è reso esplicito da George Wheeler in *Pierpont Morgan and Friends, the Anatomy of a Myth*, pag. 17 :

"Tuttavia, anche in questo momento si stavano compiendo passi per estrarlo dalle acque torbide della finanza - e questi passi non furono certo compiuti dallo stesso Pierpont Morgan. Il suo nome fu suggerito per la prima volta per il compito di ripristinare una riserva [federale], su istigazione del ramo londinese della Casa Rothschild, i patroni di Belmont[55]".

Wheeler spiega poi che in Europa e in America si era formato un vasto movimento anti-Rothschild. Questo movimento prendeva di mira le attività bancarie della famiglia Rothschild. Sebbene nel 1837 avessero un agente registrato negli Stati Uniti nella persona di August Schoenberg, che cambiò il suo nome in "Belmont" quando arrivò in America quello stesso anno per rappresentare i Rothschild, era estremamente vantaggioso per loro avere un delegato americano che non fosse ritenuto un agente dei Rothschild.

L'ufficio londinese di Junius S. Morgan & Company continuò a essere la testa di ponte delle attività di Morgan, ma dopo la morte del vecchio Morgan in un incidente stradale in Costa Azzurra nel 1890, John Pierpont Morgan assunse la guida della società. Tra il 1864 e il 1871, Morgan aveva agito come rappresentante americano della sua

---

[54] John Moody, *I padroni del capitale*, pag. 27.

[55] George Wheeler, *Pierpont Morgan and Friends, the Anatomy of a Myth*, New Jersey, Prentice Hall, 1973.

azienda londinese attraverso la Dabney Morgan Company, e nel 1871 assunse un nuovo socio: Anthony Drewel, di Filadelfia. Allo stesso tempo, lavora attraverso la Drexel Morgan and Company fino al 1895. In quell'anno, Drexel morì e Morgan cambiò nuovamente il nome della filiale americana in J. P. Morgan & Company.

LaRouche[56] spiega che il 5 febbraio 1891 fu costituita un'associazione segreta nota come Gruppo della Tavola Rotonda da Cecil Rhodes, il suo banchiere Lord Rothschild, Lord Rosebery (un Rothschild per matrimonio) e Lord Curzon. LaRouche rivela che questo Gruppo della Tavola Rotonda fu trasmesso negli Stati Uniti dalla nebulosa Morgan. In *Tragedia e speranza*, il dottor Carrol Quigley descrive questo gruppo come "la società segreta americano-britannica", osservando che: "La spina dorsale di questa organizzazione corre lungo una cooperazione preesistente dalla banca Morgan di New York a un gruppo di finanzieri internazionali guidati a Londra dai fratelli Lazard (nel 1901)[57] ".

Nel suo libro *Pawns In The Game*, William Guy Carr racconta alcuni fatti: "Nel 1899, J.P. Morgan e Drexel si recarono in Inghilterra con l'intenzione di partecipare alla Convenzione Internazionale dei Banchieri. Al loro ritorno, J.P. Morgan fu scelto per dirigere gli interessi dei Rothschild negli Stati Uniti. Dopo la Conferenza di Londra, J. P. Morgan & Company a New York, Drexel & Company a Filadelfia, Grenfell & Company a Londra, Morgan Harjes C[ie] a Parigi, la M. M. Warburg Company in Germania e in America e la Casa Rothschild erano tutti partner[58].

Chiaramente ignaro del legame tra Peabody e i Rothschild, e del fatto che i Morgan erano sempre stati affiliati alla Casa Rothschild, Carr suppose che la relazione che aveva scoperto risalisse al 1899, mentre in realtà risaliva al 1835[59].

---

[56]Lyndon H. LaRouche, J[r], *Dope, Inc*, New York, The New Benjamin Franklin House Publishing Company, 1978.

[57]Dr Carrol Quigley, *Tragedy and Hope*, New York, Macmillan Co.

[58]William Guy Carr, *Pawns In The Game*, pubblicato dall'autore, 1956, p. 60.

[59]30 luglio 1930, *McFadden Basi del controllo delle condizioni economiche*. Questo controllo da parte di un cenacolo della sovrastruttura degli affari planetari e del benessere e del progresso dell'umanità è un argomento di grande interesse per il grande pubblico. Per analizzarlo, dobbiamo partire dal gruppo

Dopo la Prima guerra mondiale, il *gruppo della Tavola rotonda* divenne noto come *Council on Foreign Relations* (CFR) negli Stati Uniti e *Royal Institute of International Affairs* (RIIA) a Londra. I leader ufficiali degli Stati britannici e americani erano scelti tra i suoi membri. Negli anni Sessanta, mentre l'attenzione si concentrava sempre più sulle discrete attività governative del CFR, nacquero gruppi associati che rappresentavano gli stessi interessi finanziari: il Bilderberg e la Commissione Trilaterale. Figure di spicco come Robert Roosa erano membri di tutti e tre gli organismi.

Gustavus Myers osserva in *George F. Peabody. History of the Great American Fortunes* (mod. Lib. 537) che Junius S. Morgan, il padre di J. P. Morgan, era diventato socio di George Peabody negli affari finanziari. "Quando scoppiò la guerra civile americana, la George Peabody & Company fornì una rappresentanza finanziaria nel Regno Unito per il governo americano [...] Come risultato di queste nuove attività, la ricchezza del gruppo si decuplicò improvvisamente; laddove i suoi associati avevano fino ad allora accumulato ricchezze a un ritmo già notevolmente rapido, milioni e milioni di dollari in più abbondarono in un lasso di tempo estremamente breve". Secondo gli scrittori contemporanei, i metodi della George Peabody & Company non erano solo discutibili, ma addirittura infidi. Infatti, mentre agiva in Inghilterra per aiutare il nostro nemico, la compagnia era il plenipotenziario del governo degli Stati Uniti e veniva pagata profumatamente per promuovere i suoi interessi. Leggiamo nella *Repubblica di Springfield* del 1866: "È ben noto a tutti coloro che hanno familiarità con l'argomento che Peabody e i suoi associati non hanno mostrato alcuna lealtà e non ci hanno dato alcun aiuto nella lotta per la conservazione della nostra nazione. Hanno esacerbato l'avversione primordiale che gli inglesi provavano contro la nostra causa e il suo successo; hanno lavorato e abbondato più a favore dei sudisti che nell'interesse della nostra nazione. George Peabody & Company hanno fatto di più per gonfiare il nostro mercato monetario e per minare la fiducia del popolo nelle nostre finanze; nessuno ha guadagnato di più che in queste truffe. Le somme così generosamente elargite dal signor Peabody alle nostre istituzioni educative sono state acquisite dalle speculazioni della sua

---

centrale che ruota attorno alla J. P. Morgan Company. Mai prima d'ora un controllo così efficace e stretto della finanza, della produzione industriale, del credito e dei salari era stato concentrato nelle mani della nebulosa Morgan... L'ascendente di Morgan sul Federal Reserve System è stato esercitato attraverso l'amministrazione della Federal Reserve Bank di New York.

casa finanziaria sulle nostre disgrazie". Inoltre, il *New York Times* del 31 ottobre 1866 aggiungeva, citato in John Elson, *Reconstruction Carpetbaggers Money Fund. Lightning over the Treasury Building* (Boston, Meador Publishing Co., p. 53): "La Banca d'Inghilterra, con le sue filiali bancarie in America (sotto la guida di J. P. Morgan), la Banca di Francia e la Reichsbank di Germania formavano un gruppo di cooperazioni bancarie interconnesse, il cui scopo principale era lo sfruttamento del popolo".

Secondo *Pawns In The Game* di William Guy Carr[60], i primi incontri tra questi progettisti di marchi avvennero nel 1773 nella bottega orafa di Mayer Amschel Bauer a Francoforte. Egli prese il nome "Rothschild" - o *Rotes Schild* - dallo stemma rosso che era appeso sopra la sua porta e che contrassegnava il suo negozio (oggi, questo stemma rosso è lo stemma ufficiale della città di Francoforte). Aveva solo 30 anni quando portò a Francoforte altre dodici persone molto ricche e potenti. Il suo piano consisteva nel convincerli che, accettando di mettere in comune le loro risorse, sarebbero stati in grado di finanziare e controllare la Rivoluzione in tutto il mondo e di utilizzarla come veicolo per un'acquisizione totale della ricchezza, delle risorse naturali e della forza lavoro dell'intero pianeta. Ottenuto il loro sostegno, Mayer rivelò il suo progetto rivoluzionario. Questo programma avrebbe attinto a tutte le potenze che potevano essere subornate grazie ai mezzi che avrebbero messo in comune. Attraverso un uso intelligente della somma delle loro fortune, sarebbe stato possibile creare condizioni economiche così ostili che le masse avrebbero potuto essere ridotte dalla disoccupazione a uno stato che rasentava la fame... I propagandisti pagati avrebbero fomentato sentimenti di invidia e di vendetta contro le classi dominanti mettendo in evidenza tutte le situazioni reali o immaginarie di abuso, condotta immorale, ingiustizia, oppressione e persecuzione. Rothschild prese un manoscritto e cominciò a leggerlo: era un piano d'azione meticolosamente architettato. 1° Egli sosteneva che la *legge* era *forza* mascherata e che era nell'ordine delle cose concludere che "per le leggi della natura, il diritto risiede nella forza". 2° La libertà politica è un'idea, non un fatto. Per usurpare il potere politico bastava predicare il "liberalismo", in modo che l'elettorato, per portare avanti questa idea, raccogliesse briciole di potere e di soddisfazione su cui i cospiratori potevano facilmente mettere le mani. 3° L'oratore dichiarò che il *potere dell'oro* aveva preso il posto del

---

[60]William Guy Carr, *Pedine nel gioco*, pubblicato dall'autore, 1956.

potere dei leader liberali. Sostenne che per il successo del suo progetto era poco importante che i governi costituiti fossero distrutti da nemici esterni o interni, purché i vincitori fossero costretti per necessità a chiedere l'aiuto del "Capitale" che "è interamente nelle nostre mani". 4° Sosteneva che l'uso di tutti i mezzi disponibili per raggiungere il loro obiettivo era giustificato, sulla base del fatto che un abile politico, sempre collocato in una posizione transitoria e instabile, non stabilirà mai la moralità. 5° Disse: "Il nostro diritto si basa sulla forza. La parola *diritto* è una nozione astratta senza valore intrinseco. Ho scoperto un nuovo *diritto*: quello di agire con il *diritto della forza al fine* di revisionare tutte le istituzioni stabilite e diventare il Signore Sovrano di tutti coloro che ci hanno gentilmente delegato le prerogative derivanti dalle loro precedenti posizioni". 6° La forza delle nostre risorse deve rimanere invisibile fino a quando il nostro potere non avrà acquisito una solidità tale che nessuna forza imprevista potrà scuoterlo.

"Ha proseguito con 25 punti. Il n. 8 riguardava l'uso dell'alcol, della droga, della corruzione della morale e del vizio per corrompere sistematicamente i giovani in tutto il mondo. Al punto 9, si arrogava il diritto di impadronirsi della proprietà con qualsiasi mezzo e senza esitazione, se questo permetteva loro di assicurarsi la sovranità e il dominio. Punto 10: "Siamo stati i primi a mettere in bocca al popolo il trittico "Liberté, Égalité, Fraternité", che ha dato vita a una nuova aristocrazia. Ciò che serve per far parte di questa aristocrazia è la *ricchezza*, che dipende da voi". Punto n. 11: "Le guerre devono essere combattute in modo tale che le nazioni contendenti, da tutte le parti, diventino il più possibile debitrici nei nostri confronti". Punto n. 12: "I candidati alle cariche pubbliche devono essere servili e obbedire alle nostre istruzioni, rendendosi disponibili al nostro servizio". Punto n. 13: la propaganda, attraverso la combinazione di fortune colossali, controllerà tutti i media che informano l'opinione pubblica. Punto n. 14: panico e crisi economiche porteranno all'instaurazione di un governo mondiale, il nuovo ordine imposto da un unico governo".

Come ha scritto Frederick Morton in *The Rothschild*, la famiglia Rothschild ha svolto per due secoli un ruolo di primo piano nella finanza internazionale:

"Negli ultimi 150 anni, la storia della Casa Rothschild è stata, in misura sorprendente, la storia nascosta dell'Europa occidentale" (prefazione). Dai frutti dei loro prestiti, non a singoli individui ma a Stati, i suoi membri hanno raccolto enormi profitti, come mostra Morton a pagina 36: "Qualcuno una volta ha detto che la fortuna dei

Rothschild risiedeva nella bancarotta delle nazioni[61]".

In *L'impero della città*, E. C. Knuth osserva: "Non c'è dubbio che la Casa Rothschild abbia costruito le sue fortune nei grandi crolli e nelle guerre della storia, proprio mentre altri perdevano le loro[62].

Nella *Grande Enciclopedia Sovietica si* legge: "La famiglia Rothschild è un perfetto esempio di associazione di persone (consigli di amministrazione internazionali) su scala europea occidentale. I rami dei Rothschild a Londra e a Parigi sono uniti dai loro legami, ma anche dal fatto che i loro membri sono soci di società che controllano insieme[63]". L'enciclopedia descrive queste società anche come trust internazionali.

Il patriarca della famiglia, Mayer Amschel Rothschild, aveva avviato una piccola attività di vendita di oro e monete a Francoforte. Bauer di nascita[64], il suo negozio era contraddistinto da un'aquila su uno scudo rosso, riproduzione dello stemma della città di Francoforte, a cui aggiunse cinque frecce d'oro tenute dall'uccello negli artigli per rappresentare i suoi cinque figli. Da questo stemma derivò il nome "Rothschild", che significa "scudo rosso". Quando l'Elettore d'Assia fece fortuna noleggiando mercenari dell'Assia agli inglesi che cercavano di reprimere l'insurrezione nelle colonie americane, Rothschild fu incaricato di gestire gli investimenti di questo denaro. Ottenne ottimi profitti, sia per sé che per l'Elettore, e nel frattempo attirò altri grandi clienti. Nel 1785 si trasferì in una residenza più imponente al numero 148 della Judengasse, una casa a cinque piani soprannominata "Escutcheon verde", che condivise con la famiglia Schiff.

---

[61]Frederick Morton, *The Rothschilds*, New York, Fawcette Publishing Company, 1961.

[62]E. C. Knuth, *L'impero della città*, p. 71.

[63]*Grande Enciclopedia Sovietica*, 3ᵉ ed., Londra, Macmillan, 1973, vol. 14, p. 691.

[64]Henry Clews, *Ventotto anni a Wall Street*, p. 397: "Il nome di nascita di Rothschild era Bauer".

I suoi cinque figli fondarono case nelle principali città d'Europa, le più importanti delle quali furono quelle di James a Parigi e di Nathan Mayer a Londra. In *The Romance of the Rothschild*[65], Ignatius Balla racconta come il Rothschild di Londra consolidò la sua fortuna. Si recò a Waterloo quando era in gioco il destino del continente. Vedendo che Napoleone stava perdendo la battaglia, si precipitò a Bruxelles. Cercò di noleggiare una barca a Ostenda per tornare in Inghilterra, ma c'era una tempesta e nessuno voleva salpare. Rothschild offrì 500 franchi, poi 700 e infine 1.000 franchi per una barca. Un marinaio rispose: "Ti prendo per 2.000: almeno, se naufraghiamo, la mia vedova avrà qualcosa". E attraversarono la Manica, nonostante la tempesta.

Il mattino seguente Rothschild era alla Borsa di Londra come al solito. Tutti notarono quanto fosse stanco e pallido. Improvvisamente, cominciò a vendere molte delle sue azioni, in quantità molto elevate. Il panico si diffuse nel mercato. "Rothschild sta vendendo: sa che abbiamo perso la battaglia di Waterloo! Rothschild e tutti i suoi satelliti noti continuarono a scaricare le loro azioni. Balla spiega: "Nulla sembrava poter fermare il disastro. Allo stesso tempo, stava acquistando discretamente tutte le azioni abbandonate attraverso agenti che nessuno conosceva. In un solo giorno guadagnò quasi 1.000.000 di sterline, dando origine al detto: 'Gli Alleati hanno vinto la battaglia di Waterloo,

---

[65]Ignatius Balla, *The Romance of the Rothschild*, Londra, Everleigh Nash, 1913.

ma il vincitore è stato Rothschild'[66] ".

Richard Lewinsogn ha scritto in *I profitti della guerra*: "I profitti di guerra di Rothschild derivanti dalle guerre napoleoniche finanziarono le sue successive speculazioni in borsa. L'Austria, sotto Metternich, dopo molte esitazioni, accettò infine di essere gestita finanziariamente da Rothschild[67] ".

Nathan Mayer Rothschild, dopo il successo del suo *colpo di stato a Waterloo*, si assicurò il controllo della Banca d'Inghilterra attraverso il monopolio virtuale dei *Consol* e di altri titoli. Diverse banche "centrali" - che avevano il potere di battere moneta - avevano iniziato a operare in Europa: la Banca di Svezia, nel 1655, che iniziò a emettere banconote nel 1661; ma la prima del suo genere fu la Banca di Amsterdam, che finanziò la presa di potere di Oliver Cromwell in Inghilterra nel 1649, con il pretesto di dispute religiose. Cromwell morì nel 1657 e il trono inglese fu restaurato nel 1660 con l'incoronazione di Carlo II, che morì nel 1685. Nel 1689, lo stesso cenacolo di finanzieri riprese il potere in Inghilterra mettendo sul trono il re Guglielmo d'Orange. Quest'ultimo "ripagò" prontamente coloro che lo avevano sostenuto chiedendo al Tesoro inglese un prestito di 1.250.000 sterline. Inoltre, concesse la Carta Reale della Banca d'Inghilterra, che la autorizzava a consolidare il debito nazionale (creato proprio da questo prestito) e garantiva il pagamento degli interessi e del capitale attraverso la tassazione diretta della popolazione. Il testo vietava agli orafi privati di conservare l'oro e di emettere pegni, dando così agli

---

[66] Il 1er aprile 1915, *il New York Times* riportò che nel 1914 il barone Nathan Mayer de Rothschild si era rivolto al tribunale per far censurare il libro di Ignatius Balla, sostenendo che l'aneddoto su Waterloo riguardante suo nonno fosse diffamatorio e calunnioso. Il tribunale ha stabilito che la storia era valida, ha respinto il caso di Rothschild e lo ha condannato a pagare le spese. Nello stesso articolo, il quotidiano americano sottolineava che "la fortuna complessiva di Rothschild era stata stimata in 2.000.000.000 di dollari". Un precedente articolo del *New York Times*, datato 27 maggio 1905, segnalava che il barone Alphonse de Rothschild, capo del ramo francese dei Rothschild, possedeva titoli americani stimati in 60.000.000 di dollari come parte della sua fortuna, mentre si presumeva che i Rothschild fossero inattivi sul suolo americano... Questo spiega perché J. P. Morgan, il loro agente, possedeva solo 19.000.000 di dollari in titoli al momento della sua morte nel 1913, e che i titoli manipolati da Morgan erano in realtà detenuti dal suo sponsor, Rothschild.

[67] Richard Lewinsohn, *I profitti della guerra*, E. P. Dutton, 1937.

azionisti della Banca d'Inghilterra un monopolio monetario. Anche i commercianti d'oro furono obbligati a conservare i loro metalli preziosi nei caveau della Banca d'Inghilterra. Una decisione del governo li aveva privati del privilegio di emettere moneta in circolazione, ma ancor più le loro fortune erano state trasferite direttamente a coloro che li avevano soppiantati[68].

Nei *canti* 46 e 27, Ezra Pound evoca gli inauditi privilegi che William Paterson aveva indicato nella sua apologia della carta della Banca d'Inghilterra:

"Paterson ha dichiarato: 'Questa banca trae i suoi profitti dagli interessi che applica sul denaro creato dal nulla'".

Il "nulla" a cui si riferisce è ovviamente l'operazione contabile della banca, che "crea" denaro virtuale creando una riga di conto per mostrare che vi sono stati "prestati" 1.000 dollari che non esistevano affatto fino a quando la banca non ha registrato questa voce...

Già nel 1698, il Tesoro inglese doveva 16.000.000 di sterline alla Banca d'Inghilterra. Nel 1815, a causa soprattutto dell'accumulo di interessi, il debito pubblico era salito a 885.000.000 di sterline. Parte dell'aumento di questo debito fu causato dalle guerre di quel periodo, tra cui le guerre napoleoniche e quelle combattute dal Regno Unito per mantenere le sue colonie americane.

William Paterson (1658-1719) non beneficiò molto del "denaro che la banca creò dal nulla", poiché si ritirò dalla Banca d'Inghilterra un anno dopo la sua creazione, a causa di un disaccordo politico. In seguito, un altro William Paterson sarebbe diventato uno dei redattori della Costituzione degli Stati Uniti, mentre il suo nome rimane associato alla nefasta nozione di banca centrale.

Paterson aveva trovato impossibile collaborare con gli azionisti della Banca d'Inghilterra. Molti di loro erano anonimi, ma una vecchia descrizione della Banca d'Inghilterra affermava che essa era costituita da: "Una società di circa 1.330 persone, tra cui il Re e la Regina d'Inghilterra, che possedevano 10.000 sterline in azioni, il Duca di Leeds, il Duca di Devonshire, il Conte di Pembroke e il Conte di

---

[68]N. B. Negli Stati Uniti, quando gli azionisti della Federal Reserve consolidarono il loro potere nel 1934, il governo americano promulgò anche decreti che impedivano ai privati di conservare o detenere oro.

Bradford".

Grazie alle sue speculazioni di successo, il barone Nathan Mayer de Rothschild, come era conosciuto d'ora in poi, regnava su Londra come supremo potere finanziario. Un giorno, durante un ricevimento tenuto nella sua casa di città, esclamò con arroganza: "Non mi interessa quale fantoccio occupi il trono d'Inghilterra per governare un Impero su cui non tramonta mai il sole... L'uomo che controlla la massa monetaria della Gran Bretagna controlla l'Impero britannico, e io controllo la massa monetaria dell'Inghilterra".

A Parigi, anche suo fratello James era arrivato a dominare la finanza francese. Scrive David Druck nel suo *Barone Edmond de Rothschild*: "La fortuna di [James] Rothschild aveva raggiunto i 600.000.000 di dollari. In Francia, solo un uomo era più ricco: il re, il cui patrimonio era stimato a 800.000.000. Il patrimonio combinato di tutti i banchieri francesi era inferiore di 150.000.000 a quello del solo James Rothschild. Questo gli dava naturalmente dei mezzi formidabili, che potevano persino permettergli di rovesciare il governo quando voleva. È noto, ad esempio, che egli rovesciò il governo del primo ministro Thiers[69].

L'espansione della Germania sotto Bismarck andò di pari passo con la sua dipendenza da Samuel Bleichroder, banchiere di corte del re di Prussia, noto come agente dei Rothschild fin dal 1828. Il dottor von Bethmann-Hollweg, poi cancelliere di Germania, era figlio di Moritz Bethmann di Francoforte, che aveva organizzato matrimoni con i Rothschild. L'imperatore Guglielmo Ier si affidò molto a Bischoffsheim, Goldschmidt e Sir Ernest Cassel di Francoforte, che emigrò in Inghilterra per diventare il banchiere ufficiale del Principe di Galles, che in seguito divenne Edoardo VII. La figlia di Cassel sposò Lord Mountbatten, creando un legame diretto tra la famiglia e l'attuale corona britannica.

Josephson[70] rivela che Philip Mountbatten era imparentato con i Meyer Rothschild di Francoforte attraverso i Cassel. La Casa di Windsor aveva quindi un legame familiare diretto con i Rothschild.

---

[69] David Druck, *Barone Edmond de Rothschild*, New York, pubblicato dall'autore, 1850.

[70] E. M. Josephson, *The Strange Death of Franklin D. Roosevelt* (*La strana morte di Franklin D. Roosevelt*), New York, Chedney Press, 1948, p. 39.

Quando il figlio della regina Vittoria, Edoardo, divenne re Edoardo VII nel 1901, ristabilì ottimi rapporti con i Rothschild.

Ecco cosa ne pensa Paul Emden in *Dietro il trono*:

"La preparazione di Edoardo a questo incarico fu molto diversa da quella ricevuta dalla madre, da cui il fatto che egli fosse meno "autoritario" di lei. Tenne con sé, per gratitudine, le persone che lo avevano accompagnato durante la costruzione della ferrovia di Baghdad [...] tra i suoi consiglieri c'erano Leopold e Alfred de Rothschild, diversi membri della famiglia Sassoon e, soprattutto, il suo consigliere finanziario designato: Sir Ernest Cassel[71] ".

"L'immensa fortuna accumulata da Cassel in un periodo di tempo relativamente breve gli conferì un'enorme influenza, di cui non abusò mai. Unì la Vickers Sons con la Naval Construction Company e la Maxim-Nordenfeldt Guns & Ammunition Company per creare la multinazionale Vickers Son & Maxim. Uomini d'affari come i Rothschild operavano in un ambito molto diverso da quello di Cassel. La gestione della loro azienda era basata su principi democratici e i vari soci dovevano essere tutti membri della famiglia. Conducevano uno stile di vita sfarzoso, con una notevole ospitalità e modi principeschi: era logico che Edoardo VII li trovasse simpatici. Grazie ai loro legami familiari internazionali e alle connessioni commerciali in continua espansione, conoscevano il mondo intero, erano ben informati su tutto e avevano una padronanza sicura di argomenti che non venivano mai discussi apertamente. Fin dall'inizio, questa associazione tra finanza e politica è stata la caratteristica dei Rothschild. La Casa Rothschild ha sempre saputo più di quanto si potesse evincere dai giornali, e anche più di quanto si potesse evincere dai rapporti che giungevano al Ministero degli Esteri. L'ombra dei Rothschild si estendeva anche dietro le quinte di altri Paesi, dietro i troni. Ci sono volute numerose pubblicazioni e rivelazioni negli anni successivi alla guerra perché un pubblico più ampio sapesse fino a che punto l'influenza di Alfred de Rothschild avesse influenzato potentemente la politica dell'Europa centrale nei vent'anni precedenti il conflitto."

Il controllo del denaro andava di pari passo con il controllo dei media. Kent Cooper, direttore dell'Associated Press, ha scritto nella sua autobiografia *Barriers Down*:

---

[71]Paul Emden, *Behind The Throne*, Londra, Hoddard Stoughton, 1934.

"I finanzieri internazionali che fanno capo alla Casa Rothschild hanno acquisito partecipazioni nelle tre maggiori agenzie di stampa europee[72].

I Rothschild avevano acquisito il controllo dell'agenzia di stampa internazionale Reuters, con sede a Londra, dell'agenzia Havas in Francia e dell'agenzia tedesca Wolf, che controllavano la distribuzione di tutte le informazioni in Europa.

In *Inside Europe*[73], John Gunther notava nel 1936 che il Presidente del Consiglio in Francia alla fine del 1935 non era altro che una creatura dell'oligarchia finanziaria, dominata da dodici personalità al soldo del barone Edmond de Rothschild, tra cui sei banchieri.

La morsa della London Connection sui media è stata rivelata in un recente libro di Ben J. Bagdikian, *The Media Monopoly*, che è stato descritto come "un rapporto scabroso sulle 50 grandi corporazioni che controllano ciò che l'America vede e legge[74] ". Bagdikian, che ha diretto il *Saturday Evening Post* - la rivista più influente d'America - fino a quando non è stata bruscamente affondata da questo "monopolio", rivela l'esistenza di direzioni incrociate tra i 50 conglomerati che controllano le notizie, ma fa pochi collegamenti tra questi e le cinque banche di Londra che li controllano. Accenna al fatto che la CBS è strettamente legata al *Washington Post*, alla Allied Chemical, alla Wells Fargo Bank e ad altre società, ma non dice al lettore che la Brown Brothers Harriman controlla la CBS o che la famiglia di Eugene Meyer (Lazard Frères) domina la Allied Chemical, il *Washington Post*, la Kuhn Loeb Company e la Wells Fargo Bank. Stabilisce che *il New York Times* è intimamente legato alla Morgan Guaranty Trust, all'American Express, alla First Boston Corporation e ad altre società, ma non spiega come queste organizzazioni siano strettamente interconnesse. Il Federal Reserve System non viene mai menzionato nel suo saggio, e proprio questa assenza è sospetta.

Bagdikian rivela come il monopolio dei media stia portando alla graduale chiusura di un numero sempre maggiore di quotidiani e riviste. Washington, con un solo quotidiano, il *Washington Post*, è un caso senza eguali tra le capitali del mondo: Londra ha 11 quotidiani, Parigi

---

[72]Kent Cooper, *Barriere abbattute*, p. 21.

[73]John Gunther, *Dentro l'Europa*, 1936.

[74]Ben H. Bagdikian, *The Media Monopoly*, Boston, Beacon Press, 1983.

14, Roma 18, Tokyo 17 e Mosca 9... L'autore si rifà a uno studio della *World Presse Encyclopaedia* del 1982, che evidenziava come gli Stati Uniti fossero all'ultimo posto tra i Paesi industrializzati per numero di quotidiani venduti ogni 1.000 abitanti. La Svezia era in testa con 572; gli Stati Uniti erano ultimi con 287. Gli americani hanno quindi una generale sfiducia nei confronti dei media, a causa del loro evidente monopolio e della loro parzialità. La stampa, come un sol uomo, sostiene una maggiore tassazione dei lavoratori, un aumento della spesa pubblica, uno stato sociale con poteri totalitari, strette relazioni con la Russia e la denuncia sistematica di tutti i veri oppositori del comunismo. Questa è solo la propaganda della London Connection. Il motto della Connection è "la razza bianca è il cancro dell'umanità", come notoriamente coniato dalla papessa del movimento, Susa Sontag. Il monopolio dei media tratta i suoi oppositori in due modi: o portando avanti attacchi calunniosi che la persona media non ha quasi modo di contrastare andando in tribunale; o seppellendo le voci dissenzienti sotto una coltre di piombo, il trattamento abituale a cui viene sottoposta qualsiasi opera che riveli i suoi stratagemmi occulti.

Mentre il programma Rothschild concepito nel 1773 non si è concretizzato in nessun movimento politico o economico particolare, possiamo scoprire gli elementi essenziali di questo progetto in tutte le rivoluzioni politiche che hanno avuto luogo da allora. LaRouche dimostra che le Tavole Rotonde sostenevano il socialismo fabiano in Inghilterra e incoraggiavano il regime nazionalsocialista attraverso l'intermediazione di un membro tedesco della Tavola Rotonda: Dr Hjalmar Schacht. La Tavola Rotonda ha anche strumentalizzato il governo nazista durante la Seconda Guerra Mondiale attraverso l'ammiraglio Canaris, un membro della Tavola Rotonda, mentre Allen Dulles supervisionava un'impresa di cooperazione dei servizi segreti per conto degli Alleati dalla Svizzera!

CAPITOLO VI

IL COLLEGAMENTO CON LONDRA

> "Quindi, mio caro Coningsby, vedi che il mondo è guidato da personalità molto diverse da quelle che possono essere immaginate da coloro i cui occhi non arrivano fino al backstage".
>
> Benjamin Disraeli[75], primo ministro del Regno Unito durante il regno della regina Vittoria

Nel 1775, i coloni americani proclamarono la loro indipendenza dal Regno Unito e conquistarono la libertà grazie alla Rivoluzione americana. Sebbene abbiano ottenuto la libertà politica, l'indipendenza finanziaria era una questione molto più complessa. Nel 1791, per volere dei banchieri europei, Alexander Hamilton fondò la prima Banca degli Stati Uniti, una banca centrale con più o meno le stesse prerogative della Banca d'Inghilterra. Le influenze straniere che lavoravano clandestinamente dietro questa istituzione riuscirono, più di un secolo dopo, a far approvare al Congresso il Federal Reserve Act. Finalmente avevano messo le mani su una banca centrale di emissione per l'economia americana. Sebbene la Federal Reserve Bank non fosse né "federale" - essendo nelle mani di azionisti privati - né una "riserva" - in quanto si dedicava alla produzione di denaro piuttosto che a tenerlo in riserva - acquisì un immenso potere finanziario, a tal punto da pestare gradualmente i piedi al governo eletto dal popolo. Attraverso la Federal Reserve, l'indipendenza degli Stati Uniti è stata gradualmente e inesorabilmente assorbita dalla sfera d'influenza inglese. La London Connection è così diventata l'arbitro della politica americana.

Dopo la Seconda guerra mondiale e la perdita dell'Impero,

---

[75]Disraeli, *Coningsby*, Londra, Longmans Co, 1881, p. 252.

l'influenza della Gran Bretagna come potenza politica globale sembrava in declino. In gran parte era vero: il Regno Unito del 1980 non era più il Regno Unito del 1880. La Gran Bretagna non dominava più i mari, rimanendo solo una potenza militare di secondo o terzo piano. Tuttavia, paradossalmente, mentre il suo potere politico e militare diminuiva, la sua influenza finanziaria cresceva. Come afferma *Capital* City: "In pratica, da ogni possibile angolo di osservazione, Londra si distingue come il centro finanziario predominante del mondo [...] Negli anni '60, il dominio di Londra si è consolidato[76] ".

Vediamo alcune spiegazioni di questo fenomeno...

"Daniel Davison, responsabile di Morgan Grenfell a Londra, ha dichiarato: "Le banche americane hanno portato il denaro, i clienti, il capitale e le competenze che hanno reso Londra il luogo dominante che è [...] Le banche americane sono le uniche che vedono un prestatore di ultima istanza. Il Federal Reserve Board degli Stati Uniti può - e deve - creare dollari ogni volta che è necessario. Le grandi transazioni in dollari non potrebbero essere concepite senza gli americani. Senza di loro, Londra non sarebbe mai stata un centro finanziario globale credibile"[77]. "

Con l'accesso a somme colossali di denaro prodotte su sua richiesta dal Federal Reserve Board americano, Londra è il cuore della finanza internazionale. Ma come è possibile? Abbiamo già dimostrato che negli Stati Uniti la politica monetaria, i tassi di interesse, l'offerta di moneta, i tassi di cambio e le vendite di obbligazioni non sono stabiliti dai prestigiosi membri del Federal Reserve Board, ma dalla Federal Reserve Bank di New York. Il presunto decentramento del sistema della Federal Reserve, con le sue dodici istituzioni "regionali" dotate di uguale autonomia, rimane l'inganno che è sempre stato fin dall'approvazione del Federal Reserve Act nel 1913. Ma credere che la politica monetaria americana sarebbe stata decisa esclusivamente all'interno della Federal Reserve Bank di New York sarebbe stato un altro errore... Pensare che questa banca regionale sarebbe stata autonoma e libera di stabilire la politica monetaria per l'intero Paese senza influenze esterne è totalmente fallace.

Avremmo potuto credere in questa autonomia se non avessimo

---

[76]McRae e Cairncross, *Capital City*, Londra, Eyre Methuen, 1963, pag. 1.

[77]*Ibidem*, p. 225.

saputo che la quota di maggioranza della Federal Reserve Bank di New York era stata acquisita da tre banche newyorkesi: la National City Bank, la *First National Bank* e la National Bank of Commerce. Nel 1914, come oggi, un'analisi dei principali azionisti di queste istituzioni mostra il loro rapporto diretto con Londra.

La National City Bank aprì nel 1812, con il nome di "City Bank", nello stesso luogo in cui aveva operato la Bank of the United States, ormai defunta per la scadenza della sua carta. Essa riuniva più o meno gli stessi azionisti, che ora operavano in un contesto legale e costituzionale americano.

ᵉAll'inizio del XIX SECOLO, il nome più famoso associato alla City Bank era quello di Moses Taylor (1806-1882). Il padre di Taylor era stato un agente segreto di Astor, incaricandolo di acquistare proprietà per suo conto mantenendo segreta l'identità del vero acquirente. Grazie a questa strategia, Astor riuscì a mettere insieme un'impressionante quantità di terreni agricoli e immobili dal valore potenziale colossale a Manhattan. Sebbene il capitale di Astor dovesse provenire dal suo commercio di pellicce, molte fonti dimostrano che Astor rappresentava anche interessi stranieri. LaRouche[78] rivela che, negli anni precedenti e successivi alla Guerra d'Indipendenza, Astor ricevette ingenti ricompense dagli inglesi in cambio di preziose informazioni e per la sua attività di istigazione degli indiani ad attaccare e uccidere i coloni americani lungo la frontiera. Questa ricompensa non fu pagata in contanti: egli ricevette invece una percentuale del commercio britannico di oppio con la Cina. I proventi di questa concessione particolarmente lucrativa costituirono la base della fortuna degli Astor.

Grazie ai legami del padre con la famiglia Astor, il giovane Moses Taylor ebbe tutte le opportunità per assicurarsi una posizione in un istituto bancario all'età di 15 anni. Come in molti altri casi citati in questo libro, Taylor trovò il successo quando molti altri americani andavano in bancarotta, in un periodo di forte contrazione del credito: raddoppiò la sua fortuna quando più della metà delle imprese di New York fallì durante il Panico del 1837. Nel 1855 divenne presidente della City Bank. Durante il panico del 1857, la City Bank aveva approfittato del fallimento di molti suoi concorrenti. Taylor, come George Peabody e Junius Morgan, sembrava avere una considerevole riserva di denaro

---

[78] Lyndon H. LaRouche, *Dope, Inc*, New York, New Benjamin Franklin House Publishing Co, 1978.

che gli permise di acquistare azioni svalutate. Rilevò quasi tutte le azioni della Delaware Lackawanna Railroad per 5 dollari ciascuna. Le rivendette sette anni dopo a 240 dollari l'una: Moses Taylor valeva ora 50.000.000 di dollari.

Nell'agosto del 1861, Taylor fu nominato presidente del Comitato per i prestiti per finanziare il governo dell'Unione durante la guerra civile americana. Questo organismo offrì al governo 5.000.000 di dollari al 12% per finanziare lo sforzo bellico. Scioccato, Lincoln rifiutò categoricamente: finanziò la guerra chiedendo al Tesoro di emettere i famosi "greenback", sostenuti dall'oro. Taylor continuò ad accumulare ricchezze per tutta la durata del conflitto; negli ultimi anni di vita, fece del giovane James Stillman il suo protetto. Quando Moses Taylor morì nel 1882, lasciò 70.000.000 di dollari[79] e gli successe come presidente della City Bank, ora National City Bank, Percy Pyne, suo genero. Paralizzato, Pyne riuscì a malapena a entrare negli uffici della banca per farla funzionare. La banca ristagnò per nove anni, poiché tutto il suo capitale proveniva dalle proprietà di Moses Taylor. William Rockefeller, fratello di John D. Rockefeller, prese una partecipazione nella banca, desideroso di vederla crescere. Nel 1891, convinse Pyne a passare il testimone a James Stillman: la National City Bank sarebbe presto diventata il principale deposito dei proventi petroliferi dei Rockefeller. Il figlio di questo William Rockefeller, un altro William, sposò "Elsie", cioè Isabelle, figlia di James Stillman.

Come molti altri attori del settore finanziario newyorkese, anche James Stillman aveva legami con Londra: suo padre, Don Carlos Stillman, era arrivato a Brownsville, in Texas, durante la Guerra Civile Americana come agente britannico e rompitore di blocchi. Utilizzando le sue conoscenze finanziarie a New York, Don Carlos trovò facilmente un apprendistato per il figlio in un istituto bancario. Nel 1914, quando la National City Bank stava acquistando quasi il 10% delle azioni della neonata Federal Reserve Bank di New York, due nipoti di Moses Taylor - Moses Taylor Pyne e Percy Pyne - detenevano 15.000 azioni della National City Bank. H. A. C. Taylor, figlio di Moses Taylor, ne deteneva 7.699. Anche John W. Sterling, avvocato della banca presso Shearman

---

[79] Il 24 maggio 1882, *il New York Times* ricorda che nel 1861 Moses Taylor presiedeva il Comitato per i prestiti delle Banche Associate di New York. A lui furono affidati titoli per un valore di 200.000.000 di dollari, e fu probabilmente grazie a lui più che a chiunque altro che il governo trovò i mezzi per continuare la guerra nel 1861.

& Sterling, possedeva 6.000 azioni. Tuttavia, James Stillman possedeva 47.498 azioni, quasi il 20% delle 250.000 azioni della società (vedi Tabella I).

Il secondo maggiore azionista della Federal Reserve Bank di New York nel 1914 non era altro che la *First National Bank*. Sebbene il suo fondatore George F. Baker possedesse 20.000 azioni e suo figlio G. F. Baker, J^r , ne possedesse 5.000 (il 25% delle 100.000 azioni della banca), la *First National Bank* veniva comunemente chiamata "la Banca Morgan". La figlia di George F. Baker, S^r , aveva sposato George F. St. George di Londra. I coniugi St. George si stabilirono in seguito negli Stati Uniti, dove la loro figlia Katherine St. George divenne un'importante parlamentare per molti anni. Dr E. M. Josephson ha scritto di lei: "Mme St. George - cugina di primo grado di FDR e sostenitrice del New Deal - disse chiaramente: 'La democrazia è un fallimento'[80]." Edith Brevoort Baker, figlia di George Baker, J^r , sposò nel 1934 John M. Schiff, nipote di Jacob Schiff. Attualmente è presidente onorario della Lehman Brothers Kuhn Loeb Company.

Sempre nel 1914, il terzo maggiore azionista della Federal Reserve Bank di New York era la National Bank of Commerce, che aveva emesso 250.000 azioni. Attraverso le sue partecipazioni in Equitable Life - che a sua volta ne possedeva 24.700 - e Mutual Life, J. P. Morgan possedeva 17.294 azioni della National Bank of Commerce. Ne deteneva altre 10.000 attraverso la J. P. Morgan and Company (7.800 azioni), J. P. Morgan, J^r (1.100 azioni) e il suo socio H. P. Davison (1.100 azioni). Paul Warburg, uno dei governatori del Federal Reserve Board, possedeva 3.000 azioni della *National Bank of Commerce*. Jacob Schiff, suo socio, ne possedeva 1.000: Morgan controllava quindi chiaramente questa banca, che in definitiva non era altro che un satellite della Junius S. Morgan Company e della N. M. Morgan Company. Morgan Company e della N. M. Rothschild Company di Londra, nonché della *Kuhn, Loeb Company*, quest'ultima uno dei principali agenti dei Rothschild.

Nel 1914, il finanziere Thomas Fortune Ryan possedeva 5.100 azioni della National Bank of Commerce. Suo figlio John Barry Ryan sposò la figlia di Otto Kahn, socio di Warburg e Schiff nella *Kuhn, Loeb Company*. Virginia Fortune Ryan, nipote di questo Ryan, sposò Lord

---

[80]E. M. Josephson, *The Strange Death of Franklin D. Roosevelt*, New York, Chedney Press, 1948.

Airlie, attuale direttore della J. Henry Schroder Banking Corporation di Londra e New York.

A. D. Juillard, uno dei direttori della National Bank of Commerce nel 1914, era presidente della A. D. Juillard Company e sedeva nei consigli di amministrazione della New York Life e della Guaranty Trust, tutte società controllate da J. P. Morgan. Juillard aveva anche legami con la Gran Bretagna, essendo direttore della North British & Mercantile Insurance Company. Juillard deteneva 2.000 azioni della National Bank of Commerce ed era anche direttore della Chemical Bank.

Josephson ci mostra in *The Robber Barons* che nel 1900 Morgan dominava la New York Life, la Equitable Life e la Mutual Life, che avevano un patrimonio di 1.000.000.000 di dollari, e tutte e tre avevano 50.000.000 di dollari all'anno da investire. Ecco cosa scrive il saggista:

> "In questa serie di alleanze segrete, Morgan si assicurò il controllo diretto della National Bank of Commerce, poi la proprietà parziale della *First National Bank* unendo le forze con George F. Baker, l'influente finanziere conservatore che la dirigeva. Poi, con l'aiuto di queste azioni e di consigli di amministrazione incrociati, associò altre importanti istituzioni a queste prime banche: Hanover, Liberty, Chase[81]...".

Mary W. Harriman, vedova di E. H. Harriman, deteneva 5.000 azioni della National Bank of Commerce nel 1914. L'impero ferroviario di E. H. Harriman era stato interamente finanziato da Jacob Schiff della *Kuhn, Loeb Company*. Sempre nel 1914, Levi P. Morton aveva 1.500 azioni della National Bank of Commerce. Il 22^e era stato vicepresidente degli Stati Uniti, ex rappresentante degli Stati Uniti per le relazioni con la Francia e presidente della L. P. Morton Company a New York, della Morton-Rose and Company e della Morton Chaplin a Londra. È stato direttore della *Equitable Life Insurance Company*, della Home Insurance Company, della Guaranty Trust e della Newport Trust.

La maggior parte dei nostri lettori, in particolare gli americani, rifiuterà senza dubbio di *buon grado* la stupefacente affermazione che la Federal Reserve sia in realtà gestita da Londra. Tuttavia, Minsky si è fatto un nome con la sua teoria della "cornice dominante". Questa teoria sostiene che in ogni caso esiste un "quadro dominante" a cui si riferisce

---

[81] Matthew Josephson, *I baroni rapinatori*, pag. 409.

tutto ciò che riguarda quel caso e attraverso il quale deve essere interpretato. Nel caso delle decisioni monetarie della Federal Reserve, questo "quadro dominante" si riferisce alle scelte fatte dall'entità che ne trae i maggiori benefici. A prima vista, sembrerebbe che questa entità possa essere identificata con i principali azionisti della Federal Reserve Bank di New York. Tuttavia, abbiamo dimostrato che tutti questi azionisti hanno legami con Londra. Quando poi leggiamo su *Capital City*[82] che solo 17 società operano come banche d'affari nella City di Londra - la sede centrale della finanza in Inghilterra - diventa ancora più evidente che la London Connection incarna un'influenza predominante. Queste 17 banche d'affari dovevano essere autorizzate dalla Banca d'Inghilterra e, di fatto, la maggior parte dei governatori della Banca erano scelti tra i soci di questi 17 istituti. Clarke ha classificato queste 17 banche in ordine di capitalizzazione... Al secondo posto^e si trova la J. Henry Schroder Banking Company. Morgan Grenfell, la società londinese della famiglia Morgan e il core business della famiglia, si è piazzata al 6e. Lazard Frères: 8e ; N. M. Rothschild Company: 9e. Brown Shipley Company, la filiale londinese di Brown Brothers Harriman, è al 14° posto^e.

Da Londra, queste cinque banche d'investimento controllano in realtà le banche di New York che detengono la maggioranza e controllano la Federal Reserve Bank di New York.

La supervisione delle decisioni della Federal Reserve si basa anche su un'altra situazione unica. Ogni giorno, i delegati di altre quattro banche londinesi si riuniscono presso gli uffici della N. M. Rothschild Company a Londra per stabilire il prezzo giornaliero dell'oro. Si trattava della Samuel Montagu Company, classificata al 5° posto^e tra le 17 banche d'affari londinesi, di Sharps Pixley, Johnson Matheson & Mocatta e Goldsmid. Nonostante l'incredibile sovrabbondanza di cartamoneta e di valute che oggi sommerge il pianeta e alimenta la speculazione, qualsiasi estensione di credito deve, prima o poi, essere sostenuta - anche solo aneddoticamente - dall'oro depositato in alcune banche del mondo. Allo stesso modo, i banchieri d'investimento di Londra, che sono in grado di fissare ogni giorno il prezzo dell'oro, sono gli arbitri ultimi dell'offerta di moneta e dei tassi di cambio degli Stati che devono piegarsi al loro potere. Tra i principali Stati interessati ci sono gli Stati Uniti. Nessuno dei responsabili della Federal Reserve Bank di New York o del Federal Reserve Board of

---

[82]McRae e Cairncross, *Capital City*, Londra, Eyre Methuen, 1963.

Governors potrebbe mai avere un potere globale sulla moneta paragonabile a quello di questi finanzieri d'affari di Londra. Pur essendo in declino politico e militare, la Gran Bretagna esercita ora la più grande influenza di tutte: il potere finanziario. Londra è oggi la capitale finanziaria del mondo.

CAPITOLO VII

LEGAMI CON HITLER

La J. Henry Schroder Banking Company aveva la seconda maggiore capitalizzazione di mercato nel nostro elenco delle 17 banche d'affari che compongono il London Committee of Authorised Institutions. Anche se praticamente sconosciuta negli Stati Uniti, questa società ha svolto un ruolo fondamentale nella storia americana. Come le altre banche di questo elenco, inizialmente dovette ottenere l'autorizzazione della Banca d'Inghilterra e, come la famiglia Warburg, gli Schroder iniziarono la loro attività bancaria ad Amburgo. Nel 1900, il barone Bruno von Schroder fondò la filiale londinese della sua banca. Poco dopo, nel 1902, si unì a lui Frank Cyril Tiarks. In seguito sposò Emma Franziska, originaria di Amburgo, prima di passare alla direzione della Banca d'Inghilterra tra il 1912 e il 1945.

La J. Henry Schroder Banking Company ha svolto un ruolo chiave nella Prima Guerra Mondiale da dietro le quinte. Gli storici non hanno una spiegazione decisiva per lo scoppio della Grande Guerra. È vero che l'arciduca Francesco Ferdinando fu assassinato a Sarajevo da Gavril Princeps. L'Austria pretese le scuse della Serbia, che inviò una nota di scuse. Nonostante questo gesto, l'Austria dichiarò guerra e, una cosa dopo l'altra, gli altri Stati europei entrarono nel conflitto. Una volta iniziata la guerra, divenne chiaro che non era facile affrontarla. Il problema principale era che la Germania era disperatamente a corto di cibo e carbone, e senza la Germania il conflitto non poteva durare. John Hamill spiega in *The Strange Career of Mr. Hoover*[83] come questo

---

[83] John Hamill, *The Strange Career of Mr. Hoover*, New York, William Faro, 1931.

dilemma fu risolto[84]. Egli cita l'edizione del 4 marzo 1915 della *Nordeutsche Allgemeine Zeitung*: "La giustizia richiede, tuttavia, che sia resa nota l'azione fondamentale intrapresa dalle autorità tedesche in Belgio per risolvere questo problema. Furono loro a prendere l'iniziativa e fu solo grazie al loro continuo collegamento con il Comitato di soccorso americano che la questione dei rifornimenti fu risolta". Hamill osserva: "Era per questo scopo che il Comitato di soccorso era stato progettato in Belgio: continuare a rifornire la Germania.

Questo comitato di salvataggio in Belgio era stato creato da Émile Francqui, direttore di un'importante banca belga, la Société Générale, e da un promotore minerario di Londra: un americano di nome Herbert Hoover. Egli fu associato a Francqui in una serie di scandali che portarono a cause giudiziarie di alto profilo, come lo scandalo della Kaiping Coal Company in Cina. Si dice che questo sia stato all'origine della "ribellione dei Boxer", il cui scopo era quello di espellere tutti gli imprenditori stranieri dalla Cina. Hoover fu bandito dalla Borsa di Londra: lui e il suo socio Stanley Rowe erano stati condannati a dieci anni di carcere. Con un simile *curriculum*, Hoover era il candidato ideale per avviare una nuova carriera nel settore umanitario!

Sebbene il suo nome sia sconosciuto negli Stati Uniti, Émile Francqui fu il vero uomo dietro l'ascesa della fortuna di Herbert Hoover. A pagina 156, Hamill vede Francqui come responsabile di numerosi abusi commessi contro i nativi del Congo: "Per ogni cartuccia usata, dovevano riportare la mano di un negro". Il terribile record di Francqui potrebbe essere all'origine delle accuse mosse in seguito in Belgio, secondo cui i soldati tedeschi avrebbero tagliato le mani a donne e bambini, un'affermazione che non aveva alcun fondamento. Hamill sottolinea anche che Francqui "ingannò gli americani per farli rinunciare alla concessione della ferrovia cinese Hankou-Canton nel 1901, mentre si tenne pronto nel caso in cui Hoover avesse avuto bisogno di aiuto per "prendere" le miniere di carbone di Kaiping". Solo a questo "umanista" fu affidato il compito di distribuire i "soccorsi" in Belgio durante la Grande Guerra, con Hoover responsabile degli acquisti e della logistica. Insieme a Hoover, Francqui gestì la Chinese Engineering and Mining Company (delle miniere di Kaiping),

---

[84] Le copie del libro di Hamill furono sistematicamente localizzate e distrutte dagli agenti governativi, in quanto apparve poco prima della campagna di rielezione del presidente Hoover.

attraverso la quale Hoover trasportò in Congo 200.000 schiavi cinesi condannati al lavoro forzato nelle miniere di rame di Francqui".

A pagina 311, Hamill cita "Francqui che apre gli uffici del Secours belge all'interno della sua banca, la Société Générale, con un'iniziativa solitaria sostenuta da una lettera di autorizzazione del governatore tedesco, il generale von der Goltz, datata 16 ottobre 1914.

L'edizione del 18 febbraio 1930 del *New York Herald Tribune*, citata dal deputato Louis McFadden il 26 febbraio 1930 davanti alla Camera dei Rappresentanti, affermava: "Uno dei due direttori per il Belgio della Banca dei Regolamenti Internazionali sarà Émile Francqui, della Société Générale, membro delle Commissioni di pianificazione Young e Dawes. Nel Consiglio di amministrazione di questa banca internazionale non ci sarà figura più prestigiosa di Émile Francqui, ex ministro delle Finanze, veterano del Congo e della Cina [...] È indicato come l'individuo più ricco del Belgio, tra i dodici uomini più ricchi d'Europa".

Nonostante il suo ruolo di primo piano, l'indice del *New York Times* menziona Francqui molto raramente negli ultimi vent'anni della sua vita. Citando *Le Peuple* de Bruxelles, *il New York Times* del 3 ottobre 1931 annunciava un viaggio di Francqui negli Stati Uniti: "Il signor Francqui, come amico del presidente Hoover, non mancherà di fargli visita".

Il 30 ottobre 1931, *il New York Times* riferì di questa visita con il titolo: "L'incontro Hoover-Francqui è rimasto non ufficiale". "Ci è stato detto che il signor Francqui è stato l'ospite speciale del Presidente martedì sera e che hanno parlato, in via del tutto ufficiosa, dei problemi finanziari del mondo in generale. Francqui era stato collaboratore del Presidente Hoover durante la guerra, durante le sue ultime attività in Belgio. Il loro incontro non ha avuto alcun sigillo ufficiale: Francqui è lì come privato cittadino, senza alcuna missione ufficiale.

Non c'è stato il minimo riferimento alla collusione Hoover-Francqui, che è stata oggetto di importanti cause legali a Londra! La visita di Francqui portò probabilmente alla moratoria di Hoover sui debiti di guerra tedeschi, che stupì gli ambienti finanziari. Il 15 dicembre 1931, McFadden informò la Camera dei Rappresentanti, in un dispaccio pubblicato sul Philadelphia *Public Ledger* il 24 ottobre 1931, che "i tedeschi stanno rivelando il segreto di Hoover". Il presidente americano era in trattative continue con il governo tedesco dal dicembre 1930 per una moratoria di un anno sul debito". McFadden continua: "Dietro l'annuncio di Hoover, per diversi mesi si sono svolte trattative segrete e disordinate, sia in Germania che negli uffici dei banchieri tedeschi a Wall Street. La Germania doveva essere impregnata di denaro americano. Hoover doveva essere eletto, perché il piano era stato concepito ancor prima che diventasse presidente. Se i finanzieri internazionali tedeschi di Wall Street - cioè la *Kuhn, Loeb Company*, J. & W. Seligman, Paul Warburg, J. Henry Schroder - e i loro satelliti non avessero avuto in mente questo progetto, Herbert Hoover non avrebbe mai avuto accesso alla presidenza degli Stati Uniti. Fu l'influenza dei fratelli Warburg, direttori dell'importantissima banca *Kuhn, Loeb Company*, e le sovvenzioni finanziarie che fornirono per la sua campagna, a permettere a Hoover di diventare presidente. In cambio di questi buoni servigi, Hoover promise di promulgare una moratoria sui debiti tedeschi, ma cercò di esentare il prestito di 125.000.000 di dollari di Kreuger alla Germania dalla moratoria di Hoover. La frode di Kreuger in questa faccenda divenne famosa quando andò a trovare il suo amico Herbert Hoover alla Casa Bianca in gennaio".

Hoover non solo accolse Francqui alla Casa Bianca, ma anche Ivar Kreuger, il più famoso truffatore del XXe secolo.

Quando Francqui morì, il 13 novembre 1935, il *New York Times* lo immortalò così: "Il re del rame congolese [...] Il signor Francqui, che aveva acquisito poteri sovrani sul belga, lo ha indicizzato sul gold standard l'anno scorso durante una crisi. Nel 1891 aveva guidato una spedizione in Congo che aveva permesso a re Leopoldo di prendere il controllo del paese. Uomo dalla ricchezza colossale, era classificato tra le dodici persone più ricche d'Europa. Francqui aveva le mani su enormi giacimenti di rame. Nel 1926 divenne Ministro di Stato, poi Ministro delle Finanze nel 1934. Era orgoglioso di non aver mai accettato il minimo compenso, nemmeno un centesimo, per i suoi servizi al governo. Quando era console generale a Shanghai, ottenne concessioni di grande valore, soprattutto con le miniere di carbone di Kaiping e la ferrovia di Tianjin. Fu governatore della Société Générale de Belgique e del Lloyd Royale Belge, nonché reggente della Banque Nationale de Belgique".

Il New York Times non menziona i legami commerciali tra Francqui e Hoover. Come il suo omologo belga, anche Hoover rifiutò di essere pagato per i suoi "servizi al timone" e, come Segretario al Commercio e poi Presidente degli Stati Uniti, restituì il suo stipendio al governo federale.

Il 13 dicembre 1932, McFadden lanciò una risoluzione *di impeachment* contro il Presidente Hoover per gravi crimini e misfatti. La risoluzione si basava su numerose pagine che facevano riferimento a violazioni contrattuali, dissipazione illecita di risorse finanziarie federali e alla nomina di Eugene Meyer al Consiglio dei governatori della Federal Reserve. La proposta di legge fu accantonata e mai presa in considerazione dalla Camera dei Rappresentanti.

Nella sua critica alla moratoria di Hoover sui debiti di guerra tedeschi, McFadden ha fatto riferimento ai finanziatori "tedeschi" di Hoover. Sebbene tutti i principali protagonisti della "London Connection" provenissero effettivamente dalla Germania (e la maggior parte da Francoforte), essi operavano da Londra nel momento in cui sponsorizzarono la candidatura di Hoover alla presidenza degli Stati Uniti, ed era a Londra che Hoover aveva trascorso la maggior parte della sua carriera.

Inoltre, la moratoria di Hoover non aveva certo lo scopo di "aiutare" la Germania, dal momento che Hoover non era mai stato "favorevole alla Germania". La moratoria sui debiti di guerra della Germania era necessaria affinché la Germania potesse riarmarsi. Nel 1931, i diplomatici veramente lungimiranti potevano prevedere la Seconda guerra mondiale, e non poteva esserci una guerra senza un "aggressore".

Hoover aveva anche avviato numerosi programmi di promozione mineraria in diverse parti del mondo come agente segreto dei Rothschild, e come ricompensa gli fu affidata la gestione di una delle principali imprese dei Rothschild: le miniere di Rio Tinto in Spagna e Bolivia.

Francqui e Hoover si erano imbarcati nel compito apparentemente impossibile di rifornire la Germania durante la Prima Guerra Mondiale. Il loro successo fu salutato dalla *Nordeutsche Allgemeine Zeitung* del 13 marzo 1915, che notò che grandi quantità di cibo stavano arrivando dal Belgio per ferrovia. L'Annuario *Schmoller di* legislazione, amministrazione ed economia politica del 1916 stima che quell'anno furono spedite tra Belgio e Germania 500.000 tonnellate di carne, 750.000 tonnellate di patate, 750.000 tonnellate di pane e 60.000 tonnellate di burro. Edith Cavell, una patriota britannica che aveva gestito un piccolo ospedale in Belgio per diversi anni, scrisse un articolo sul *Nursing Mirror di* Londra il 15 aprile 1915 denunciando il fatto che le forniture del "Belgian Relief" venivano inviate in Germania per nutrire l'esercito tedesco. I tedeschi considerarono[lle] Cavell poco importante e non le prestarono attenzione, ma i servizi segreti britannici di Londra furono irritati dalla sua rivelazione e chiesero ai tedeschi di arrestarla per spionaggio.

Sir William Wiseman, capo dei servizi segreti britannici e socio della *Kuhn, Loeb Company*, temeva che la continuazione della guerra fosse minacciata e raccomandò discretamente ai tedeschi di condannare a morte Edith Cavell. I tedeschi la arrestarono a metà, accusandola di aver aiutato i prigionieri di guerra a fuggire. La pena abituale per un simile reato era di tre mesi di reclusione, ma i giudici si piegarono ai desideri di Sir William Wiseman e la fecero giustiziare, rendendola uno dei più grandi martiri della Prima guerra mondiale.

Con Edith Cavell fuori dai giochi, le truffe del "Soccorso Belga" continuarono. Tuttavia, nel 1916 emissari tedeschi si rivolsero nuovamente ai funzionari britannici per dire che non pensavano che la Germania potesse continuare il suo sforzo militare, non solo a causa della scarsità di cibo ma anche per difficoltà finanziarie. Vennero forniti altri "aiuti di emergenza" e la Germania continuò la guerra fino al novembre 1918. Due dei principali collaboratori di Hoover erano Prentiss Gray - un ex professionista delle spedizioni di legname della West Coast - e Julius H. Barnes - un commerciante di cereali di Duluth. Dopo la guerra, questi due uomini divennero soci della J. Henry Schroder Banking Corporation di New York e accumularono notevoli ricchezze, soprattutto nel settore del grano e dello zucchero.

Dopo l'entrata in guerra degli Stati Uniti, sotto la guida di Herbert Hoover, Barnes e Gray ottennero posizioni importanti nella neonata US Food Administration. Barnes fu presidente del ramo cereali della US Food Administration nel 1917-1918, mentre Gray fu nominato responsabile delle spedizioni. G. A. Zabriskie, un altro socio di J. Henry Schroder, fu scelto per dirigere la US Sugar Price Fairness Board. In questo modo, durante la Grande Guerra, la London Connection controllava l'intero approvvigionamento alimentare degli Stati Uniti attraverso i suoi "magnati" dello zucchero e del grano. Nonostante le numerose denunce di corruzione e gli scandali che coinvolsero l'Amministrazione alimentare statunitense, nessuno fu mai accusato. Dopo il conflitto, i soci della J. Henry Schroder Company finirono per possedere la maggior parte dell'industria dello zucchero cubana. Uno dei suoi soci, M. E. Rionda, presiedeva la Cuba Cane Corporation e gestiva la Manati Sugar Company, nonché l'American British & Continental Corporation e altre società. Il barone Bruno von Schroder, direttore e socio della società, era direttore della North British & Mercantile Insurance Company. Suo padre, il barone Rudolph von Schroder di Amburgo, era a capo della Sao Paulo Coffee Ltd, una delle maggiori aziende brasiliane di caffè, insieme a F. C. Tiarks - che a sua volta era attivo nella società Schroder[85].

Dopo la Grande Guerra, Zabriskie - che era stato un "magnate" dello zucchero negli Stati Uniti, presiedendo il Consiglio americano per l'equità dei prezzi dello zucchero - presiedette diverse grandi aziende del settore del pane e dei biscotti in America: Empire Biscuit, Southern Baking Corporation, Columbia Baking e alcune altre.

Alla US Food Administration, Hoover scelse come suo principale vice Lichtenstein Strauss, che presto sarebbe diventato socio della *Kuhn, Loeb Company* sposando la figlia di Jerome Hanauer, coinvolto in quella società. Durante la sua famosa carriera umanitaria presso il Belgian Relief Committee e la US Food Administration, e poi - dopo la guerra - l'American Relief Administration, il più stretto collaboratore di Hoover fu Edgar Rickard, nato a Pontgibaud, in Francia. Secondo *Who's Who*, Rickard fu "l'assistente amministrativo di Herbert Hoover in tutte le agenzie in cui Hoover fu coinvolto, durante e dopo la Grande Guerra, compreso il Belgian Relief Committee. Lavorò anche per l'Amministrazione alimentare degli Stati Uniti tra il 1914 e il 1924". Rimase uno dei più stretti amici di Hoover e i Rickard e Hoover trascorrevano regolarmente le vacanze insieme. Hamill riferisce che Hoover, una volta divenuto Segretario al Commercio di Coolidge, concesse al suo amico dei brevetti per la Hazeltine Radio che gli fruttavano 1.000.000 di dollari all'anno in royalties.

Nel 1928, la London Connection accettò di catapultare Herbert Hoover alla presidenza degli Stati Uniti. Tuttavia, c'era un inghippo: sebbene Herbert Hoover fosse nato negli Stati Uniti e fosse quindi costituzionalmente eleggibile alla presidenza, non aveva mai avuto un indirizzo negli Stati Uniti, né privato né professionale, poiché si era trasferito all'estero non appena terminati gli studi a Stanford. Durante la campagna elettorale, Herbert Hoover indicò come suo indirizzo americano la Suite 2000 al 42 di Broadway a New York: era l'ufficio di Edgar Rickard, che condivideva la Suite 2000 con Julius H. Barnes, magnate del grano e socio della J. Henry Schroder Banking Corporation.

Una volta eletto Presidente degli Stati Uniti, Herbert Hoover fece in modo che Eugene Meyer, un membro della sua vecchia rete

---

[85] L'11 ottobre 1923, *il New York Times* riportava: "Frank C. Tiarks, governatore della Banca d'Inghilterra, trascorrerà due settimane sul nostro territorio per organizzare l'apertura della filiale bancaria di J. Henry Schroder (Londra)".

londinese, fosse nominato Governatore del Federal Reserve Board. Il padre di Meyer era stato socio di Lazard Frères a Parigi e a Londra. Insieme a Baruch, Meyer era stato uno degli individui più influenti negli Stati Uniti durante la prima guerra mondiale. Faceva parte del famoso triumvirato che esercitava un potere fenomenale: Meyer presiedeva la War Finance Corporation, Bernard Baruch il War Industries Board e Paul Warburg il Board of Governors della Federal Reserve.

Da sempre critico nei confronti di Eugene Meyer, Louis McFadden, presidente della Commissione bancaria e valutaria della Camera, prese la parola per denunciare la nomina di Meyer da parte di Hoover, lanciando l'accusa (ripresa dall'edizione del 17 dicembre 1930 del *New York Times*) che "egli rappresenta gli interessi dei Rothschild ed è semplicemente un collegamento tra il governo francese e J. P. Morgan". Lo stesso quotidiano riportava il 18 dicembre che "Herbert Hoover è profondamente preoccupato" e che i commenti di McFadden erano "una questione spiacevole". *Il New York Times* commentò sulla sua pagina editoriale il 20 dicembre, sotto il titolo "Ancora McFadden": "Questo discorso dovrebbe accelerare la ratifica da parte del Senato della nomina di Meyer alla Federal Reserve. Il discorso era incoerente, come tutti i commenti di McFadden. E come il giornale aveva previsto, Meyer è stato facilmente approvato dai senatori.

Non contenta di aver piazzato un affezionato alla Casa Bianca, la J. Henry Schroder Corporation partecipò presto a nuove avventure internazionali: niente di meno che un programma volto a scatenare la Seconda Guerra Mondiale. L'obiettivo era fornire i finanziamenti necessari per portare Hitler al potere in Germania al momento giusto. Sebbene il finanziamento di Hitler sia stato attribuito a innumerevoli personalità - tra cui Fritz Thyssen, Henry Ford e J.P. Morgan - i nostri - insieme ad altri - misero effettivamente sul tavolo milioni di dollari per sovvenzionare il suo attivismo politico durante gli anni Venti, proprio come avevano fatto per altri candidati che avevano avuto qualche possibilità di vincere le elezioni, ma che poi erano svaniti e di cui non si era più sentito parlare. Per molti osservatori della scena politica tedesca, nel dicembre 1932 sembrava certo che anche Hitler sarebbe stato presto consegnato all'oscurità. Sebbene avesse avuto successo nelle sue campagne nazionali, aveva sperperato tutto il denaro ricevuto dai suoi fornitori abituali e ora doveva far fronte a pesanti debiti. Otto Lehmann-Russbeldt racconta nel suo libro *Aggressione*: "Il 4 gennaio 1933, Hitler fu invitato a partecipare a una riunione presso la Banca Schroder di Berlino. I più importanti industriali e finanzieri tedeschi risolsero le sue difficoltà finanziarie e gli permisero di saldare il colossale debito contratto per finanziare la sua milizia privata. In cambio, Hitler promise di spezzare l'influenza dei sindacati, promessa che mantenne il 2 maggio 1933[86].

I fratelli John Foster e Allen W. Dulles, dello studio legale Sullivan & Cromwell di New York e rappresentanti della Schroder Bank, parteciparono alla riunione del 4 gennaio 1933. I Dulles erano soliti presenziare alle discussioni importanti. Avevano rappresentato gli Stati Uniti alla Conferenza di pace di Parigi (1919). John Foster Dulles è stato Segretario di Stato di Eisenhower, mentre Allen Dulles ha diretto la CIA per molti anni. I difensori dei fratelli Dulles hanno raramente cercato di difendere la loro partecipazione all'incontro che prefigurava l'ascesa di Hitler al cancellierato tedesco, preferendo sostenere che l'evento non ebbe mai luogo. Uno dei loro biografi, Leonard Mosley, evita la questione *Dulles* scrivendo: "Entrambi i fratelli avevano trascorso un periodo considerevole in Germania, dove lo studio Sullivan & Cromwell aveva notevoli interessi nei primi anni Trenta, rappresentando diversi governi regionali, alcuni grandi gruppi industriali, un gran numero di aziende americane con interessi nel Paese e alcuni individui facoltosi[87] ".

Allen Dulles divenne in seguito direttore della J. Henry Schroder Company. Né lui né J. Henry Schroder sono sospettati di essere filonazisti o filo-hitleriani; il semplice fatto è che, se Hitler non fosse diventato Cancelliere della Germania, la Seconda guerra mondiale - un conflitto che avrebbe raddoppiato i loro profitti - non sarebbe scoppiata[88].

Ecco cosa si legge nella *Grande Enciclopedia Sovietica*: "L'istituto bancario Schroder Bros. (la banca di Hitler) è stato fondato nel 1846; i suoi attuali soci sono i baroni von Schroder, con parenti negli Stati Uniti e in Inghilterra[89] "[90].

---

[86]Otto Lehmann-Russbeldt, *Aggression*, London, Hutchinson & Co Ltd, 1934, p. 44.

[87]Leonard Mosley, *Dulles*, New York, Dial Publishing Co, 1978, p. 88.

[88]Ezra Pound, in una trasmissione su Radio Roma del 18 aprile 1943, disse: "[...] e in America alcuni individui, non contenti di questo conflitto, stanno già preparando il prossimo. Ora è il momento o mai più di opporsi".

[89]*La Grande Enciclopedia Sovietica*, Londra, Macmillan, 1973, vol. 2, p. 620.

[90]L'11 ottobre 1944, *il New York Times* riportò: "Il senatore Claude Pepper criticò John Foster Dulles, consigliere del governatore Dewey per le relazioni

Il 30 settembre 1933, il redattore finanziario del London *Daily Herald* scrisse un articolo intitolato "La decisione del signor Norman di dare ai nazisti il sostegno della Banca [d'Inghilterra]".

Nella sua biografia di Montagu Norman, John Hargrave afferma:

"È quasi certo che Norman, agendo dal suo rifugio di Threadneedle Street, abbia fatto tutto il possibile dal punto di vista finanziario per aiutare l'hitlerismo a conquistare e mantenere il potere politico".

Il barone Wilhelm de Ropp - un giornalista tra i cui amici intimi c'era il maggiore F. W. Winterbotham, direttore dei servizi segreti britannici - chiamò a Londra il filosofo nazista Alfred Rosenberg per presentarlo a Lord Hailsham, ministro della Guerra, Geoffrey Dawson, caporedattore del *Times*, e Norman, governatore della Banca d'Inghilterra. Rosenberg incontrò il rappresentante della Schroder Bank a Londra dopo aver parlato con Norman. Il direttore di questa banca, F. C. Tiarks, era anche uno dei direttori della Banca d'Inghilterra. Citando Hargrave (p. 217): "All'inizio del 1934, un gruppo selezionato di finanzieri della City si riunì nell'ufficio di Norman con le sue pareti cieche: Sir Robert Kindersley (socio della Lazard Brothers), Charles Hambro, F. C. Tiarks e Sir Josiah Stamp (un altro direttore della Banca d'Inghilterra). Il governatore Norman presentò la situazione politica europea. Si era affermata una nuova potenza, una grande "forza stabilizzatrice": la Germania nazista. Norman consigliò ai suoi amici di includere Hitler nei loro piani di finanziamento dell'Europa. Non ci fu opposizione.

Antony C. Sutton ha scritto in *Wall Street and the Rise of Hitler*: "Il barone Kurt von Schroeder, un nazista, fece da intermediario per trasmettere denaro dalla ITT alle SS di Heinrich Himmler nel 1944, quando la Seconda guerra mondiale era in pieno svolgimento e gli Stati Uniti erano in guerra con la Germania[91] ". Nato nel 1889, Kurt von Schroeder era socio della società bancaria di Colonia J. H. Stein & Co,

---

estere, per i suoi legami con lo studio legale Sullivan & Cromwell e per aver aiutato finanziariamente Hitler nel 1933. Pepper ha fornito un resoconto dell'incontro del 4 gennaio 1933 con Franz von Papen e Hitler a casa del barone Schroder a Colonia e da quel momento i nazisti accelerarono la loro marcia verso il potere".

[91] Antony C. Sutton, *Wall Street and the Rise of Hitler*, Seal Beach (California), 76 Press, 1976, p. 79.

fondata nel 1788. Dopo l'avvento del nazismo nel 1933, Schroeder fu scelto per rappresentare il Paese presso la Banca dei Regolamenti Internazionali. Nel 1940, la Commissione Kilgore riferì che l'influenza di Schroeder sul governo di Hitler era così grande da assicurarsi la nomina di Pierre Laval a capo del governo francese durante l'occupazione. La commissione ha reso noto un elenco di oltre una dozzina di posizioni importanti ricoperte da Kurt von Schroeder negli anni '40, tra cui presidente della Deutsche Reichsbahn, presidente del Consiglio per gli Affari Economici del Reich, capo di un gruppo di SS, consigliere delle Poste del Reich, direttore della Deutsche Reichsbank e di altre banche e vari ruoli in importanti gruppi industriali. Schroeder fece parte dei consigli di amministrazione di tutte le filiali della International Telephone and Telegraph in Germania.

Nel 1938, la banca londinese di Schroeder divenne l'agente finanziario della Germania in Gran Bretagna. La sede di Schroeder a New York si era fusa con i Rockefeller nel 1936 per formare la Schroder, Rockefeller, Inc. con sede al 48 di Wall Street. Carlton P. Fuller di Schroder era presidente dell'azienda, mentre Avery Rockefeller era vicepresidente. Avery Rockefeller era stato per molti anni il discreto socio di J. Henry Schroder e aveva creato la società di costruzioni Bechtel Corporation, i cui dipendenti (in aspettativa) hanno ora un ruolo di primo piano nell'amministrazione Reagan, come Segretario alla Difesa e Segretario di Stato.

Ne *Il gioco delle volpi*[92] , Ladislas Farago riferisce che il barone William de Ropp, un agente doppiogiochista, si era infiltrato nei più alti circoli tedeschi alla vigilia della Seconda guerra mondiale e spiegò che Hitler si affidava a Ropp, suo consigliere personale, per tutto ciò che riguardava la Gran Bretagna. Fu su consiglio di Ropp che Hitler rifiutò di sbarcare in Inghilterra.

Victor Perlo ha scritto in *L'impero dell'alta finanza*:

"Il governo di Hitler fece della banca londinese di Schroder il suo agente finanziario nel Regno Unito e in America. Il conto bancario personale di Hitler era tenuto presso la J. M. Stein Bankhaus, la filiale tedesca della banca Schroder. F. C. Tiarks, della britannica J. Henry Schroder Company, era un membro della Fratellanza anglo-tedesca, così come due dei suoi associati, e la stessa società

---

[92]Ladislas Farago, *Il gioco delle volpi*, 1973.

era un membro a pieno titolo[93].

La storia va ben oltre quanto Perlo sospettava: J. Henry Schroder *era* l'Anglo-German Brotherhood, l'equivalente britannico del movimento America First, che attirava anche i patrioti che non volevano che il loro Paese fosse coinvolto in una guerra inutile con la Germania. Negli anni Trenta, fino allo scoppio della Seconda guerra mondiale, la famiglia Schroder diede una grande quantità di denaro alla Fratellanza anglo-tedesca, che ebbe l'effetto di persuadere Hitler che poteva contare su una forte quinta colonna filotedesca in Inghilterra, compresi alcuni importanti finanzieri e politici. Nello stesso decennio, nel Regno Unito esistevano due movimenti politici contrapposti: il partito della guerra, guidato da Winston Churchill, e il partito dell'appeasement, dominato da Neville Chamberlain. Dopo Monaco, Hitler poteva solo supporre che il movimento di Chamberlain fosse il gruppo politico dominante in Gran Bretagna e che Churchill sarebbe rimasto un debole agitatore. Hitler credeva, grazie ai suoi finanziatori: gli Schroder, che la guerra non ci sarebbe stata. Non era consapevole delle trappole tese dai suoi sostenitori nel partito dell'appeasement: non appena Chamberlain avesse fatto la sua parte nell'ingannarlo, sarebbe stato messo da parte e Churchill avrebbe preso il suo posto come Primo Ministro. Non fu solo Chamberlain, ma anche Hitler, a lasciare Monaco convinto di aver firmato la "pace per il nostro tempo".

Il successo dell'inganno di Hitler da parte degli Schroder dissipa una serie di interrogativi inquietanti sulla Seconda guerra mondiale. Perché Hitler permise all'esercito britannico di lasciare Dunkerque e tornare in Inghilterra quando avrebbe potuto schiacciarlo? Contro il parere offensivo dei suoi generali, che volevano dare il colpo di grazia all'esercito britannico, Hitler adottò un atteggiamento attendista per non alienarsi i molti sostenitori che credeva di avere nel Regno Unito. Per lo stesso motivo, rifiutò di sbarcare in Inghilterra in un momento in cui godeva di una reale superiorità militare, ritenendo che non fosse necessario, dal momento che la nebulosa Fratellanza Anglo-Tedesca era disposta a fare la pace. Il viaggio di Rudolf Hess in Inghilterra era motivato dal desiderio di avere una conferma che il gruppo di Schroder fosse favorevole alla pace e pronto a partecipare a uno sforzo comune contro i sovietici. Rudolf Hess langue ancora oggi in prigione, molti anni dopo la guerra, perché il suo rilascio gli permetterebbe di

---

[93]Victor Perlo, *L'impero dell'alta finanza*, International Publishers, 1957, p. 177.

testimoniare che si era recato in Inghilterra per contattare i membri della Fratellanza anglo-tedesca, cioè il gruppo Schroder, al fine di mettere in atto un piano per concludere la guerra[94].

Nel caso in cui qualcuno voglia pensare che questa sia solo storia antica senza alcun legame con la vita politica contemporanea, presentiamo il nome di John Lowery Simpson, di Sacramento in California. Sebbene sia apparso per la prima volta nel 1952 nell'edizione americana di *Who's Who*, il signor Simpson afferma di essere stato al servizio di Herbert Hoover nel Comitato di soccorso belga tra il 1915 e il 1917, presso l'Amministrazione alimentare statunitense nel 1917-1918, nel Comitato di soccorso americano nel 1919 e presso la P. N. Gray Company dal 1919 al 1921 a Vienna. Gray gestiva il trasporto marittimo per l'Amministrazione alimentare statunitense, il che gli diede l'opportunità di fondare una propria compagnia di navigazione dopo la guerra. Come altri "umanisti" dell'entourage di Hoover, Simpson entrò anche nella J. Henry Schroder Banking Company (la banca ufficiale di Adolf Hitler) e nella J. Henry Schroder Trust Company. Divenne anche socio della Schroder-Rockefeller Company quando questo fondo d'investimento finanziò la Bechtel Incorporated, una società di costruzioni destinata a diventare la più grande del mondo. Simpson ha presieduto i dipartimenti finanziari di Bechtel Company, Bechtel International e Canadian Bechtel. Dice di

---

[94] Ecco alcuni resoconti del *New York Times*... 21 ottobre 1945: "Una trasmissione di Radio Lussemburgo ha detto ieri sera che il barone Kurt von Schroder, un ex banchiere che ha contribuito finanziariamente all'ascesa del Partito Nazionalsocialista, è stato identificato in un campo di prigionia americano e arrestato". 1er Novembre 1945: "Quartier generale dell'esercito britannico. Il barone Kurt von Schroder, 55 anni, banchiere, amico di Heinrich Himmler, è detenuto a Düsseldrof in attesa di una decisione sulla sua incriminazione come criminale di guerra, come dichiarato ufficialmente oggi dal governo militare". 29 febbraio 1948: "Un'inchiesta immediata è stata richiesta ieri dalla Società per la prevenzione della terza guerra mondiale, al fine di stabilire perché il finanziere nazista tedesco Kurt von Schroder non sia stato perseguito come criminale di guerra dai tribunali militari alleati. L'organizzazione ha fatto notare che Schroder è stato condannato lo scorso novembre a tre mesi di reclusione e a una multa di 1.500 marchi da un tribunale di denazificazione tedesco a Bielefeld, nella Zona C britannica. Monteith Gilpin, segretario dell'organizzazione, ha dichiarato che, date le circostanze, era necessario sapere perché Schroder fosse riuscito a sfuggire alla giustizia alleata e perché i nostri rappresentanti non avessero chiesto che fosse processato da un tribunale militare alleato. "Schroder è colpevole quanto Hitler o Goering".

aver rappresentato gli interessi di Bechtel-McCone nella produzione bellica durante la Seconda guerra mondiale. Ha fatto parte della Commissione di controllo alleata in Italia nel 1943-1944. Sposò Margaret Mandell, appartenente alla famiglia di commercianti che lasciarono il loro nome in eredità al colonnello Edward *Mandell* House, e sostenne finanziariamente un californiano per la carica di governatore prima e per la presidenza poi.

Simpson e la J. Henry Schroder Company imposero quindi Caspar Weinberger, un ex dipendente della Bechtel, come Segretario alla Difesa. Nominarono un altro veterano di Bechtel, George Pratt Schultz, che era un erede della Standard Oil, come Segretario di Stato, riaffermando così il connubio Schroder-Rockefeller. L'amministrazione "conservatrice" di Reagan comprendeva quindi un Segretario alla Difesa proveniente dalla Schroder Company, un Segretario di Stato della Schroder-Rockefeller e un Vicepresidente il cui padre era direttore e socio della Brown Brothers Harriman!

Anche la Heritage Foundation ha svolto un ruolo colossale nelle decisioni politiche prese dall'amministrazione Reagan. Ora sappiamo che la Heritage Foundation fa parte della rete del Tavistock Institute gestita dai servizi segreti britannici. Le decisioni finanziarie vengono sempre prese all'interno della Banca d'Inghilterra. E chi è a capo di questa istituzione? Sir Gordon Richardson, presidente della J. Henry Schroder Co. a Londra e New York tra il 1962 e il 1972, prima di diventare governatore della Banca d'Inghilterra. Mai prima d'ora la London Connection aveva tenuto così saldamente le redini del governo degli Stati Uniti!

Il 3 luglio 1983, *il New York Times* annunciò che Gordon Richardson, governatore della Banca d'Inghilterra nei dieci anni precedenti, era stato sostituito da Robert Leigh-Pemberton, presidente della National Westminster Bank. L'elenco dei direttori della National Westminster Bank è niente meno che un *Who's Who della* classe dirigente inglese... Include Lord Aldenham, il suo presidente, che è anche presidente della banca d'affari Antony Gibbs & Son, uno dei 17 stabilimenti a cui è stato concesso il privilegio dell'autorizzazione dalla Banca d'Inghilterra; Sir Walter Barrie, presidente della BBC; F.E. Harmer, governatore della London School of Economics; e Sir Robert Leigh-Pemberton, governatore della National Westminster Bank. Harmer, governatore della London School of Economics, la scuola che forma i finanzieri internazionali, e presidente della New Zealand Shipping Company; Sir E. C. Mieville, segretario privato del Re d'Inghilterra tra il 1937 e il 1945; il Marchese di Salisbury, Lord Cecil, Lord Privy Seal (i Cecil sono considerati una delle tre famiglie regnanti d'Inghilterra dal Medioevo); Lord Leathers, Barone di Purfleet, Ministro dei Trasporti di Guerra dal 1941 al 1945 e presidente della holding William Cory; Sir W. H. Coates e W. Leigh-Pemberton. H. Coates e W. J. Worboys delle Imperial Chemical Industries (i DuPont britannici); il conte di Dudley, presidente della British Iron & Steel; sir W. Benton Jones, presidente della United Steel e di molte altre aziende metallurgiche; Sir G. E. Schuster, della Bank of New Zealand e della East India Coal Company; A. d'A. Willis, della Ashantin Goldfields e di altre banche, compagnie di tè e imprese varie; V. W. Yorke, presidente della Mexican Railways Ltd., e di altre società bancarie, del tè e di varie imprese.

Richardson, già presidente di Schroder (la cui filiale di New York detiene azioni della Federal Reserve Bank di New York), è stato sostituito dal presidente della National Westminster Bank, anch'essa con una filiale a New York che detiene azioni della stessa banca di riserva. Robert Leigh Pemberton, direttore di Equitable Life (J. P. Morgan), ottenne la mano della Marchesa di Exeter (della famiglia Cecil Burghley). In questo modo, la London Connection continuò a essere supervisionata.

L'elenco degli attuali direttori della J. Henry Schroder Bank rivela che la sua influenza globale è continuata fin dalla prima guerra mondiale. George A. Braga è anche nel consiglio di amministrazione della Czarnikow-Rionda Company, vicepresidente della Francisco Sugar Company, presidente della Manati Sugar Company e vicepresidente della New Tuinicui Sugar Company. Il suo parente Rionda B. Il controllo dello zucchero da parte di Schroder risale alla Food Administration degli Stati Uniti sotto Herbert Hoover e a Lewis L. Strauss della *Kuhn, Loeb Company all'*epoca della Prima Guerra Mondiale. Gli avvocati di Schroder provenivano da Sullivan & Cromwell. John Foster Dulles era presente alla storica riunione di finanziamento di Hitler. In seguito divenne Segretario di Stato nell'amministrazione Eisenhower. Alfred Jaretzki, J[r] - di Sullivan & Cromwell - siede anche nei consigli di amministrazione della Manati Sugar Company e della Francisco Sugar Company.

Norris Darrell, J[r], è un altro amministratore di J. Henry Schroder. Nato a Berlino, è socio di Sullivan & Cromwell e direttore della Schroder Trust Company. Anche Bayless Manning, socio dello studio legale di Wall Street Paul, Weiss, Rifkind & Wharton, ha un posto nel consiglio di amministrazione di J. Henry Schroder. È stato presidente del Council on Foreign Relations dal 1971 al 1977 ed è caporedattore della Yale Law Review.

Paul H. Nitze, l'eminente "negoziatore per il disarmo" del governo statunitense, è direttore della Schroder's Inc. Ha sposato Phyllis Pratt, azionista della Standard Oil, il cui padre ha concesso alla famiglia Pratt il palazzo che ospita il Council on Foreign Relations.

CAPITOLO VIII

LA PRIMA GUERRA MONDIALE

"Il denaro è il peggior contrabbando.

- William Jennings Bryan

Oggi sembra che, senza il sistema della Federal Reserve, non sarebbe potuto scoppiare alcun conflitto mondiale. Tuttavia, si verificò una strana catena di eventi, nessuno dei quali fu casuale. Senza la candidatura a sorpresa di Theodore Roosevelt, il popolare Presidente Taft sarebbe stato probabilmente rieletto e Woodrow Wilson sarebbe tornato nell'anonimato[95]. Se Wilson non fosse stato presidente, forse non ci sarebbe stato il Federal Reserve Act e la Grande Guerra sarebbe stata evitata. Tuttavia, le nazioni europee erano incentivate a mantenere grandi eserciti attivi, poiché questo era il desiderio delle loro banche centrali e queste ultime imponevano la loro volontà. Il *Quarterly Journal of Economics* pubblicò nell'aprile 1887 quanto segue:

> "Un'analisi dettagliata del debito pubblico in Europa mostra che gli interessi e i rimborsi del fondo di ammortamento ammontano a 5.343.000.000 di dollari all'anno. L'opinione del signor Neymarck è molto vicina alle conclusioni del signor Atkinson: le finanze dell'Europa sono così compromesse che i loro governi dovrebbero chiedersi se una guerra, nonostante tutti gli elementi spaventosi che inevitabilmente l'accompagnano, non sarebbe preferibile al mantenimento di una pace tanto precaria quanto costosa. Se i preparativi militari in questo continente non porteranno a un conflitto, potrebbero benissimo mandare in

---

[95]"House mi rivelò, in tono di confidenza: 'Wilson è stato eletto da Teddy Roosevelt'". George Sylvester Viereck, *La più strana amicizia della storia. Woodrow Wilson e il Col. House*, New York, Liveright, 1932, p. 34.

bancarotta gli Stati Uniti. E se tutto questo non porta né alla guerra né alla bancarotta, allora ci stiamo dirigendo verso una rivoluzione industriale ed economica".

Questo sistema precario, con Stati europei pesantemente armati e teoricamente in bancarotta, durò dal 1887 al 1914. Durante questo periodo, gli Stati Uniti rimasero una potenza debitrice, indebitandosi all'estero e facendo pochi prestiti internazionali, perché non avevano una banca centrale e quindi non potevano "mobilitare il credito". I Rothschild, attivi in diverse nazioni attraverso le loro filiali, crearono un sistema di prestiti agli Stati che contribuì a finanziare le guerre europee del XIX SECOLO[e]. Nel 1900 era ormai chiaro che gli Stati europei non potevano permettersi una grande guerra. Sebbene avessero eserciti grandi e attivi, la coscrizione militare universale e armamenti moderni, i loro risparmi non potevano coprire le spese eccessive. Inaugurando le sue attività nel 1914, il Federal Reserve System costrinse i cittadini americani a prestare 25.000.000.000 di dollari agli Alleati, che furono a malapena rimborsati. Tuttavia, ai banchieri di Wall Street furono pagati interessi da capogiro. Il popolo americano fu trascinato in una guerra contro la nazione tedesca, anche se non aveva alcuna disputa politica o economica con essa. Inoltre, i tedeschi negli Stati Uniti erano più numerosi che in qualsiasi altra parte del mondo: quasi la metà dei cittadini americani aveva origini tedesche e il tedesco era quasi diventato la lingua nazionale degli Stati Uniti[96]. Il barone Wangeheim, ambasciatore della Germania in Turchia, aveva chiesto a Henry Morgenthau, suo omologo americano, perché gli Stati Uniti intendessero dichiarare guerra alla Germania. Rispondendo a nome del gruppo di professionisti immobiliari di Harlem da lui guidato, Morgenthau disse: "Noi americani andiamo in guerra per principi morali".

J. P. Morgan ricevette i proventi del First Liberty Loan come rimborso dei 400.000.000 di dollari che aveva prestato al Regno Unito all'inizio della guerra. Per coprire questo prestito erano state emesse 68.000.000 di banconote, in base alle disposizioni dell'Aldrich-Vreeland Act che consentivano l'emissione di banconote a fronte di obbligazioni. Era la prima volta che questa disposizione veniva utilizzata. Queste banconote furono ritirate dal mercato non appena furono aperte le banche della Federal Reserve e furono sostituite da

---

[96]Cfr. la Convenzione costituzionale del 1787.

banconote della Federal Reserve.

Nel 1915-1916, Wilson mantenne la fiducia nei finanzieri che gli avevano offerto la Casa Bianca continuando a concedere prestiti agli Alleati. William Jennings, il suo Segretario di Stato, continuò a protestare, sostenendo che "il denaro è il peggior tipo di contrabbando".

Prima del 1917, i Morgan e la *Kuhn, Loeb Company* avevano prestato 1.500.000.000 di dollari agli Alleati. I banchieri finanziarono anche una serie di organizzazioni che lavoravano per la "pace", ma in realtà lavoravano per l'entrata in guerra degli Stati Uniti. Mentre il Comitato di soccorso belga inventava pseudo-atrocità da imputare ai tedeschi, un organismo della Carnegie - la Lega per imporre la pace - lavorava duramente a Washington per incoraggiare l'America a partecipare alla Grande Guerra. Il risultato fu il Carnegie Endowment for International Peace, diretto negli anni Quaranta da Alger Hiss. Un analista[97] ha dichiarato senza mezzi termini di non aver mai visto un "movimento per la pace" che non sia diventato un guerrafondaio.

Quando Walter Hines Page, ambasciatore degli Stati Uniti nel Regno Unito, si lamentò di non avere le risorse necessarie per svolgere le sue mansioni, ricevette un'indennità annuale di 25.000 dollari da Cleveland H. Dodge, presidente della National City Bank. Nel 1916 Mencken accusò apertamente Page di essere un agente britannico, cosa non vera: Page era solo un agente della finanza...

Page inviò una lettera confidenziale a Wilson il 5 marzo 1917: "Credo che la pressione della crisi imminente sia al di là delle capacità della Morgan Financial Agency per quanto riguarda i governi britannico e francese... Il miglior aiuto che potremmo dare agli Alleati sarebbe quello di estendere il credito a loro. Ma il nostro governo ovviamente non può estendere tale credito direttamente, a meno che non dichiariamo guerra alla Germania".

Nonostante il caos finanziario causato dai loro affiliati (i Warburg finanziavano il Kaiser e il fratello di Paul Warburg - Max, capo dei servizi segreti tedeschi - aveva catapultato il carro di Lenin oltre la linea del fronte per infiammare la Russia con la rivoluzione bolscevica), i Rothschild mostravano scarsa fiducia nella capacità della Germania di continuare la guerra. Secondo Franklin D. Roosevelt, allora

---

[97]Emmett Tyrell, Jr, nel *Richmond Times Dispatch* del 15 febbraio 1983: "Ogni movimento per la pace nel nostro secolo è finito in guerra".

sottosegretario alla Marina, l'industria pesante statunitense si stava preparando da un anno per uno sforzo bellico. Gli stati maggiori dell'esercito e della marina statunitensi avevano acquistato forniture belliche in grandi quantità fin dall'inizio del 1916. Cordell Hull annotò nelle sue *Memorie*:

> "Il conflitto costrinse il governo a estendere il principio dell'imposta sul reddito. Prendendo di mira l'unica grande fonte di risorse ancora non tassata, la legislazione fiscale su tutti i redditi fu approvata appena in tempo per soddisfare le esigenze della guerra. Il conflitto fornì anche un'opportunità tempestiva per l'entrata in vigore del Federal Reserve System[98] ".

Possiamo chiederci: *a tempo debito...* per chi? Certamente non per il popolo americano, che non aveva alcun interesse a "fornire credito" per una guerra in Europa o a imporre un'imposta sul reddito per finanziarla. Queste confidenze di Hull rendono molto bene l'idea degli schemi architettati dai sostenitori del "servizio pubblico".

Nell'ottobre del 1917, sulle pagine del *Journal of Political Economy,* si leggeva:

> "Gli effetti della guerra sul funzionamento delle Federal Reserve Banks resero necessario un drastico aumento del loro personale, con un corrispondente incremento delle spese. Non potendo prevedere una richiesta così rapida ed elevata dei loro servizi, i redattori del Federal Reserve Act avevano ovviamente assicurato che le Federal Reserve Banks avrebbero agito come agenti del governo".

I finanzieri aspettavano dal 1887 che gli Stati Uniti istituissero una banca centrale per sovvenzionare una guerra europea tra Stati che avevano già mandato in bancarotta con i loro programmi di armamento e "difesa". Il ruolo essenziale del meccanismo bancario centrale è quello di finanziare gli sforzi bellici.

Il 12 ottobre 1917, Woodrow Wilson tenne un discorso di importanza cruciale:

> "È ovviamente imperativo che le riserve bancarie degli Stati Uniti siano pienamente mobilitate. L'onere e il privilegio (di concedere prestiti agli Alleati) devono essere condivisi da ogni istituto

---

[98]Cordell Hull, *Memoirs*, New York, Macmillan, 1948, vol. I, p. 76.

bancario del Paese. Ritengo che la cooperazione delle banche sia, in questo momento, un dovere patriottico e che l'appartenenza al Federal Reserve System sia un motivo decisivo e indiscutibile di patriottismo".

E. W. Kemmerer si spinge oltre: "Come agenti del governo, le Federal Reserve Banks hanno reso servizi di incalcolabile valore agli Stati dopo la nostra entrata in guerra. Hanno contribuito in modo determinante alla conservazione delle nostre riserve auree, alla regolazione del tasso di cambio e alla centralizzazione delle nostre risorse finanziarie. Si rabbrividisce al pensiero di cosa sarebbe potuto accadere se il conflitto ci avesse lasciato con il nostro vecchio sistema finanziario arcaico e decentralizzato...".

I timori di Kemmerer non tengono conto del fatto che, se gli Stati Uniti avessero mantenuto il loro "sistema finanziario arcaico", non avrebbero avuto la capacità di finanziare una guerra mondiale o di prendervi parte attiva.

Lo stesso Woodrow Wilson non aveva molta fiducia in questa crociata per salvare la democrazia nel mondo... Più tardi scrisse: "La guerra mondiale era solo una questione di rivalità economiche".

Il senatore McCumber chiese a Wilson le circostanze dell'entrata in guerra dell'America:

"Pensate che avremmo preso parte a questa guerra se la Germania non avesse commesso alcuna ingiustizia o atto di guerra contro i nostri concittadini?

- Credo di sì", rispose Wilson.

- Quindi pensa che avremmo dichiarato guerra in ogni caso?", ha insistito McCumber.

- Esatto", ha confermato Wilson.

Wilson, nella sua dichiarazione di guerra del 1917, incluse un sorprendente tributo ai comunisti russi che stavano raddoppiando i loro sforzi per sterminare le classi medie di quella sfortunata nazione.

"Grazie ai prodigiosi e commoventi eventi che hanno avuto luogo in Russia nelle ultime settimane, la fiducia si è aggiunta alla speranza di una pace futura per il mondo. Questo è un degno partner per la nostra Lega d'onore".

L'elogio di Wilson a un regime sanguinario che da allora ha massacrato 70.000.000 di suoi sudditi nei modi più barbari rivela le sue più profonde simpatie e l'identità dei suoi finanziatori: i finanziatori che avevano finanziato le sanguinose purghe in Russia. Quando la rivoluzione comunista sembrò vacillare, Wilson inviò il suo inviato personale, Elihu Root, in Russia con 100.000.000 di dollari dal suo fondo speciale di emergenza per la guerra, per impedire che il regime bolscevico fosse rovesciato.

I documenti che provano il coinvolgimento della *Kuhn, Loeb Company* nell'avvento del comunismo in Russia sono troppo numerosi per essere citati in questa sede, ma dobbiamo accennarvi brevemente, attingendo ai riferimenti che hanno trattato l'argomento. Il generale Arsène de Goulevitch ha scritto nel suo libro *Zarismo e rivoluzione*:

> "Il signor Bakmetiev, ambasciatore della Russia imperiale negli Stati Uniti, ora deceduto, ci dice che i bolscevichi, dopo la loro vittoria, hanno pagato 600.000.000 di rubli d'oro alla *Kuhn, Loeb Company* tra il 1918 e il 1922".

Dopo l'entrata degli Stati Uniti nella Grande Guerra, Woodrow Wilson affidò il governo degli Stati Uniti a un triumvirato composto da coloro che avevano finanziato la sua campagna presidenziale: Bernard Baruch, Eugene Meyer e Paul Warburg. Baruch fu nominato capo del War Industries Board, con potere di vita o di morte su tutte le fabbriche del Paese. Eugene Meyer fu messo a capo della War Finance Corporation, responsabile dei programmi di prestito per finanziare lo sforzo bellico. Paul Warburg ereditò il controllo del sistema bancario americano[99].

Gli alleati dell'America in Gran Bretagna, consapevoli che l'opinione prevalente del popolo americano nel 1915-1916 era stata filo-tedesca e anti-britannica, vedevano con una certa trepidazione la preminenza di Paul Warburg e della *Kuhn, Loeb Company* nello sforzo bellico. Non si sentivano a proprio agio nel notare la posizione chiave che questo individuo occupava all'interno dell'amministrazione, dato che suo fratello - Max Warburg - era allo stesso tempo a capo dei servizi segreti tedeschi. In un rapporto dell'intelligence navale statunitense su Warburg del 12 dicembre 1918 si legge:

> "WARBURG, PAUL: New York City. Tedesco, naturalizzato cittadino nel 1911, decorato nel 1912 dal Kaiser ed ex vicepresidente del Consiglio. Ha manipolato ingenti somme

---

[99] Il 10 agosto 1918 il *New York Times* scriveva: "Il signor [Paul] Warburg è l'autore del progetto che ha preso forma nella War Finance Company".

fornite dalla Germania a Lenin e Trotsky. Suo fratello è a capo dello spionaggio tedesco.

È sorprendente che questo rapporto, che probabilmente è stato scritto molto prima, in un periodo in cui la guerra degli Stati Uniti contro la Germania era ancora in corso, non riporti una data precedente al 12 dicembre 1918, cioè *dopo la* firma dell'armistizio. Inoltre, il documento non afferma che Paul Warburg si è dimesso dal Consiglio di amministrazione nel maggio 1918, il che suggerisce che sia stato scritto prima del maggio 1918, in un momento in cui Paul Warburg avrebbe potuto essere teoricamente accusato di tradimento a causa della posizione del fratello come capo dei servizi segreti tedeschi.

L'altro fratello di Paul Warburg, Felix, a New York, era direttore della Prussian Life Insurance Company di Berlino e possiamo supporre che non gli sarebbe piaciuto vedere morire troppi dei suoi assicurati durante la guerra. Nell'edizione del 26 settembre 1920 del *New York Times*, in un necrologio di Jacob Schiff, si legge, riferendosi alla Kuhn, Loeb and Company: "Durante la Grande Guerra molti dei suoi membri erano costantemente in contatto con il Governo come consulenti. Aveva partecipato alle discussioni sull'organizzazione del Federal Reserve System".

Questo necrologio del 1920 ha rivelato in modo inedito che Jacob Schiff, come i Warburg, aveva anche due fratelli in Germania durante la Prima Guerra Mondiale: Philip e Ludwig Schiff di Francoforte sul Meno, che erano, tra l'altro, banchieri del governo tedesco. Questa coincidenza non deve essere presa alla leggera, poiché nessuno di questi finanzieri era sconosciuto su entrambe le sponde dell'Atlantico, né era privo di influenza nella conduzione del conflitto. Al contrario, i soci della *Kuhn, Loeb Company* erano tra i maggiori responsabili delle decisioni negli Stati Uniti durante la Grande Guerra. Allo stesso tempo, in Germania, Max e Fritz Warburg, così come Philip e Ludwig Schiff, presero parte ai più alti consigli governativi. Condividiamo un estratto delle *Memorie* di Max Warburg: "Il Kaiser batté violentemente il pugno sul tavolo ed esclamò: "Devi sempre avere ragione? Poi ascoltò con attenzione l'opinione di Max su questioni di finanza[100] ".

Nel giugno 1918, Paul Warburg inviò una nota personale a Woodrow Wilson: "Ho due fratelli che sono banchieri in Germania. Naturalmente servono il loro Paese nel miglior modo possibile, così

---

[100]Max Warburg, *Memorie di Max Warburg*, Berlino, 1936.

come io servo il mio[101] ".

Né Wilson né Warburg trovarono questo stato di cose allarmante, e così Paul Warburg completò il suo mandato nel Consiglio dei Governatori della Federal Reserve nel bel mezzo della Prima Guerra Mondiale.

Il passato di Kuhn, Loeb & Company è stato rivelato da George Conroy nella *rivista Truth*:

> "Il signor Schiff è a capo del famoso istituto bancario privato Kuhn, Loeb & Co, che rappresenta gli interessi dei Rothschild da questa parte dell'oceano. È stato descritto come un accorto stratega finanziario. Per molti anni è stato *ministro delle finanze* della grande potenza nebulosa nota come Standard Oil.

Lavorò a stretto contatto con gli Harriman, i Gould e i Rockefeller in tutte le loro imprese ferroviarie, fino a diventare il potere predominante nel mondo ferroviario e finanziario americano.

Louis Brandeis, con la sua lunga esperienza di avvocato e per molte altre ragioni che verranno menzionate in seguito, fu scelto da Schiff per diventare lo strumento delle sue ambizioni nel New England. Il suo compito era quello di fomentare un'agitazione per minare la fiducia del pubblico nel sistema ferroviario di New Haven, al fine di svalutare le azioni della sua società e portarle alla portata degli addetti ai lavori[102].

Citiamo Brandeis, l'avvocato di Schiff, perché il primo seggio disponibile alla Corte Suprema degli Stati Uniti per un candidato di Woodrow Wilson fu assegnato proprio a questo avvocato di Kuhn, Loeb & Co.

Non solo la US Food Administration era guidata da Lewis Lichtenstein Strauss, un uomo di Hoover, che era alleato con la *Kuhn, Loeb Company* grazie al suo matrimonio con Alice Hanauer, la figlia del socio Jerome Hanauer, ma anche, nel settore più sensibile, l'intelligence militare, Sir William Wiseman, il campione dell'intelligence britannica, era un associato della Kuhn, Loeb & Company. Wiseman lavorava a stretto contatto con *l'alter ego* di Wilson, il colonnello House. "Tra House e Wiseman non ci furono

---

[101]David Farrar, *The Warburgs*, Londra, Michael Joseph Ltd, 1974.

[102]George Conroy, *Truth Magazine*, Boston, n. 16 dicembre 1912.

presto più segreti politici, e la nostra stretta collaborazione con gli inglesi fu in gran parte una conseguenza della loro buona intesa[103] ".

La collaborazione House-Wiseman si concretizzò nell'accordo segreto con cui House negoziò la promessa degli Stati Uniti di partecipare alla Prima guerra mondiale a fianco degli Alleati. Dieci mesi prima della rielezione di Wilson alla Casa Bianca nel 1916, "mentre ci teneva fuori dal conflitto", il colonnello House firmò un accordo confidenziale con il Regno Unito e la Francia per conto di Wilson, promettendo l'intervento americano a fianco degli Alleati. Wilson ratificò ufficialmente questa promessa il 9 marzo 1916[104].

Niente illustra più vividamente la doppiezza della personalità di Woodrow Wilson della sua campagna elettorale con lo slogan: "Ci ha tenuti fuori dalla guerra", quando dieci mesi prima aveva promesso di coinvolgere gli Stati Uniti nel conflitto a fianco di Regno Unito e Francia. Questo spiega perché fu trattato con tanto disprezzo da coloro che conoscevano la realtà della sua carriera. H. L. Mencken disse che Wilson era "l'esempio del cristiano rinnegato" e che avremmo dovuto "riesumare i suoi resti e ridurli in polvere".

---

[103]Edward M. House, *The Intimate Papers of Col. House*, ed. Charles Seymour, Houghton, Mifflin Co, vol. II, p. 399.

[104]George Sylvester Viereck, *La più strana amicizia della storia. Woodrow Wilson e il Col. House, op. cit*, p. 106.

Secondo il *New York Times,* la lettera di dimissioni di Paul Warburg rivelava che erano state sollevate obiezioni sul fatto che avesse un fratello attivo nei servizi segreti svizzeri. Il quotidiano newyorkese non ha mai corretto questa palese menzogna, probabilmente perché la *Kuhn, Loeb Company* ne controllava il capitale. Max Warburg non era certo svizzero e, sebbene fosse probabilmente in contatto con i servizi segreti svizzeri durante il periodo in cui era a capo dei servizi segreti tedeschi, nessun direttore o redattore del *New York Times* poteva ignorare che Max Warburg era cittadino tedesco, che la sua banca di famiglia si trovava ad Amburgo e che aveva ricoperto una serie di importanti incarichi nel governo tedesco. Rappresentò la Germania alla conferenza di pace di Versailles e rimase in Germania fino al 1939 senza essere disturbato, mentre i suoi correligionari venivano perseguitati. Per evitare danni durante la guerra in corso e quando le bombe piovvero sulla Germania, a Max Warburg fu permesso di imbarcarsi per New York con tutto il suo patrimonio.

Alla vigilia della Prima Guerra Mondiale, la *Kuhn, Loeb Company* aveva partecipato al trasferimento degli interessi marittimi tedeschi verso altre bandiere. Sir Cecil Spring-Rice, ambasciatore britannico negli Stati Uniti, scrisse in una lettera a Lord Grey:

> "Un altro problema è il cambio di bandiera delle navi di Hamburg Amerika. In pratica, questa compagnia è uno strumento del governo tedesco. Le navi sono utilizzate per scopi governativi, il Kaiser stesso è uno dei principali azionisti e lo è anche la grande casa bancaria *Kuhn, Loeb Company*. Un membro di questa casa bancaria (Warburg) è stato nominato ad una posizione di alta responsabilità a New York, anche se era appena stato naturalizzato. Era coinvolto in transazioni con il Segretario del Tesoro, che non era altro che il genero del Presidente. È lui che negozia per conto della Hamburg Amerika Shipping Company[105]".

In una lettera a Sir Valentin Chirol del 13 novembre 1914, Spring-Rice scrive (p. 241, v. 2):

> "Oggi mi è stato fatto notare che *il New York Times* è stato praticamente acquisito da Kuhn, Loeb e Schiff, il grande protetto del Kaiser. Warburg, che appartiene grosso modo alle famiglie Kuhn, Loeb e Schiff, è uno dei fratelli del famoso Warburg di

---

[105]*Lettere e amicizie di Sir Cecil Spring-Rice*, p. 219-220.

Amburgo. È socio della Amerika Line di Ballin (Amburgo) e membro del Consiglio dei Governatori della Federal Reserve - o meglio, è membro *del* Consiglio. In pratica, controlla la politica finanziaria della nostra amministrazione e il compito principale di Paish & Blackett (Inghilterra) era quello di negoziare con lui. Questo, ovviamente, significava negoziare con la Germania. Tutto ciò che veniva discusso era di proprietà tedesca.

In *Roosevelt, Wilson e la legge sulla Federal Reserve*, il colonnello Garrison osservava: "Una potente arma, attraverso l'intermediazione dell'establishment bancario della *Kuhn, Loeb Company*, potrebbe essere messa nelle mani del Kaiser contro il destino delle imprese e dei cittadini americani[106]". Garrison si riferiva all'affare Hamburg Amerika.

Sembra strano che Woodrow Wilson abbia ritenuto necessario affidare gli Stati Uniti a tre persone il cui background personale si basava su speculazioni spietate e sulla ricerca di profitti egoistici, o che abbia trovato come suoi uomini più fidati durante la guerra contro la Germania solo un immigrato tedesco naturalizzato cittadino nel 1911, figlio di un immigrato polacco e di un immigrato francese. Fu nel 1890, quando lavorava per A. A. Housman & Co. che Bernard Baruch si fece notare per la prima volta a Wall Street.

Nel 1896, guidò la fusione delle sei maggiori compagnie di tabacco degli Stati Uniti per formare la Consolidated Tobacco Company, costringendo James Duke e l'American Tobacco Trust a entrare nel consorzio. Il secondo grande gruppo formato da Baruch mise l'industria del rame nelle mani della famiglia Guggenheim, che la controlla ancora oggi. Baruch collaborò con Edward H. Harriman, prestanome di Schiff, per controllare la rete ferroviaria per conto della famiglia Rothschild. Baruch e Harriman unirono le loro competenze anche per assumere il controllo del sistema di trasporto pubblico di New York, le cui finanze rimanevano precarie.

Nel 1901, Baruch fondò la Baruch Brothers a New York in società con il fratello Herman. Quando Baruch fu nominato presidente del Consiglio delle Industrie belliche nel 1917, il nome della sua banca divenne Hentz Brothers.

---

[106]Col. Elisha Garrison, *Roosevelt, Wilson and the Federal Reserve Law*, Boston, Christopher Publishing House, 1931, p. 260.

Bernard Baruch disse alla Commissione Nye il 13 settembre 1937: "Tutte le guerre hanno un'origine economica". Ringraziamo quindi coloro che sostengono che sono causate da differenze religiose o politiche[107] !

In un profilo di Baruch pubblicato sul *New Yorker* si legge che durante la Prima guerra mondiale egli realizzò un profitto di 750.000 dollari in un solo giorno grazie a una voce infondata sulla pace che si era diffusa a Washington. Baruch cita in *Who's Who di essere* stato uno dei membri del Comitato acquisti alleato durante la Grande Guerra. Baruch *era* in effetti quel comitato: sperperava il denaro dei contribuenti americani per un ammontare di 10.000.000.000 di dollari all'anno, e allo stesso tempo era il membro dominante del comitato responsabile della fissazione del prezzo delle munizioni. Egli ha quindi determinato i tassi a cui il governo ha acquistato le sue attrezzature militari. Sarebbe ingenuo credere che questi ordini non fossero indirizzati a società in cui lui e i suoi associati esercitavano una pura e semplice, anche se educata, dittatura sui produttori americani[108].

Ecco cosa disse Baruch alle audizioni della Commissione Nye nel 1935:

> "Il Presidente Wilson mi diede un ordine esecutivo che mi autorizzava a requisire qualsiasi industria o fabbrica. Gary, presidente della *United States Steel*, con il quale avevamo avuto delle divergenze, dopo che gli avevo mostrato questo documento, disse: 'Credo che dovremo organizzarci...', e lo fece davvero".

Alcuni membri del Congresso espressero curiosità sulle qualifiche di Baruch per esercitare una sorta di diritto di vita o di morte sull'industria americana in tempo di guerra. Non essendo un industriale, non aveva mai messo piede in una fabbrica. Convocato dalla commissione parlamentare, dichiarò che la sua professione era quella

---

[107]Baruch testimoniò anche: "Durante la guerra ho fatto tre investimenti della massima importanza: la Alaska Juneau Gold Mining Company (in partnership con Eugene Meyer), la Texas Gulf Sulphur e la Atolia Mining Company (per il tungsteno)". Il 21 febbraio 1921 Mason, un rappresentante dell'Illinois, dichiarò alla Camera che Baruch aveva guadagnato più di 50.000.000 di dollari con il rame durante il conflitto.

[108]Baruch scelse un collega speculatore di Wall Street, Clarence Dillon (Lapowitz), come suo vice al presidente del War Industries Board. Si veda la sua nota biografica.

di "speculatore"! Quindi un operatore di borsa di Wall Street era stato nominato zar dell'industria americana!

Di seguito riportiamo il facsimile di un articolo apparso sul *New York Times* il 23 settembre 1914, che elencava i principali azionisti di cinque banche newyorkesi che avevano acquisito il 40% delle 203.053 azioni della Federal Reserve Bank di New York al momento della creazione del sistema nello stesso anno. Avevano quindi assunto il controllo della Federal Reserve Bank e l'avevano mantenuto. Al 26 luglio 1983, le cinque maggiori banche newyorkesi rimaste avevano una partecipazione del 53% nella Federal Reserve Bank di New York.

BANKS' STOCK LIST FULL OF SURPRISES

Many Names Associated by Public with Big Stockholdings Not Found.

HETTY GREEN'S 30 SHARES

Frank Vanderlip Missing from Among Large Interests in National City.

Publication yesterday of lists of stockholders in some of New York City's largest banks aroused considerable interest in the financial district, as much because of the absences of expected names as of the amounts of the principal holdings. The date at which the lists were compiled was not made known, and important changes may have taken place since, although as a rule there is little activity in bank shares and the controlling interests in most institutions have been in the same hands for many years.

Among the surprises in the lists, as published by Dow, Jones & Co., was the discovery that Hetty Green, often spoken of as a very important factor in the conduct of the Chemical National, owns only 31 of the 80,000 shares of that institution. Frank Vanderlip, President of the National City Bank, is not down among the principal shareholders, while James Stillman, Chairman of the Board of Directors, holds 47,498 shares of the total of 250,000. Mr. Stillman is also a large holder in the Hanover and the Citizens' Central. J. P. Morgan & Co. have the biggest holdings of any firm.

The shareholders, capitalization, number of shares, dividends, and book value, follow:

[Facsimile of stockholder listings follows, showing entries for Chase National, Park National, Irving National, Corn Exchange, Hanover National, Chemical National, and Chatham and Phenix National banks with individual shareholders and share amounts.]

National City Bank—Capital, $25,000; total stockholders, 1,013; book value, $230; par value, $100; annual dividend, 10 per cent. Stock also includes $10,000,000 capital of National City Company, which pays annual dividend of 6 per cent.

James Stillman	47,438	W. A. Rockefeller	10
J. P. Morgan & Co.	14,000	A. T. Russell	8,267
		*H. A. C. Taylor	7,699
W. Rockefeller	10,000	J. W. Sterling	6,087
M. T. Pyne	8,267	U. S. Trust Co.,	
Percy Pyne	8,267	New York	4,500
J. D. Rockefeller	1,750	J. P. Morgan,	
J. S. Rockefeller	100	Jr.	1,000

*Trustee.

National Bank of Commerce—Capital, $25,000,000; total stockholders, 3,013; book value, $168; par value, $100; annual dividend, 8 per cent.

Equitable Life	24,700	A. D. Juilliard	2,000
Mutual Life	17,294	J. J. Gerdan	1,006
G. F. Baker	10,000	J. P. Goodhart & Co.	1,287
North. Finance Corporation	9,300	J. N. Jarvine	1,285
J. P. Morgan & Co.	7,800	F. A. V. Twombly	1,250
Mary W. Harriman	5,650	Kidder, Peabody & Co.	1,125
E. J. Berwind	5,650	J. P. Morgan,Jr.	1,100
T. F. Ryan	5,100	L. P. Morton	1,500
R. W. Winthrop Co., agents	4,900	H. B. Davison	1,100
		W. W. Astor	1,000
S. J. Saltus	4,757	J. H. Schiff	1,000
T. A. Reynolds	3,175	V. P. Snyder	1,000
*P. M. Warburg	3,000	G. Whittell	1,000
A. J. Hemphill	2,000	E. T. Nichols	1,000

*Since sold his holdings.

First National—Capital, $10,000,000; total stockholders, 626; book value, $129; par value, $100; annual dividend, 40 per cent. Of this 28 per cent is paid on bank's stock and 12 per cent on stock of First Security Company.

G. F. Baker	20,000	G. F. Baker, Jr.	5,000
J. P. Morgan & Co.	13,900	J. J. Hill	4,000
		North'n Fin. Co.	1,700
H. C. Fahnestock	10,000	F. L. Hine	1,400
		H. B. Davison	1,010
Garland, Dodson & Emmer, Tr. of est. of J. A. Garland	6,900	Mary C. Thompson	9,000

Mechanics and Metals National—Capital, $6,000,000; total stockholders, 1,342; book value, $240; par value, $100; annual dividend, 12 per cent.

Thomas Cole	1,747	C. Ledyard Blair	1,000
Arnold Fox	1,500	R. Craig, Jr.	1,000
W. R. Craig	1,405	John D. Ryan	1,000
Kidder, Peabody & Co.	1,279	Alice D. Garth	885
		W. A. Paine	825
W. Rockefeller	1,000		

American Exchange—Capital, $5,000,000; total; par value, $25; annual dividend, 8 per cent.

D. J. Carroll	2,948	H. F. Shoemaker	1,320
E. H. Gary	2,836	S. Weil	1,332
L. G. Kaufman	2,519	T. Firen	1,250
T. F. Cole	2,424	C. Hayden	1,212
E. P. Earle	2,248	N. P. Gatting	1,200
P. S. du Pont	1,389	H. S. Steeler	1,005
H. S. Hotchkiss	1,800	A. J. Ringling	1,000
H. E. Andrews	1,473	A. A. Rope	1,000
A. Belmont & Co.	1,460	D. Dunue	1,000
		H. Whittemore	1,000

Citizens Central National Bank—Capital, $2,550,000; total shareholders, 510; book value, $187; par value, $100; annual dividend, 8 per cent.

J. Stillman	2,608	G. W. Foster	500
E. S. Schenck	757	W. Halls, Jr.	423
J. H. Peters & Sons	700	W. Langdon	419
		H. R. Boker	367
Fleitman & Co.	594	L. F. Dommerich	840
W. McKenzie	546	C. F. Boker	426
German-Amer. Insur. Co.	475	E. S. Schenck, Agent	200

Bank of Manhattan—Capital, $2,050,000; total stockholders, 624; book value, $162; par value, $50; annual dividend, 14 per cent.

J. K. Tod & Co.	1,656	H. McHarg	1,000
J. Talcott	1,010	U. S. Trust Co. of N. Y.	840
A. Herbert & R. D. Rozell	1,100	E. B. Auchincloss	700
The People of the State of N. Y.	1,000	D. W. Bakey	697
J. H. Schiff	1,000	W. Sloane	606

Bank of New York—Capital, $2,000,000; total stockholders, 559; book value, $809; par value, $100; annual dividend, 16 per cent.

Atlantic Mutual Insurance	1,000	W. E. Franklin & Co.	406
George Whittel.	810	Walter McClure.	385
Anna A. Bradford	600	W. J. Matheson	323
		Aetna Insurance	300
Continental Ins.	500	W. W. Astor	302

Bank of America—Capital, $1,500,000; total shareholders, 734; book value, $524; par value, $100; annual dividend, 28 per cent.

Atlantic Mutual Insurance	500	J. Saltus	186
		N. Y. Life Ins.	
W. P. Perkins.	418	Company†	152
Arbuckle Bros.	255	Kidder-Peabody	
Anna Bradford	250	Company	150
J. N. Jarvie	220	Ellen Gary	150
Guaranty Trust Company*	200		

*Trustee under deed of the Adams Express Company. †Trustee under will of Elizabeth Thompson.

Importers and Traders' National—Capital, $1,500,000; total stockholders, 572; book value, $614; par value, $100; annual dividend, 24 per cent.

M. C. Sage	500	E. Townsend	338
Martha E. Munn	375	Aetna Ins. Co.	300
E. Van Volkenburgh	360	Hartford Fire Insurance	300
E. Townsend	353	W. H. Wheelock*	290
N. Perkins	352	T. S. Van Volkenburgh	260

*And others, trustees.

Garfield National—Capital, $1,000,000; total shareholders, 75; book value, $280; par value, $100; annual dividend, 12 per cent.

Estate of W. H. Gelshenen	1,939	C. T. Wills	408
H. F. Morse	820	Amelia D. Dunlap	400
Maria D. Jesup	750	R. W. Poor	385
J. McCutcheon	600	Sadie S. Mead	300
E. A. Darling	500	C. E. Clark	200

Seaboard National—Capital, $1,000,000. Total stockholders, 79; book value, $362; par value, $100; annual dividend, 12 per cent.

T. W. Brown	1,000	Susan F. Wheeler	400
S. G. Bayne	960	J. A. Archbold	400
A. C. Bodman	600	L. Carter*	440
J. Ssep	500	C. L. Pack	535
S. G. Bayne & Co.	434	S. G. Nelson	300

*G. Eckbert, E. Sharp, and A. Herndon, Trustees.

Second National—Capital, $1,000,000. Total shareholders, 47; book value, $389; par value, $100; annual dividend, 12 per cent.

P. Yancey	1,533	E. H. Peaslee	562
W. Barnett	1,191	E. A. Darling	188
O. G. Storm	1,100	Bertha H. Wing	168
G. W. Foster	1,000	Susie H. Hall	180
W. A. Simonson	700	Marg. C. Hurlbut	168
J. L. Riker	612	Estate of J. H. Mahoney, dec'd	168
A. B. Harris	500		

Lincoln National—Capital, $2,000,000. Total stockholders, 60; book value, $277; par value, $100; annual dividend, 10 per cent.

F. W. Vanderbilt	1,648	Webb & Prall	500
E. J. Berwind	1,250	J. P. Grace	450
R. Winthrop & Co., agents	1,250	M. C. Borden	400
		Edgar Palmer	334
J. B. Colgate & Co.	1,000	T. L. James	280
		A. G. Vanderbilt	100

Liberty National—Capital, $1,000,000. Total stockholders, 165; book value, $377; par value, $100; annual dividend, 20 per cent.

B. C. Converse	1,080	Wm. H. Moore	401
George F. Baker	900	M. B. Brown	400
Henry Graves	500	D. G. Reid	364

Merchants' Exchange National—Capital, $1,000,000. Total stockholders, 236; book value, $86; par value, $50; annual dividend, 6 per cent.

Henry J. Kohrs	2,200	A. F. Kountz	1,000
W. B. Davis	2,000	H. D. Kountz	1,000
F. E. Andruss	1,900	W. L. Kountz	1,000
T. Hadden	1,800	Pref. Accid' Ins.	500

Market and Fulton National—Capital, $1,000,000; total stockholders, 428; book value, $295; par value, $100; annual dividend, 12 per cent.

A. Gilbert	503	T. P. Fiske	207
Atl. Mut. Ins. Co.	333	J. C. Baldwin	200
G. M. Olcott	300	A. S. Swan	161
Sarah M. Davoe	255	C. S. Emery	161
E. E. Jackson, Jr.	207	L. Stern	153

Harriman National—Capital, $500,000; total stockholders, 140; book value, $262; par value, $100.

J. W. Harriman	1,105	J. C. Tomlinson	175
Mary W. Harriman	500	A. A. Bennett	137
		W. A. Taylor	125
G. A. Huhn & Sons	200	E. Holbrook	125
		J. Miller	133
L. M. McCain	193	C. Vanderbilt	100

National Butchers and Drovers—Total shareholders, 131; book value, $84; par value, $25; annual dividend, 6 per cent; capital; authorized, $1,000,000; issued, $800,000.

D. W. Rowland	4,978	W. H. Chase	230
Joseph Fox	500	G. G. Bemeker	
S. Ford	403	hoff	256
C. C. Marshall	400	E. L. Warshauer	230
R. Arkush	334	A. D. Bendheim	203
J. D. Wendel	300		

L'elenco degli azionisti delle banche è pieno di sorprese

Il New York Times
Mercoledì 23 settembre 1914
Pagina 12, 2 071 parole

Molti dei nomi che il pubblico in generale associa ai
ai grandi azionisti.

Le 30 azioni di Hetty Green

Frank Vanderlip è assente dagli
I principali interessi di *National City*.

"La divulgazione di ieri delle liste degli azionisti di alcune delle maggiori banche di New York ha suscitato grande interesse nel settore finanziario, sia per l'assenza di nomi che ci si sarebbe potuti aspettare, sia per il numero di azioni possedute dai principali detentori. Non è stata specificata la data in cui tali liste sono state redatte e quindi potrebbero essere avvenuti cambiamenti significativi da allora, anche se la tendenza generale è quella di ridurre i movimenti delle azioni bancarie e le partecipazioni che controllano la maggior parte degli istituti bancari sono da tempo nelle stesse mani.

Tra le sorprese di questa quotazione, come rivelato da Dow, Jones & Co, c'è il fatto che Hetty Green, ampiamente considerata una figura chiave nella gestione della Chemical National, detiene solo 31 delle 80.000 azioni della società. Frank Vanderlip, presidente della National City Bank, non è uno dei principali azionisti, mentre James Stillman, che presiede il consiglio di amministrazione della società, possiede 47.498 delle 250.000 azioni. Stillman è anche uno dei principali azionisti della Hanover & Citizens' Central. J. P. Morgan & Co. detiene la quota maggiore di tutte le società del gruppo.

Ecco la tabella degli azionisti, delle capitalizzazioni, del numero di azioni, dei dividendi e dei valori contabili:

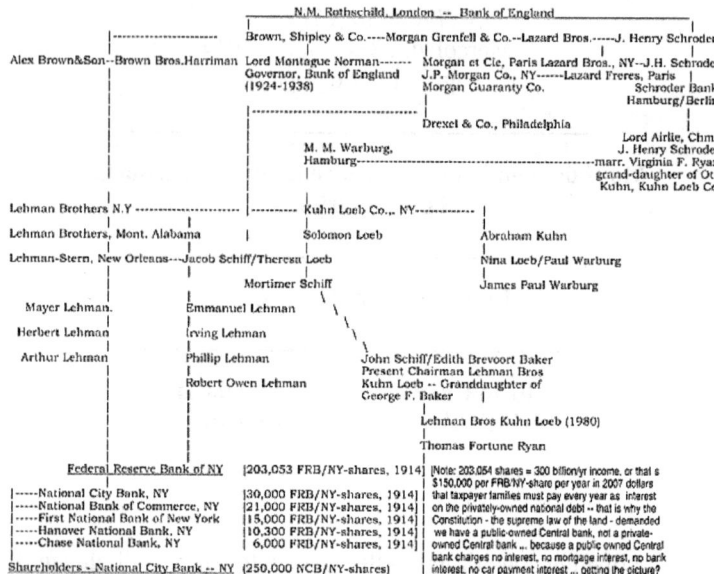

CHART 1 -- Shareholders (private owners) & interlocking directorates of the U.S. Federal Reserve Bank
Source: Federal Reserve Directors: A Study of Corporate & Banking Influence. Staff Report, Committee on Banking, Currency & Housing, House of Representatives, 94th Congress, 2nd Session, August 1976. (72 charts)

Questo documento fa luce sui legami tra i Rothschild, la Banca d'Inghilterra e gli istituti bancari londinesi che, in ultima analisi, dominavano le banche della Federal Reserve attraverso le loro filiali di New York e le loro partecipazioni al capitale di questi istituti. J. P. Morgan Co. e Kuhn, Loeb & Co, le due principali banche che rappresentavano i Rothschild a New York, furono i consorzi finanziari che organizzarono la riunione di Jekyll Island durante la quale fu elaborato il Federal Reserve Act. Hanno guidato la campagna di successo che è seguita per far approvare al Congresso la legge e nel 1914 hanno preso una partecipazione e il controllo della Federal Reserve Bank di New York. Figure di spicco di queste istituzioni furono nominate nel Consiglio dei governatori della Federal Reserve e nel Comitato consultivo federale nel 1914.

Nel 1914, una manciata di famiglie - legate da vincoli di sangue o di affari - controllava le banche consolidate (come a New York) e si assicurava di assumere partecipazioni azionarie che avrebbero esteso il loro dominio alle banche regionali della Federal Reserve.

L'analisi dei documenti e del testo della relazione parlamentare della Commissione bancaria dell'agosto 1976 e l'elenco degli attuali azionisti delle dodici banche regionali della Federal Reserve confermano che queste famiglie sono effettivamente responsabili della loro gestione.

Eugene Meyer (Alaska-Juneau Gold Mining Co.), un tempo socio di Baruch, affermò in seguito che Baruch era un idiota e che aveva guidato la sua carriera di investitore grazie alle conoscenze finanziarie della sua famiglia (Lazard Frères). Queste affermazioni furono ripetute nell'editoriale del numero del 50° anniversario del *Washington Post del* 4 giugno 1983[e], e il colpo di grazia fu dato da Al Friendly, un giornalista del Meyer, che affermò che "qualsiasi giornalista di Washington, Meyer compreso, sa che Bernard Baruch era un truffatore megalomane".

Eugene Meyer, il terzo membro del nostro triumvirato, era figlio di un socio della società bancaria internazionale Lazard Frères, con sede a Parigi e New York. Baruch racconta in *My Own Story* come Meyer divenne capo della società finanziaria di guerra: "All'inizio della prima guerra mondiale", dice, "andai a cercare Eugene Meyer, J^r [...] un uomo di perfetta integrità e di un violento desiderio di servire i suoi concittadini[109] ".

Il Paese aveva sofferto enormemente per le astuzie di individui che volevano esercitare il potere pubblico, ma le cui reali ambizioni andavano ben oltre l'entusiasmo per le posizioni in questione... In effetti, nel 1915, Meyer e Baruch avevano gestito una società in Alaska - la Alaska-Juneau Gold Mining Company - e collaborato in altri progetti lucrativi. L'azienda di famiglia di Meyer, la Lazard Frères, era specializzata nella movimentazione internazionale dell'oro.

Il mandato di Eugene Meyer alla War Finance Corporation comprendeva una delle operazioni finanziarie più sbalorditive che gli Stati Uniti abbiano mai parzialmente conosciuto. Diciamo "parzialmente conosciuta" perché successive inchieste parlamentari hanno riferito che i documenti venivano corrotti ogni notte prima di

---

[109]Bernard Baruch, *My Own Story*, New York, Henry-Holt Company, 1957, p. 194.

essere presentati agli investigatori il giorno successivo. Il nome di Louis McFadden, presidente della Commissione bancaria e valutaria della Camera, compare in due indagini su Meyer, nel 1925 e nel 1930, quando Meyer fu nominato governatore del Consiglio della Federal Reserve. Ad esempio, il rapporto della Commissione d'inchiesta sulla distruzione dei titoli di Stato, intitolato *Preparazione e distruzione dei titoli di Stato. 68^e Congresso, 2^e sessione, rapporto n. 1635*, reso pubblico il 2 marzo 1925: "I duplicati di banconote, che rappresentano 2.314 coppie, e i duplicati di obbligazioni, che ammontano a 4.698 coppie, con valori variabili tra 50 e 10.000 dollari, sono stati convertiti in contanti il 1er luglio 1924. Alcuni di questi duplicati erano il risultato di errori; altri erano il risultato di frodi" (p. 2).

Queste indagini possono spiegare perché, alla fine della Prima Guerra Mondiale, Eugene Meyer riuscì ad assumere il controllo della Allied Chemical & Dye Corporation e, successivamente, del quotidiano più influente degli Stati Uniti: *il Washington Post*. La duplicazione dei buoni, "uno per il governo, l'altro per me", con un valore nominale di 10.000 dollari ciascuno, significava che le somme in gioco erano considerevoli.

A pagina 6 di questo resoconto delle udienze si legge: "Queste operazioni del Tesoro (comprese le transazioni di acquisto e di vendita), effettuate dalla War Finance Corporation prima del 20 giugno 1920, erano principalmente supervisionate dal suo amministratore delegato (Eugene Meyer). Egli era principalmente responsabile della conclusione di accordi con il Tesoro e con l'Assistente Segretario al Tesoro. Gli archivi mostrano che il prezzo base pagato dal governo per le obbligazioni del valore totale di oltre 1.894.000.000 di dollari - acquistate dal Tesoro attraverso la War Finance Corporation - non era a prezzi di mercato e non corrispondeva al costo dell'obbligazione più gli interessi; tuttavia, gli elementi inclusi negli accordi presi non sono resi noti in alcun documento. L'amministratore delegato della War Finance Company ha assicurato che lui e un delegato del Segretario del Tesoro (Jerome J. Hanauer, socio della Kuhn, Loeb Co. la cui figlia sposò Lewis L. Strauss) raggiunsero un accordo sul prezzo e che il prezzo era una cifra arbitraria determinata da un delegato del Segretario del Tesoro per fissare il numero di obbligazioni acquistate in questo modo dalla War Finance Company. All'epoca di queste transazioni, e fino a poco tempo fa, Eugene Meyer, J^r - amministratore delegato della War Finance Company - manteneva un ufficio a New York per i suoi affari personali al 14 di Wall Street e, attraverso la War Finance Company, vendeva obbligazioni al Governo per un importo totale stimato di 70.000.000 di dollari. Con la stessa società ha anche venduto obbligazioni per un valore di circa 10.000.000 di dollari e ha approvato la conversione della maggior parte, se non della totalità, di queste cedole, utilizzando i suoi poteri ufficiali di direttore generale della War Finance Company. Quando queste transazioni, che abbiamo appena descritto, furono portate all'attenzione della Commissione nel corso della testimonianza, l'amministratore delegato spiegò alla Commissione che le commissioni erano state pagate su queste transazioni a broker selezionati dall'amministratore delegato, che eseguivano gli ordini impartiti dalla sua società di brokeraggio; Subito dopo questa rivelazione alla commissione, l'amministratore delegato ha chiamato Ernst & Ernst, la società di revisione contabile incaricata di controllare i bilanci della società finanziaria di guerra, che, dopo aver completato l'analisi dei conti, ha confermato alla commissione che tutte le commissioni ricevute dalla società di intermediazione dell'amministratore delegato erano effettivamente registrate. Mentre la commissione svolgeva le sue verifiche e i revisori continuavano il loro controllo notturno, la commissione parlamentare scoprì che erano stati apportati cambiamenti e modifiche ai libri contabili relativi a queste transazioni. Quando questo fatto è stato portato all'attenzione del tesoriere della società finanziaria di guerra, egli ha ammesso - di fronte alla commissione - che c'erano state effettivamente delle modifiche. La commissione non è stata in grado di determinare in che misura i documenti fossero stati alterati in questo modo. Dopo il giugno 1921, furono distrutti titoli per un valore di circa 10.000.000.000 di dollari".

Era il *Washington Post* di Eugene Meyer (allora diretto da sua figlia, Katherine Graham), che in seguito avrebbe cacciato un Presidente degli Stati Uniti dalla Casa Bianca con l'accusa di aver appoggiato la pirateria politica. Cosa dobbiamo pensare delle rivelazioni sulla duplicazione di obbligazioni per un valore di centinaia di milioni di dollari durante il mandato di Meyer ai vertici della società finanziaria di guerra? E dell'alterazione degli archivi durante l'inchiesta parlamentare? O il fatto che Meyer sia scappato con milioni e milioni di dollari che gli hanno permesso di acquisire la Allied Chemical Corporation, il *Washington Post* e molte altre cose? Vale la pena di ricordare che Lazard Brothers, la banca di famiglia di Meyer, gestisce le fortune di alcuni personaggi politici americani, tra cui la famiglia Kennedy.

Oltre a queste persone (Warburg, Baruch e Meyer), un numero infinito di soci, associati e subordinati della J. P. Morgan Co. e della Kuhn, Loeb Co. presiedettero i destini dei cittadini americani da Washington dopo il 1917.

Vale la pena notare che i Liberty Loans - obbligazioni vendute ai cittadini americani - dipendevano dal Tesoro degli Stati Uniti, allora sotto l'egida del Segretario al Tesoro di Wilson: William G. McAdoo, che era stato catapultato dalla Kuhn, Loeb Co. a capo della Hudson-Manhattan Railway Co. nel 1902.

Durante la Grande Guerra, Paul Warburg aveva con sé a Washington gran parte della Kuhn, Loeb Co. Jerome Hanauer, socio della Kuhn, Loeb Co. - era assistente del Segretario del Tesoro, responsabile dei prestiti per la libertà. Durante il conflitto, i due sottosegretari al Tesoro non erano altro che S. Parker Gilbert e Roscoe C. Leffingwell, entrambi arrivati al Tesoro dallo studio legale Cravath & Henderson, al quale erano tornati dopo aver completato il loro servizio al Tesoro per conto della Kuhn, Loeb Co. Gli avvocati di Cravath & Henderson lavoravano per Kuhn, Loeb Co. Gilbert e Leffingwell furono successivamente ammessi come soci presso la J. P. Morgan Co.

La *Kuhn, Loeb Company, il* principale proprietario di ferrovie negli Stati Uniti e in Messico, difese i propri interessi durante la Prima Guerra Mondiale ottenendo da Woodrow Wilson l'istituzione della US Railroad Administration. Il suo amministratore delegato era William McAdoo, Comptroller of the Currency. Nel 1918, Paul Warburg sostituì questo organismo con un'istituzione più strutturata, il Consiglio federale dei trasporti. Lo scopo di questi due organismi era quello di prevenire scioperi potenzialmente costosi da parte della *Kuhn, Loeb Company* durante la guerra, nel caso in cui i ferrovieri americani avessero cercato di aumentare i loro salari con una parte dei milioni di dollari di profitti realizzati dal gruppo grazie alla guerra e al governo federale.

Ecco la tabella delle direzioni trasversali popolate dai membri del Comitato consultivo federale:

I SEGRETI DELLA RISERVA FEDERALE

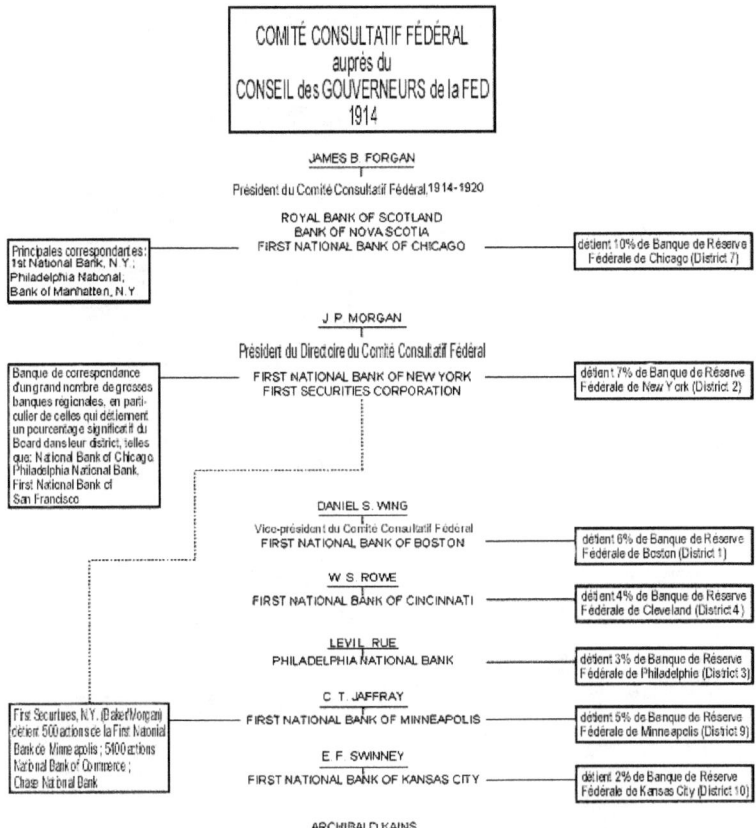

Questo documento rivela le direzioni incrociate delle banche, come si evince dallo studio della storia delle personalità scelte per diventare i primi membri del Federal Advisory Committee nel 1914. Queste figure di spicco erano i finanzieri presenti o rappresentati all'incontro di Jekyll Island nel 1910 e durante la campagna per ottenere il sostegno del Congresso alla legge sulla Federal Reserve nel 1913. Queste personalità rappresentavano i principali azionisti delle banche newyorkesi che avevano acquisito la maggioranza delle azioni della Federal Reserve Bank di New York. A questi vanno aggiunti i principali istituti di corrispondenza di queste banche, situati in altri distretti della Federal Reserve, che sceglievano anch'essi dei rappresentanti per il Federal Advisory Committee.

Organigramma della società bancaria J. Henry Schroder

errata

A lot of people during my presidency ...and, during both Presidents Bush, attack the Bush Dynasty ...because, *they* co-owned Hamburg Amerika shipping company. Horse-pucky. History says, the financial panic of 1897 forced Union Pacific Railroad into bankruptcy. So, in 1898, Edward H. Harriman and Robert Lovett bought that railroad for 110 million dollars, in a deal brokered by New York-based Kuhn Loeb

L'organigramma della J. Henry Schroder Banking Company è come un condensato della storia del XXe secolo, comprendendo tutti i piani di rifornimento della Germania tra il 1915 e il 1918 (id è il Belgian Relief Committee) e di dissuasione del Kaiser dal cercare la pace nel 1916. La banca finanziò Hitler e rese possibile la Seconda guerra mondiale; sovvenzionò la campagna presidenziale di Herbert Hoover; poi, sotto l'amministrazione Reagan, due dei più importanti dirigenti della sua filiale Bechtel Corporation furono nominati rispettivamente Segretario alla Difesa e Segretario di Stato.

Sir Gordon Richardson, capo e governatore della Banca d'Inghilterra (controllata da Rothschild) dal 1973 al 1983, è stato presidente di J. Henry Schroder a New York e della Schroder Banking Corporation nella stessa città, nonché dei Lloyd's a Londra e di Rolls-Royce. Ha un pied-à-terre a New York, a Sutton Place. Essendo l'*alma mater* della London Connection, è probabilmente il finanziere più influente del pianeta.

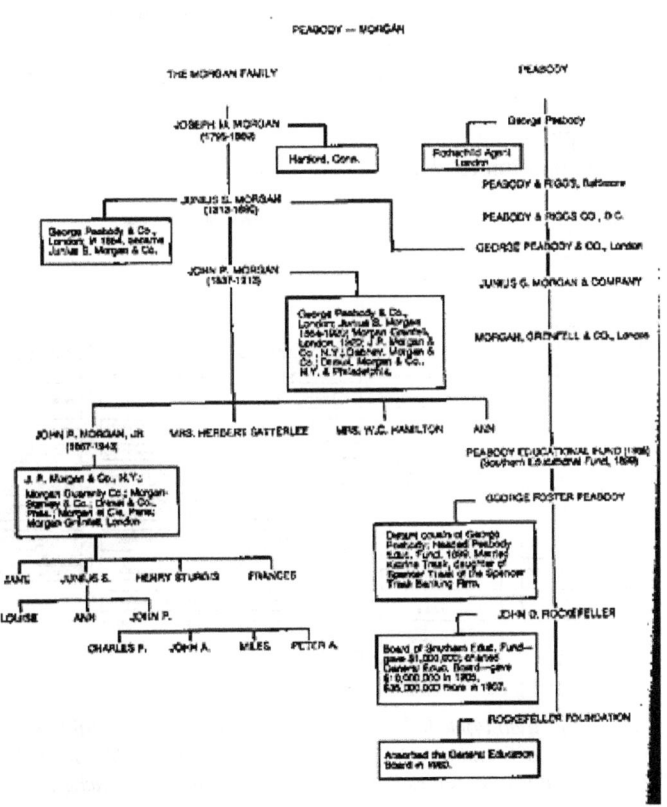

Il quadro della rete Peabody-Morgan rivela la "London Connection" di questi gruppi finanziari di prim'ordine, i cui uffici centrali erano a Londra fin dall'inizio. Nel 1865, la fortuna dei Peabody portò alla creazione di un fondo per l'istruzione, poi assorbito da John D. Rockefeller nel General Educational Board, che nel 1960 divenne parte della Rockefeller Foundation.

Tra i principali finanzieri presenti a Washington durante il conflitto c'era Herbert Lehman, appartenente a un gruppo che all'epoca stava crescendo rapidamente: Lehman Brothers, Bankers (a New York). Lehman fu catapultato nello staff dell'esercito statunitense, con il grado di colonnello.

Secondo la frase frizzante e a doppio senso di Baruch, i Lehman avevano già avuto esperienza in passato nel "catturare profitti in tempo di guerra". Leggete cosa scrisse Arthur D. Howden Smith sui Lehman durante la Guerra Civile in *Uomini che governano l'America*: "Spesso agivano come agenti doppi e intrallazzavano da entrambe le parti, fungendo da emissari di comunicazioni riservate, organizzando numerosi affari illegali di cotone e droga per conto dei Confederati e passando informazioni al Nord". I Lehman, con Mayer a Montgomery - la prima capitale della Confederazione - Henry a New Orleans ed Emmanuel a New York, si trovavano in una posizione ideale per sfruttare ogni opportunità di guadagno. Sembra che raramente abbiano perso tali opportunità[110]... "

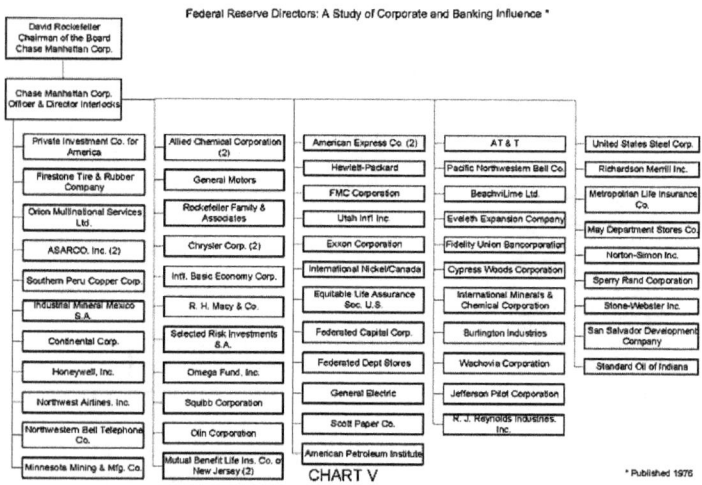

L'albero 5 su David Rockefeller mostra un legame tra la Federal Reserve Bank di New York, la Standard Oil dell'Indiana, la General Motors e la Allied Chemical Corporation (della famiglia di Eugene Meyer), nonché la Equitable

---

[110] Arthur D. Howden Smith, *Men Who Rule America*, New York, Bobbs Merrill, 1935, pag. 112.

Life (J. P. Morgan).

Ecco altre nomine americane durante la Prima Guerra Mondiale...

Nel 1918, J. W. McIntosh, direttore di Armour, un'azienda di confezionamento carni, fu nominato responsabile dei servizi di sussistenza per l'esercito statunitense. In seguito divenne Comptroller of the Currency nell'amministrazione Coolidge e membro ex officio del Board of Governors della Federal Reserve. Durante l'amministrazione Harding, ricoprì il ruolo di direttore finanziario della US Shipping Board quando questa vendette navi alla Dollar Lines all'1% del loro valore reale e successivamente permise alla Dollar Lines di non pagare. Una volta lasciato il servizio governativo, J. W. McIntosh si è riciclato come socio della società di brokeraggio newyorkese J. W. Wollman Co.

W. P. G. Harding, governatore del Federal Reserve Board, era anche amministratore delegato della War Finance Corporation all'epoca di Eugene Meyer.

Henry P. Davison, socio e manager della J. P. Morgan Co. è stato nominato direttore della Croce Rossa Americana nel 1917 per supervisionare i 370.000.000 di dollari donati in contanti dai cittadini americani.

Ronald Ranson, banchiere di Atlanta e governatore del Federal Reserve Board sotto Roosevelt nel 1938-1939, aveva diretto le risorse umane del servizio estero della Croce Rossa americana nel 1918.

John Skelton Williams, Comptroller of the Currency, diventa tesoriere nazionale della Croce Rossa degli Stati Uniti.

Il Presidente Woodrow Wilson, il famoso liberale che promulgò il Federal Reserve Act e dichiarò guerra alla Germania, ebbe una carriera insolita per un individuo che oggi è venerato come il difensore del piccolo popolo... Durante le sue due campagne presidenziali, il suo primo sostenitore fu Cleveland H. Dodge, della Kuhn, Loeb Company, che controllava la National City Bank di New York. Dodge, della Kuhn, *Loeb Company, che controllava la National* City Bank di New York.

Dodge fu anche presidente della Winchester Arms Company e della Remington Arms Company. Rimase estremamente vicino al Presidente Wilson per tutta la lunga carriera politica del democratico. Il 12 febbraio 1914, Wilson tolse il blocco alle spedizioni di armi in Messico, in modo che Dodge potesse inviare a Carranza le sue armi e munizioni - per un valore stimato di 1.000.000 di dollari - con l'intento di incoraggiare la rivoluzione messicana. La Kuhn, Loeb Co, proprietaria della rete ferroviaria nazionale messicana, non era più soddisfatta del governo di Huerta, che venne destituito.

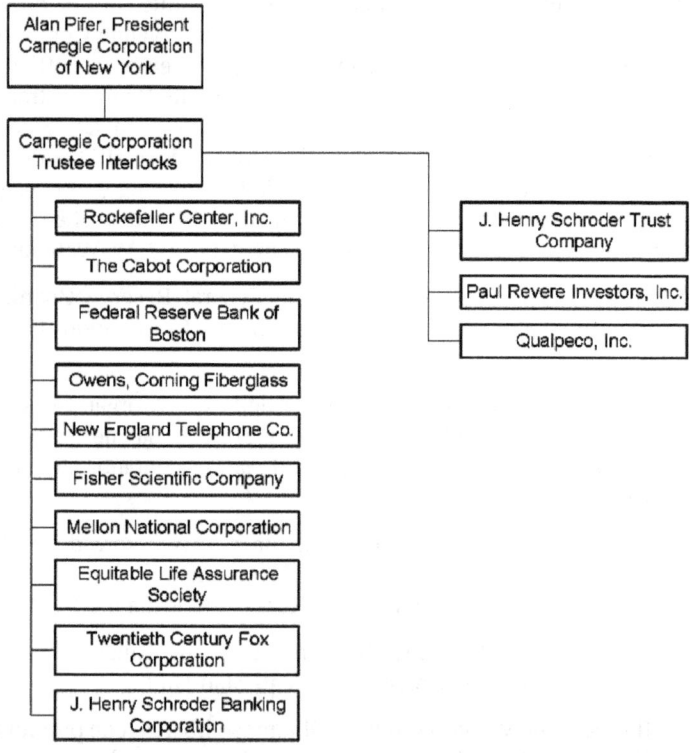

Il documento 6 rivela una rete tra la Federal Reserve Bank di New York, la J. Henry Schroder Banking Corp, la J. Henry Schroder Trust Co, il Rockefeller Center Inc, la Equitable Life Assurance Society (J. P. Morgan) e la Federal Reserve Bank di Boston.

Quando il transatlantico britannico *Lusitania* fu affondato nel 1915, era carico di munizioni prodotte nelle fabbriche di Dodge. Dodge presiedette il Fondo per i sopravvissuti del *Lusitania*, che si impegnò a fondo per mobilitare l'opinione pubblica contro la Germania. Aveva anche la reputazione di impiegare veri e propri gangster contro gli scioperanti delle sue industrie, cosa che non sembra aver infastidito il sinistroide Wilson...

Un altro indizio della strana concezione del liberalismo di Wilson si trova nel libro *Wobbly* di Chaplin, dove si apprende che Wilson scarabocchiò la parola "DENIED" (negato) sulla petizione di clemenza presentata a lui da Eugene Debs, vecchio e malato, imprigionato ad Atlanta per aver "parlato e scritto contro la guerra". Questa era l'accusa per cui Debs era stato condannato: "parlare e scrivere contro la guerra". Si trattava di un tradimento della dittatura di Wilson, per cui Debs fu imprigionato. Come leader del Partito Socialista, Debs si candidò alla presidenza dalla sua cella di Atlanta - caso unico nella storia americana - e ottenne più di un milione di voti. Ironia della sorte, la presidenza del Partito Socialista - fino ad allora detenuta da Debs, che all'epoca rappresentava il desiderio di molti americani di avere un governo onesto - andò all'imbecille Norman Thomas, ammiratore ed ex studente di Woodrow Wilson ai tempi di Princeton. Sotto la guida di Thomas, il Partito Socialista non contò più nulla e la sua influenza e il suo prestigio diminuirono gradualmente.

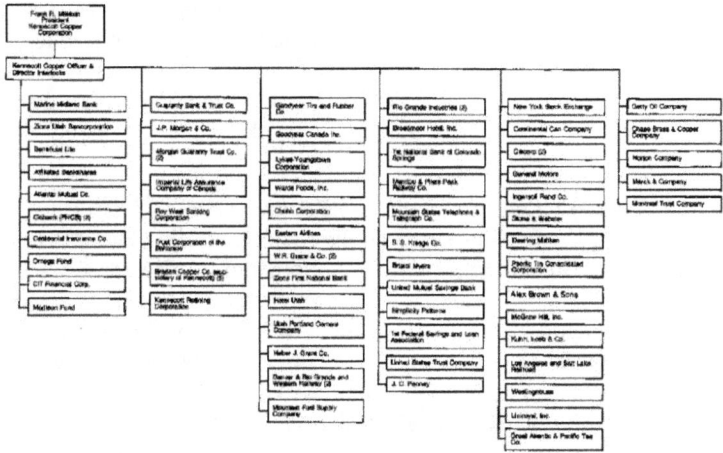

Questo documento mostra i legami tra la Federal Reserve Bank di New York, Citibank, la Guaranty Bank and Trust Co. (J. P. Morgan), la J. P. Morgan Co. e la Morgan Guaranty Trust Co, Alex Brown & Sons (Brown Brothers Harriman), Kuhn, Loeb & Co, Los Angeles & Salt Lake RR (società controllata da Kuhn, Loeb Co.) e Westinghouse (società anch'essa controllata da Kuhn, Loeb & Co.).

Wilson rimase profondamente coinvolto nella rivoluzione bolscevica, così come House e Wiseman. Negli *Intimate Papers* di

House, vol. III, p. 421, si trova il cablogramma inviato da Sir William Wiseman a House da Londra il 1°ᵉʳ maggio 1918, in cui si consiglia agli Alleati di intervenire a favore dei gruppi bolscevichi. Nel suo libro di memorie *Velvet and Vinegar*, il tenente colonnello Norman Thwaites afferma: "Spesso negli anni 1917-1920, quando si dovevano prendere decisioni difficili, mi rivolgevo al signor [Otto] Kahn, il cui buon senso e la cui intuizione quasi straordinaria delle forze politiche ed economiche in gioco si sono rivelati preziosi. Ero strettamente legato a un'altra personalità di rilievo: Sir William Wiseman, consigliere per gli affari americani della delegazione britannica alla Conferenza di pace e ufficiale di collegamento tra i governi americano e britannico durante la guerra. Era l'equivalente di Downing Street del colonnello House qui[111].

Nell'estate del 1917, Woodrow Wilson nominò il colonnello House a capo della missione di guerra americana alla Conferenza di guerra alleata, una prima storica per gli Stati Uniti, che partecipavano così a un organismo europeo. House fu criticato per aver chiesto a Gordon Auchincloss, suo genero, di aiutarlo nella missione. Paul Cravath, avvocato della *Kuhn, Loeb Company*, era il terzo uomo di questa missione di guerra americana. Sir William Wiseman guidò la delegazione nelle riunioni. Ascolta Viereck in *L'amicizia più strana della storia*:

"Dopo l'entrata in guerra dell'America, Wiseman fu, secondo Northcliffe, l'unico individuo ad avere accesso alla Colonel House e alla Casa Bianca in qualsiasi momento. Wiseman prese un appartamento nella residenza del colonnello. David Lawrence si riferiva umoristicamente alla casa al 53 di[th] Street (a New York) come il 10 Downing Street americano [...] Il Colonnello House usava un codice speciale esclusivamente con Sir William Wiseman. Il colonnello House era Bush, i Morgan Haslam e Trotsky Keble[112] ".

Questi due consiglieri "non ufficiali" dei governi americano e britannico utilizzavano quindi un codice nei loro scambi che solo loro conoscevano e che nessun altro capiva. Ma c'è un fatto molto più strano: per molti anni, il sistema di spionaggio comunista ha utilizzato

---

[111]Tenente colonnello Norman Thwaites, *Velvet and Vinegar*, Londra, Grayson Co, 1932.

[112]George Sylvester Viereck, *La più strana amicizia della storia. Woodrow Wilson e il Col. House*, New York, Liveright, 1932, p. 172.

Philip Dru, l'amministratore del colonnello House, come codice internazionale ufficiale. François Coty commenta:

"Si dice che Gorodin, l'agente di Lenin in Cina, avesse con sé una copia di questo libro pubblicato dalla Colonel House, *Philip Dru, amministratore*, e che un esperto di codici che viveva in Cina abbia raccontato all'autore che l'obiettivo era quello di avere un accesso costante a questo libro che Gorodin usava per codificare e decodificare i messaggi[113] ".

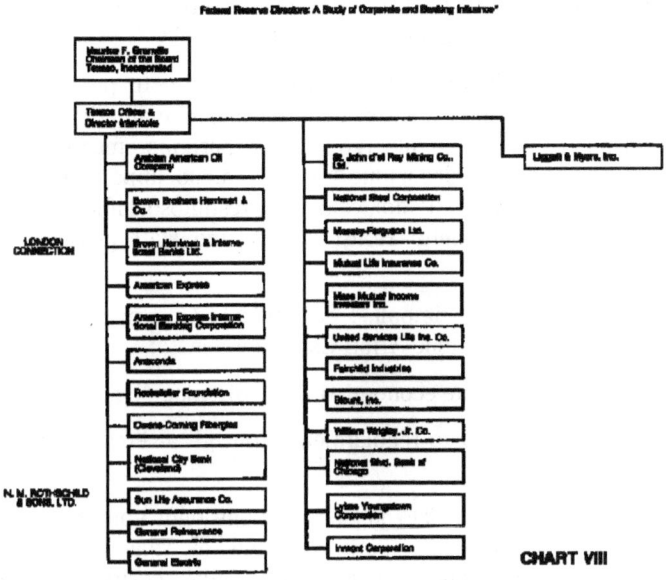

Il documento 8 menziona i legami tra la Federal Reserve Bank di New York, Brown Brothers Harriman, Sun Life Assurance Co (N. M. Rothschild & Sons) e la Fondazione Rockefeller.

Dopo l'armistizio, Woodrow Wilson riunì la delegazione americana per la conferenza di pace e si diresse a Parigi. Si trattava di un gruppo generalmente a lui devoto, composto dai finanzieri che avevano sempre sostenuto la politica di Wilson. Tra questi c'erano

---

[113]François Coty, *Les Voiles déchirés*, Parigi, 1940.

Bernard Baruch, Thomas W. Lamont della J. P. Morgan Co, Albert Strauss della J. & W. Seligman Bankers - che era stato uno dei principali sostenitori della politica di Wilson. Seligman Bankers - che era stato nominato da Wilson per sostituire Paul Warburg nel Consiglio dei governatori della Federal Reserve - e J. P. Morgan con i suoi avvocati Frank Polk e John W. Davis. Con loro c'erano anche Walter Lippmann, Felix Frankfurter, il giudice Brandeis della Corte Suprema degli Stati Uniti e una serie di altre parti interessate. Nella biografia di Brandeis di Thomas Mason si legge che "a Parigi, nel giugno 1919, Brandeis incontrò amici come Paul Warburg, il colonnello House, Lord Balfour, Louis Marshall e il barone Edmond de Rothschild".

In effetti, il barone Edmond de Rothschild fu particolarmente cortese con i principali membri della delegazione americana: mise a loro disposizione il suo albergo privato parigino, mentre gli altri rappresentanti della delegazione - un po' meno importanti - furono condannati a dormire all'addiaccio nel prestigioso Hôtel Crillon, in compagnia del colonnello House e con uno staff privato di 201 domestici!

Baruch ha poi testimoniato davanti alla Commissione Graham, istituita dalla Commissione Affari Esteri del Senato:

"Ero un consulente economico della missione di pace.

Graham. - Ha dato regolarmente consigli al Presidente quando era lì?

Baruch. - Gli ho dato la mia opinione ogni volta che me l'ha chiesta. Ero responsabile delle clausole di riparazione. Ero il commissario americano responsabile della cosiddetta *sezione economica*. Facevo parte del Consiglio economico supremo, che era responsabile delle materie prime.

Graham. - Ha fatto parte del Consiglio con i delegati che hanno negoziato i trattati?

Baruch. - Sì, signore, la maggior parte delle volte.

Graham. - In tutte le sessioni, per non parlare delle riunioni a cui parteciparono i Cinque [i "Cinque" erano i leader dei cinque Paesi alleati]?

Baruch. - E spesso anche a loro.

Paul Warburg assiste Wilson nella Commissione americana per i negoziati di pace, in qualità di principale consulente finanziario. Fu piacevolmente sorpreso di trovare suo fratello Max Warburg a capo della delegazione tedesca. Max aveva portato con sé Carl Melchior (anche lui della M. M. Warburg Company), William Georg von Strauss, Franz Urbig e Mathias Erzberger.

Nel suo libro di memorie *Across World Frontiers*, Thomas W. Lamont racconta: "La delegazione tedesca comprendeva due banchieri tedeschi della Casa di Warburg che conoscevo vagamente e con i quali fui lieto di conversare bonariamente, poiché sembravano sinceramente cercare di proporre saggi accomodamenti riguardo alle riparazioni, potenzialmente accettabili per gli Alleati[114] ". Lamont fu anche contento di aver incontrato Sir William Wiseman, il principale consigliere della delegazione britannica.

Durante questi colloqui, i finanzieri persuasero Wilson che un governo mondiale era necessario per facilitare le loro transazioni monetarie internazionali. *I documenti intimi del Col. House*, vol. IV, p. 52, cita un messaggio di Sir William Wiseman a Lord Reading del 16 agosto 1918: "Il Presidente ha in mente due principi: una Società delle Nazioni deve essere istituita e deve essere forte".

Wilson, che sembra aver vissuto in un mondo di fantasie, era indignato dal fatto che il popolo americano lo avesse fischiato durante la sua campagna per fargli rinunciare all'indipendenza faticosamente conquistata contro quella che a molti sembrava una dittatura mondiale. Cadde presto in una profonda depressione e prese a tenere la stanza. Sua moglie negò immediatamente al colonnello House l'accesso alla Casa Bianca, cosicché fu lei a governare gli Stati Uniti dal 25 settembre 1919 al 13 aprile 1920, con l'aiuto di un amico intimo, il suo "assistente militare" colonnello Rixey Smith. Poiché nessuno poteva essere presente alle loro deliberazioni, è impossibile sapere chi, in questo duo, agisse come Presidente e chi come Vicepresidente.

---

[114]Thomas W. Lamont, *Across World Frontiers*, 1950, p. 138.

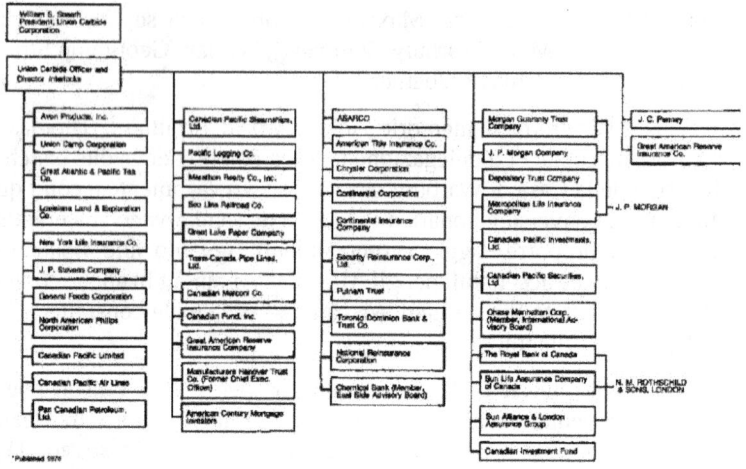

Questo documento evidenzia i legami reciproci tra la Federal Reserve Bank di New York e J. P. Morgan Co. e Morgan Guaranty Trust Co. nonché le filiali di Rothschild, Royal Bank of Canada, Sun Life Assurance Co. of Canada, Sun Alliance e London Assurance Group.

Per decenni, gli ammiratori di Woodrow Wilson furono dominati da Bernard Baruch, che considerava Wilson il più grande uomo che avesse mai incontrato. Le nomine di Wilson nel Consiglio dei Governatori della Federal Reserve e la sua responsabilità nel finanziamento della Prima Guerra Mondiale, nonché l'abbandono degli Stati Uniti - durante il conflitto - alla buona volontà di un triumvirato di immigrati, lo rendono l'unica causa formale della più grande catastrofe della storia americana.

Non c'è da stupirsi che dopo il suo inglorioso tour europeo, in cui fu fischiato e schernito dai francesi in pubblico, per non parlare degli scherni di Orlando e Clemenceau nei saloni di Versailles, Woodrow Wilson sia tornato a casa a dormire. Forse la vista della distruzione e della morte in Europa, di cui era direttamente responsabile, era uno shock troppo forte da sopportare. Pantaleoni, un ministro italiano, espresse i sentimenti dei popoli del Vecchio Continente quando scrisse: "Woodrow Wilson è una specie di Tartufo che sta scomparendo in mezzo all'esecrazione universale".

Il cartello finanziario subì solo piccole battute d'arresto durante questi anni cruciali. L'edizione del 12 febbraio 1917 del *New York Times* riportava che: "I cinque membri del Consiglio dei Governatori della Federal Reserve sono stati messi sotto accusa alla Camera dal rappresentante Charles A. Lindbergh, un repubblicano della commissione bancaria e valutaria. Secondo Lindbergh, "la cospirazione iniziò" nel 1906, quando il defunto J. P. Morgan, Paul Warburg (attualmente un uomo d'affari), e il presidente della Federal Reserve. Morgan, Paul Warburg (attualmente membro del Consiglio dei Governatori) e la National City Bank "cospirarono" con altri gruppi finanziari per ottenere una legislazione monetaria in linea con gli interessi delle grandi imprese e l'istituzione di un consiglio di amministrazione specifico per attuare tali misure, in modo che il Federal Reserve Board fosse gestito in modo tale da consentire a questi cospiratori di coordinare tra loro le grandi imprese e di mantenersi alla loro testa, con l'obiettivo di fondere tutti i loro trust in un unico grande monopolio, per limitare e controllare gli scambi e il commercio. " La Camera non votò mai questa risoluzione d'accusa.

Il 10 agosto 1918 *il New York Times* riportò la seguente notizia: "Essendo terminato il mandato del signor Warburg, egli si è volontariamente ritirato dal Federal Reserve Board". La spiegazione che era stata data in precedenza, secondo la quale Warburg aveva lasciato il Consiglio perché aveva un fratello coinvolto nei servizi segreti di uno Stato straniero - la Germania - contro il quale gli Stati Uniti erano in guerra, non era quindi la vera causa della sua partenza. In ogni caso, egli non abbandonò del tutto l'amministrazione della Federal Reserve, poiché ereditò immediatamente il posto di J. P. Morgan nel Comitato consultivo federale, dignità dalla quale continuò ad amministrare il Federal Reserve System per i dieci anni successivi.

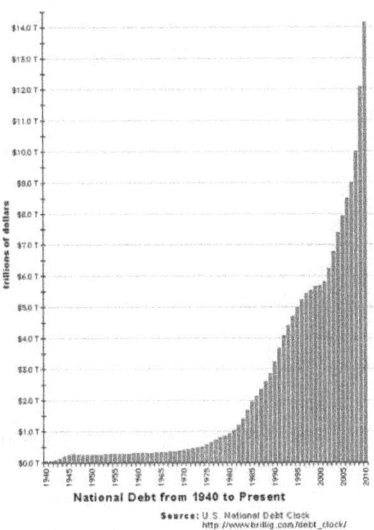

CAPITOLO IX

LA CRISI DELL'AGRICOLTURA

Quando Paul Warburg si dimise dal Consiglio dei governatori della Federal Reserve nel 1918, Albert Strauss - socio dell'istituzione finanziaria internazionale J. & W. Seligman - gli succedette. Questa casa bancaria aveva grandi interessi a Cuba e in Sud America, dove svolse un ruolo chiave nel finanziamento di innumerevoli rivoluzioni. La pubblicità più nota su questo personaggio si ebbe con le indagini della Commissione finanziaria del Senato nel 1933, che stabilirono che J. & W. Seligman aveva pagato tangenti alla banca. Seligman aveva pagato tangenti per un totale di 405.000 dollari a Juan Leguia, figlio del presidente del Perù, per convincere il paese a sottoscrivere un prestito con la banca.

Who's Who riporta un elenco incompleto delle cariche ricoperte da Albert Strauss: Presidente del Consiglio di Amministrazione della Cuba Cane Sugar Corporation; Direttore della Brooklyn Manhattan Transit Co, della Coney Island Brooklyn RR, della New York Rapid Transit, della Pierce-Arrow, della Cuba Tobacco Corporation e della Eastern Cuba Sugar Corporation.

Il governatore Delano si dimise nell'agosto 1918 e fu promosso colonnello dell'esercito. La Grande Guerra terminò l'11 novembre 1918.

Nel 1918, William McAdoo fu sostituito da Carter Glass come Segretario al Tesoro. Sia Strauss che Glass parteciparono alla riunione segreta del Consiglio dei governatori della Federal Reserve del 18 maggio 1920, che aveva lo scopo di rendere possibile la crisi agricola del 1920-1921.

Nel 1913, nella grande propaganda che accompagnava il Federal Reserve Act, una delle più grandi bugie era che avrebbe dovuto favorire gli agricoltori. In realtà, la legge non andò a beneficio di nessuno, se non di pochi orchi della finanza. Il professor O. M. W. Sprague, economista di Harvard, commentò in un articolo pubblicato sul *Quarterly Journal of Economics* nel febbraio del 1914: "L'obiettivo principale del Federal Reserve Act è quello di assicurare che in questo Paese vi sia in ogni momento un'offerta sostenuta di denaro e di credito per soddisfare esigenze finanziarie impreviste".

Questa formula non fa riferimento al sostegno agli agricoltori.

La Prima Guerra Mondiale aveva portato grande prosperità agli Stati Uniti - come rivelato nel 1917-1918 dalla valutazione delle azioni delle industrie pesanti alla Borsa di New York - grazie all'aumento della massa monetaria e alle enormi compensazioni bancarie per tutto il 1918. La missione assegnata al Federal Reserve System era quella di mettere le mani su tutto il denaro e il credito che era sfuggito al controllo del "gruppo di finanzieri" durante questo periodo di prosperità. Questa missione fu compiuta con la crisi agricola del 1920-1921.

Nel 1917-1918, il lavoro del Comitato per il mercato aperto della Federal Reserve, quando Paul Warburg era ancora presidente, mostrò un prodigioso aumento degli acquisti bancari di accettazioni commerciali. Sotto la guida del competente Eugene Meyer, J^r , anche gli acquisti di titoli di Stato aumentarono a dismisura. Nel 1919, a guerra finita e con un mercato particolarmente instabile, gran parte della speculazione borsistica fu finanziata con fondi presi in prestito dalle banche della Federal Reserve e sostenuti da titoli di Stato. È così che la Federal Reserve ha fatto precipitare la crisi: prima ha creato inflazione, poi ha alzato il tasso di sconto per aumentare il costo del denaro.

Nel 1914, il tasso della Federal Reserve era sceso dal 6% al 4%, prima di scendere al 3% nel 1916, livello che mantenne fino al 1920. I tassi di interesse erano così bassi perché i Liberty Loans dovevano essere emessi per 1.000.000.000 di dollari. All'inizio di ogni nuovo Liberty Loan, il Federal Reserve Board emetteva 100.000.000 di dollari sul mercato monetario di New York attraverso le sue operazioni di mercato aperto per creare una valanga di liquidità per facilitare l'IPO. La funzione principale di queste obbligazioni era quella di assorbire l'aumento dell'offerta di moneta causato dalle grandi quantità di denaro e credito emesse durante la guerra. I braccianti agricoli ricevettero salari elevati e gli agricoltori i migliori prezzi mai pagati per i loro prodotti. Questi due gruppi socio-professionali accumularono milioni di dollari in contanti, che non investirono quasi mai in Prestiti della Libertà. Questo denaro era quindi effettivamente fuori dalle mani della mafia di Wall Street che controllava la moneta e il credito americano. La gente lo rivuole indietro, da cui la crisi agricola del 1920-1921 negli Stati Uniti.

Gran parte di questo denaro era depositato in modeste banche di provincia del Midwest e dell'Ovest, che si erano categoricamente rifiutate di partecipare al sistema della Federal Reserve, poiché gli allevatori e i coltivatori di grano di questi Stati non vedevano alcuna buona ragione per affidare il controllo del loro denaro a un cenacolo di finanzieri internazionali. Il compito principale della Federal Reserve era quello di smantellare queste piccole banche di provincia e di recuperare il denaro che gli agricoltori avevano guadagnato durante la guerra: in breve, di *rovinarle*. E si mise al lavoro.

Inizialmente fu creato un Consiglio federale per i prestiti agricoli. Questa istituzione incoraggiò gli agricoltori a investire il denaro risparmiato (che erano disposti a fare) nella terra, con l'aiuto di prestiti a lungo termine. Nel 1919-1920, sia negli Stati Uniti che in Europa si verificò una recrudescenza dell'inflazione. In Europa, l'inflazione aveva lo scopo di cancellare gran parte dei debiti di guerra contratti dagli Alleati nei confronti del popolo americano; negli Stati Uniti, di cancellare le somme eccessive distribuite ai lavoratori sotto forma di alti salari e premi di produzione. Con l'aumento dei prezzi, il denaro dei lavoratori perdeva il suo valore reale, impoverendo ingiustamente le classi lavoratrici, mentre le classi proprietarie si arricchivano grazie a questa inflazione, aumentando generosamente il valore di terreni e manufatti. Le classi lavoratrici furono quindi impoverite nel complesso, ma i contadini - che per natura erano i più parsimoniosi e autosufficienti - dovettero essere abbattuti con maggiore violenza.

Nel Collier's Magazine del 20 marzo 1920, G. W. Norris scrisse: "Si dice che nel dicembre 1919 due membri del Consiglio dei Governatori della Federal Reserve abbiano avuto rapporti diretti con diversi banchieri e finanzieri di New York. Subito dopo, le transazioni di borsa sono crollate e l'avvio delle imprese si è fermato. Si ritiene che un'azione concertata in una direzione sia già stata intrapresa contro altri settori del Paese, come dimostra l'incoraggiamento palesemente abusivo del Federal Reserve System alla speculazione su terreni e materie prime".

Il senatore Robert L. Owen, presidente della commissione bancaria e valutaria del Senato, ha testimoniato alle audizioni monetarie del Senato nel 1939:

"All'inizio del 1920, gli agricoltori erano molto prosperi. Stavano pagando i loro prestiti fondiari e stavano acquistando enormi quantità di nuovi terreni su incoraggiamento del governo (che è il motivo per cui stavano prendendo in prestito denaro). In seguito, nello stesso anno, furono mandati in bancarotta da un'improvvisa contrazione del credito e della moneta. Quello che accadde nel 1920 fu l'esatto contrario di ciò che sarebbe dovuto accadere: l'eccesso di credito creato durante la guerra avrebbe dovuto essere liquidato nell'arco di diversi anni. Invece, il Consiglio dei Governatori della Federal Reserve si riunì a porte chiuse, come in segreto, il 18 maggio 1920, per un'intera giornata di conciliazioni, i cui verbali furono registrati in sessanta pagine e sono riprodotti nel documento del Senato n. 310 del 19 febbraio 1923. I consiglieri di classe A - i membri del Consiglio - erano presenti, ma i consiglieri di classe B - i rappresentanti delle imprese, dei commercianti e degli agricoltori - non furono quasi invitati. Anche i direttori di classe C, che dovevano rappresentare il popolo americano, erano assenti e non avevano ricevuto alcun invito.

Erano presenti solo i pezzi grossi della finanza. Il risultato del loro lavoro quel giorno fu una stretta creditizia che, l'anno successivo, ridusse il reddito nazionale di 15.000.000.000 di dollari, lasciando milioni di disoccupati e riducendo il valore di terreni e aziende agricole di 20.000.000.000 di dollari".

Carter Glass, membro di questo consiglio di amministrazione nel 1920 in qualità di Segretario del Tesoro, confidò ad *Adventure in Constructive Finance*, la sua autobiografia pubblicata nel 1928: "Naturalmente, nessun giornalista è presente, e dovrebbe essere sempre così in ogni riunione di qualsiasi consiglio di amministrazione del mondo[115]".

Carter Glass aveva protestato contro un emendamento al Federal Reserve Act del 1913 proposto dal senatore LaFollette. Se questo emendamento fosse stato accettato, avrebbe impedito ai membri del Consiglio della Federal Reserve di essere direttori, dipendenti o azionisti di qualsiasi banca, società finanziaria o assicurativa. Secondo Carter Glass, questa restrizione avrebbe portato il Consiglio dei governatori a essere composto da meccanici e braccianti agricoli. Contadini e meccanici probabilmente non avrebbero potuto fare più danni di quelli che Glass, Strauss e Warburg fecero durante la riunione segreta del consiglio di amministrazione appena menzionata.

Il senatore Brookhat dell'Iowa confermò che in una riunione riservata Paul Warburg - tra l'altro presidente del Comitato consultivo

---

[115] Carter Glass, *Adventure in Constructive Finance*, New York, Doubleday, 1928.

federale - aveva ottenuto l'approvazione di una risoluzione per l'invio di una delegazione di cinque persone alla Commissione per il Commercio Interstatale per fare pressione per un aumento delle tariffe ferroviarie. In qualità di capo della Kuhn, Loeb Co. che possedeva la maggior parte delle ferrovie americane, Warburg era già nostalgico degli enormi profitti realizzati dal governo durante la guerra e voleva imporre ulteriori aumenti di prezzo al popolo americano.

Il senatore Brookhart ha testimoniato nuovamente:

"Entrai nell'ufficio parigino di Myron T. Herrick e gli dissi che ero venuto lì per studiare le banche cooperative. Sono entrato nell'ufficio parigino di Herrick e gli ho detto che ero venuto lì per studiare le banche cooperative. Mi rispose: "Girando per i Paesi europei, noterà che gli Stati Uniti sono l'unico Paese civilizzato al mondo la cui legge vieta alla popolazione di organizzarsi secondo criteri cooperativi". Tornando a New York, ho parlato a quasi 200 persone. Dopo aver parlato di cooperative e mentre languivo in attesa del treno (non avevo parlato di banche cooperative, ma di cooperative in generale), un uomo mi prese da parte e mi avvertì: "Penso che Paul Warburg sia il miglior finanziatore che abbiamo mai avuto. Crede nelle vostre idee cooperative molto più di quanto pensiate e, se volete consultare qualcuno su questo genere di cose, lui è l'uomo giusto, perché gli piacete e potete fidarvi di lui". Poco dopo mi fu presentato lo stesso Warburg, che mi confidò: "Lei ha assolutamente ragione con queste idee sulle cooperative. Voglio che lei sappia che i grandi finanzieri sono dalla sua parte. Voglio farglielo sapere ora, in modo che non faccia nulla a favore delle banche cooperative senza di loro, per paura di turbarli". Risposi: "Signor Warburg, ho già preparato un emendamento al disegno di legge Lant, che presenterò domani, per autorizzare la creazione di banche cooperative nazionali". Il disegno di legge in questione era l'Intermediate Credit Bill, che all'epoca era in sospeso e poteva autorizzare la creazione di banche cooperative nazionali. Questa è stata l'intera conversazione che ho avuto con il signor Warburg, e da allora non ce ne sono state altre".

Wingo ha spiegato che nei mesi di aprile, maggio, giugno e luglio 1920 i produttori e i commercianti hanno beneficiato di un forte aumento del credito. Questo per aiutarli durante la stretta creditizia, il cui scopo era quello di rovinare gli agricoltori americani, ai quali era stato negato il credito.

Eugene Meyer, Jr, si lasciò sfuggire durante un'audizione al Senato nel 1923 il motivo decisivo, spiegando il lavoro del Federal

Reserve Board per aumentare i tassi d'interesse al 7% per le carte commerciali per il bestiame e le colture agricole:

> Ritengo", ha detto, "che molti problemi si sarebbero potuti evitare se un maggior numero di banche idonee, che attualmente non sono membri, fossero entrate a far parte del Federal Reserve System.

Il commento di Meyer è perfettamente corretto. L'ambizione delle operazioni del Consiglio dei Governatori della Federal Reserve era quella di smantellare le banche provinciali basate sul capitale fondiario collettivo, in quegli Stati che si erano fermamente opposti a cedere la propria libertà all'arbitrio bancario stabilito dal sistema della Federal Reserve. Kemmerer, descrivendo il Federal Reserve System, osservò nel 1919:

> "La tendenza sarà quella di una maggiore unità e semplicità attraverso le istituzioni statali, aumentando il numero di azionisti e depositanti nelle Reserve Bank".

Tuttavia, le banche statali non sono state al gioco.

Fu il popolo americano che nel 1923 ottenne un'audizione al Senato per indagare sulle reali cause della crisi agricola del 1920-1921. Il verbale completo della riunione segreta del Federal Reserve Board del 18 maggio 1920 fu pubblicato sul *Manufacturers' Record* di Baltimora (Maryland), una rivista che rappresentava gli interessi dei piccoli produttori del Sud.

Benjamin Strong, governatore della Federal Reserve Bank di New York e amico intimo di Montagu Norman, governatore della Banca d'Inghilterra, ha espresso il suo punto di vista durante le audizioni:

> "Il Federal Reserve System ha fatto per gli agricoltori molto più di quanto essi non credano.

Emmanuel Goldenweiser, direttore della ricerca del Consiglio dei Governatori, sostenne che il tasso bancario era stato semplicemente aumentato per combattere l'inflazione, ma non riuscì a spiegare perché questo aumento colpisse solo gli agricoltori e gli operai, mentre allo stesso tempo la Federal Reserve proteggeva gli industriali e i commercianti fornendo loro più credito.

William Jennings Bryan ebbe l'ultima parola sul ruolo del Federal Reserve Board nel causare la crisi agricola del 1920-1921. Egli concluse nel numero di novembre dell'*Hearst's Magazine*:

> "La Federal Reserve Bank, che avrebbe dovuto fornire agli agricoltori la massima protezione possibile, si è fatta il loro

nemico numero uno. Il sacrificio degli agricoltori è un crimine commesso deliberatamente".

CAPITOLO X

EMITTENTI DI VALUTA

Il 18 gennaio 1920, *il New York Times* pubblicò sulla sua pagina editoriale un interessante commento sul Federal Reserve System. L'autore di questo commento non firmato (forse Paul Warburg?) si esprimeva come segue: "La Federal Reserve è una fonte di credito, non di capitale". Questa è una delle dichiarazioni più rivelatrici mai fatte sul Federal Reserve System. Dice, per nome, che il Federal Reserve System non aggiungerà mai alla struttura o alla formazione del capitale in America, perché la Federal Reserve è stata istituita per produrre credito e creare denaro per alimentare l'indebitamento e la speculazione, piuttosto che per fornire capitale per il progresso del commercio e dell'industria. In parole povere, un'ambizione di capitalizzazione corrisponderebbe all'emissione di banconote sostenute da metalli preziosi o altre materie prime. Le banconote della Federal Reserve, invece, non sono altro che cartamoneta sostenuta dal nulla e prestata a interesse...

Il senatore Owen dichiarò sulla prima pagina del *New York Times* del 25 luglio 1921: "Il Federal Reserve Board è il più grande potere finanziario del mondo. Invece di impiegare questo potere colossale nel modo previsto dal Federal Reserve Act, il Consiglio dei Governatori [...] ha delegato questa forza alle banche e ha usato tutta la sua influenza per sostenere la politica inflazionistica tedesca". Questo senatore, il cui nome figurava tra quelli che approvarono il disegno di legge, si era reso conto che il Consiglio dei Governatori non stava svolgendo la sua missione come promesso.

Dopo la crisi agricola del 1920-1921, il Consiglio dei Governatori della Federal Reserve cercò per otto anni di offrire sempre più credito ai finanzieri di New York, una politica che culminò nella Grande Depressione del 1929-1931, che contribuì a indebolire la struttura economica del mondo intero. Paul Warburg si era dimesso nel maggio 1918, quando il sistema monetario americano era già passato da una moneta indicizzata ai bond a una sostenuta dalla carta, dai flussi commerciali e dalle azioni delle banche della Federal Reserve. Warburg tornò alla sua posizione presso la *Kuhn, Loeb Company*, che pagava 500.000 dollari all'anno, ma continuò a influenzare le politiche della Federal Reserve come presidente del Federal Advisory Committee e del Comitato esecutivo dell'U.S. Acceptance Board.

Tra il 1921 e il 1929, Paul Warburg creò tre dei maggiori trust americani: la Bank of International Acceptance, la più grande al mondo in questo campo; la Agfa Ansco Film Corporation, con sede in Belgio; e la I. G. Farben Corporation, la cui filiale americana Warburg fondò con il marchio "I. G. Chemical Corporation". G. Chemical Corporation". Tra le sue creature c'era anche la Westinghouse Corporation.

All'alba degli anni Venti, il Federal Reserve System svolse un ruolo essenziale nel riportare la Russia nella struttura finanziaria mondiale. Winthrop e Stimson continuarono ad agire come intermediari tra i banchieri russi e i finanzieri americani. Henry L. Stimson gestì i negoziati che portarono gli Stati Uniti a riconoscere la Russia bolscevica dopo l'elezione di Roosevelt nel 1932. In realtà, si trattava di una messinscena, poiché gli Stati Uniti avevano da tempo ripreso le relazioni commerciali con i finanzieri russi.

Già nel 1920 la Federal Reserve iniziò ad acquistare l'oro russo, mentre la valuta russa veniva accettata sui mercati dei cambi. Secondo l'autobiografia del colonnello Ely Garrison e il rapporto dell'intelligence navale statunitense su Paul Warburg, la Rivoluzione russa era stata sovvenzionata dai Rothschild e dai Warburg, e nel 1918 un membro della famiglia Warburg trasportò a Stoccolma i fondi utilizzati da Lenin e Trotsky.

Ecco cosa troviamo in un articolo pubblicato nel luglio 1922 sulla rivista inglese *Fortnightly*:

"L'anno scorso sono state ripristinate quasi tutte le istituzioni capitalistiche. Questo vale per la banca di Stato, le banche private, la borsa valori, il diritto di detenere quantità illimitate di denaro, l'imposta di successione, il sistema delle cambiali e altre istituzioni e pratiche necessarie all'attività dell'industria e del commercio privati. Molte delle industrie un tempo nazionalizzate fanno ora parte di trust semi-indipendenti".

La formazione di potenti trust in Russia, con il pretesto del comunismo, ha permesso a questo Paese di ricevere sostanziosi aiuti finanziari e tecnici dagli Stati Uniti. L'aristocrazia russa era stata spazzata via perché troppo inefficace nel gestire un moderno Stato industriale. I finanzieri internazionali avevano stanziato fondi a Lenin e Trotsky per rovesciare lo zarismo e mantenere la Russia nella Prima Guerra Mondiale. Peter Drucker, portavoce dell'oligarchia americana, confidò nel 1948 in un articolo del *Saturday Evening Post*:

> "LA RUSSIA È L'ESEMPIO DELL'ECONOMIA DI COMANDO VERSO LA QUALE CI STIAMO MUOVENDO".

La Russia non emise abbastanza denaro per soddisfare le esigenze della sua economia finché non ebbe un governo che esercitava un controllo assoluto sul suo popolo. Durante gli anni Venti, la Russia emise grandi quantità di una moneta nota come "moneta dell'inflazione". Il nostro articolo del *Fortnightly* (luglio 1922) osservava:

> "Dato che la pressione economica ha prodotto questo "sistema di dimensioni astronomiche" riguardante il denaro, non sarà mai in grado di distruggerlo. Questo sistema è di per sé autonomo, logicamente concepito e persino intelligente. Può scomparire solo attraverso il crollo o la distruzione dell'edificio politico che adorna".

Nel 1929 il *Fortnightly ha* anche sottolineato che :

> "Dal 1921, la vita quotidiana del cittadino sovietico è stata poco diversa da quella del cittadino americano, e il sistema di governo sovietico è più orientato all'economia.

L'ammiraglio Kolchak, a capo delle armate della Russia Bianca, godeva dell'appoggio di finanzieri internazionali che gli procurarono truppe britanniche e americane in Siberia, fornendogli un alibi per l'emissione di rubli Kolchak. Contemporaneamente, nel 1920, i finanzieri quotarono alla Borsa di Londra i vecchi rubli zaristi, i rubli Kerensky e i rubli Kolchak, il cui valore fluttuava in base ai movimenti delle forze alleate che sostenevano Kolchak. Kolchak deteneva anche ingenti scorte di oro sequestrato dai suoi uomini. Un intero treno carico d'oro scomparve in Siberia dopo la sua sconfitta. La destinazione di questo oro fu sollevata durante le udienze del Senato del 1921 sul Sistema della Riserva Federale. Il deputato Dunbar interrogò W. P. G. Harding, membro del Consiglio dei Governatori:

> **Dunbar**. - In altre parole, la Russia ha trasportato una grande quantità di oro agli Stati europei, che a loro volta lo hanno trasferito a noi?
>
> **Harding**. - Questo per pagare i beni acquistati dal Paese e creare

un tasso di cambio con il dollaro.

Dunbar. - Ma nonostante tutto, questo oro è arrivato dalla Russia attraverso l'Europa...?

Harding. - Possiamo supporre che una parte di questo oro sia di Kolchak dalla Siberia, ma questo non è affare delle banche della Federal Reserve. Il Segretario del Tesoro aveva dato istruzioni ai dipartimenti competenti di non accettare lingotti con il timbro di un Paese amico.

Non è del tutto chiaro cosa intendesse il governatore Harding per "paese amico". Nel 1921 gli Stati Uniti non erano in guerra con nessun paese, ma il Congresso nutriva già dei dubbi sul commercio internazionale dell'oro della Federal Reserve. Il governatore Harding poteva quindi eludere la questione e affermare che la fonte dell'oro non era un problema per le banche della Federal Reserve. Gli Stati Uniti avevano ufficialmente smesso di interessarsi alla sua origine nel 1906, quando il Segretario al Tesoro Shaw concluse accordi con diverse banche di New York (in cui aveva interessi) che consentivano loro di acquistare oro grazie ad anticipi in contanti effettuati dal Tesoro americano (che poi doveva riacquistare l'oro dalle stesse banche). Il Tesoro poteva affermare di non conoscere la provenienza dell'oro, poiché i suoi dipartimenti registravano solo i nomi delle banche da cui acquistava l'oro. Dal 1906, quindi, il Tesoro non sapeva da quali mercanti internazionali acquistasse effettivamente i suoi metalli preziosi.

I traffici internazionali in oro della Federal Reserve e il suo zelante sostegno alla Società delle Nazioni per costringere tutti gli Stati europei e sudamericani a tornare al gold standard, a tutto vantaggio dei mercanti d'oro internazionali - come Eugene Meyer, Jr e Albert Strauss - sono rivelati da un banale incidente: il prestito di sterline del 1925.

J. E. Darling scrisse sul periodico inglese *Spectator* il 10 gennaio 1925:

> "Ovviamente, per gli Stati Uniti è della massima importanza convincere la Gran Bretagna a tornare al gold standard il prima possibile. L'inevitabile corollario di un gold standard controllato dagli americani sarebbe quello di fare degli Stati Uniti la suprema potenza finanziaria mondiale, del Regno Unito il suo tributario e satellite, e di New York la capitale finanziaria del mondo".

Darling non dice che il popolo americano ci guadagnerebbe poco quanto quello britannico e che il ritorno del Regno Unito al gold standard andrebbe a vantaggio solo di un piccolo gruppo di mercanti d'oro internazionali che detengono tutto l'oro del mondo. Non c'è da stupirsi, quindi, che il *Banker's Magazine* del luglio 1925 abbia commentato con entusiasmo:

> "L'evento principale della seconda metà dello scorso anno per il mondo della finanza è stato il ripristino del gold standard".

La Prima Guerra Mondiale rivoluzionò lo status degli Stati Uniti, che passarono dall'essere il più grande debitore del mondo al più grande creditore del mondo, posizione precedentemente detenuta dall'Inghilterra. Poiché, secondo Marriner Eccles del Federal Reserve Board, il debito è denaro, gli Stati Uniti divennero il Paese più ricco del mondo. Il conflitto portò anche al trasferimento della sede del mercato globale delle accettazioni da Londra a New York, mentre Paul Warburg divenne il finanziere più potente del mondo nel settore delle accettazioni. Tuttavia, il pilastro della finanza internazionale rimase sostanzialmente invariato: il gold standard rimase la base dei tassi di cambio tra le valute e il piccolo cenacolo di finanzieri internazionali che controllavano l'oro dominava così il sistema monetario degli Stati occidentali.

Il professor Gustav Cassel ha spiegato nel 1928:

> "Lo standard monetario internazionale non è il gold standard, ma il dollaro USA. Il Consiglio dei Governatori della Federal Reserve statunitense ha il potere di fissare il potere d'acquisto del dollaro modificando il suo tasso di sconto. Di conseguenza, controlla lo standard monetario dell'intero pianeta.

Se questo fosse vero, i membri del Federal Reserve Board sarebbero i finanzieri più potenti del pianeta. Certo, l'elenco dei membri include occasionalmente banchieri di spicco come Paul Warburg e Eugene Meyer, J^r, ma nel complesso i governatori di questo consiglio hanno un'autorità strettamente formale, mentre la vera influenza è esercitata dal Comitato consultivo federale e dai finanzieri di Londra.

Nel maggio 1925, il Parlamento britannico approvò il Gold Standard Act, riportando il Regno Unito al gold standard. Il 16 marzo 1926, il governatore della Federal Reserve Bank di Richmond, George Seay, confessò davanti alla Commissione bancaria e valutaria della Camera dei Rappresentanti che la Federal Reserve aveva svolto un ruolo chiave in questo evento:

> "Un accordo orale, successivamente confermato per iscritto, concedeva un prestito o credito di 200.000.000 di dollari d'oro al Regno Unito. Le trattative furono interamente condotte da Benjamin Strong, governatore della Federal Reserve Bank di New

York, da un lato, e da Montagu Norman, governatore della Banca d'Inghilterra, dall'altro. Lo scopo del prestito era quello di indurre l'Inghilterra a tornare al gold standard, e fu onorato investendo i fondi della Federal Reserve in titoli e cambiali estere".

Il bollettino della Federal Reserve del giugno 1925 suggeriva:

"Come risultato di questo accordo con la Banca d'Inghilterra, la Federal Reserve Bank di New York si impegna a vendere oro a credito alla Banca d'Inghilterra di tanto in tanto nei prossimi due anni, ma senza superare i 200.000.000 di dollari per transazione.

Un prestito d'oro di 200.000.000 di dollari fu negoziato in un accordo orale tra i finanzieri internazionali Benjamin Strong e Montagu Norman. Il ritorno del Regno Unito al gold standard fu ulteriormente facilitato da un ulteriore prestito d'oro di 100.000.000 di dollari da parte della J. P. Morgan Company. Winston Churchill, allora Cancelliere dello Scacchiere, si lamentò in seguito del fatto che il costo di questo prestito per il governo di Sua Maestà fu di 1.125.000 dollari nel primo anno, un importo che fa pensare ai profitti della J. P. Morgan Company in quel momento...

Un altro punto: il problema della modifica del tasso di sconto non è mai stato risolto in modo soddisfacente. Un sondaggio condotto a Washington tra i membri del Consiglio dei Governatori della Federal Reserve ha portato a questa spiegazione: "Sono le condizioni del mercato monetario che regolano le variazioni dei tassi". Poiché il mercato monetario si trova a New York, non occorre molta immaginazione per dedurre che i banchieri di New York possono avere interesse a che questi tassi vengano manipolati e che cerchino regolarmente di modificarli.

Norman Lombard ha osservato nella rivista *World's Work*:

"Nell'analisi delle politiche proposte e nell'apportare modifiche, il Federal Reserve Board dovrebbe sottoporsi alle procedure e all'atteggiamento propri dei nostri tribunali. I suggerimenti per la modifica dei tassi o per l'acquisto e la vendita di titoli da parte delle Reserve Banks possono provenire da chiunque, senza alcuna argomentazione scritta o modulo da rispettare. Tale proposta può essere fatta da un governatore o da un amministratore del Federal Reserve System, al telefono o durante una cena in un club, così come può essere fatta nel corso di una conversazione casuale con un membro del Consiglio dei Governatori. Gli interessi della persona che suggerisce un cambiamento non devono essere rivelati e la sua identità, così come le eventuali proposte già avanzate, sono comunemente tenute sotto silenzio. Se il suggerimento riguarda la negoziazione sul mercato aperto, il pubblico in generale non avrà alcuna informazione fino a quando la decisione non sarà promulgata nel consueto comunicato settimanale dell'istituto, che riporta le variazioni delle partecipazioni delle banche della Federal Reserve. Nel frattempo, non c'è alcuna discussione pubblica o dichiarazione che fornisca le motivazioni della decisione, e i nomi di coloro che l'hanno approvata o osteggiata sono raramente forniti".

Inoltre, la probabilità che il cittadino medio incontri un governatore della Federal Reserve nel suo club è particolarmente bassa.

Le audizioni parlamentari del 1928 sul tema della stabilizzazione del potere d'acquisto del dollaro dimostrano inequivocabilmente che il Consiglio dei Governatori della Federal Reserve aveva collaborato strettamente con i capi delle banche centrali europee e che la Grande Depressione del 1929-1931 era stata concepita durante un pranzo riservato organizzato nel 1927 tra i governatori della Federal Reserve e quelli delle banche centrali europee. Il Consiglio non è mai stato obbligato a rendere conto pubblicamente delle sue decisioni e delle sue azioni... I controlli e gli equilibri costituzionali non sembrano trovare posto nella finanza!

I membri del Consiglio dei Governatori sono sempre stati totalmente asserviti ai grandi finanzieri. I tre elementi chiave di questa banca centrale sono: la proprietà da parte di azionisti privati che riscuotono rendite e traggono profitto dalla manipolazione del credito della nazione americana; il controllo assoluto delle risorse finanziarie dello Stato americano; la mobilitazione del suo credito per finanziare le potenze straniere. Tutte queste caratteristiche erano evidenti nel Federal Reserve System fin dai suoi primi quindici anni di esistenza.

L'"Emendamento Edge" del 24 dicembre 1919, che autorizzava espressamente la creazione di società che potessero "effettuare operazioni bancarie internazionali, compreso il commercio di oro e lingotti, e la custodia di azioni di società straniere", sottolineava ulteriormente gli obiettivi globali del Federal Reserve Act del 1913. E. W. Kemmerer, economista dell'Università di Princeton, ha commentato l'emendamento come segue:

> "Il Federal Reserve System sta dimostrando di esercitare una colossale influenza a favore dell'internazionalizzazione della finanza e del commercio americano".

Kemmerer non si preoccupa, tuttavia, del fatto che questa

internazionalizzazione della finanza e del commercio americano sia stata una causa diretta del coinvolgimento dell'America in due guerre mondiali. Innumerevoli prove rivelano come Paul Warburg abbia utilizzato il sistema della Federal Reserve come strumento per coinvolgere gli uomini d'affari americani nel settore delle accettazioni su larga scala.

Prima del 1915, l'uso delle accettazioni commerciali (che *di fatto* costituiscono la valuta internazionale del commercio) da parte di banchieri e imprese era praticamente sconosciuto negli Stati Uniti. Lo sviluppo del Federal Reserve System è l'esatto riflesso dell'aumento dell'uso di tali accettazioni in America, e non si tratta di una semplice coincidenza. Le stesse persone che hanno richiesto il Federal Reserve System sono state quelle che hanno fondato le banche di accettazione e che hanno tratto profitto dall'uso di queste accettazioni.

Già nel 1910, la Commissione Monetaria Nazionale iniziò a distribuire opuscoli e vari documenti di propaganda che raccomandavano vivamente ai finanzieri e agli imprenditori americani di adottare le accettazioni commerciali per le loro transazioni. La Commissione aveva condotto una campagna per tre anni, mentre la bozza Aldrich includeva una clausola che autorizzava ampiamente l'introduzione delle accettazioni bancarie e il loro utilizzo all'interno del sistema americano di carta commerciale.

Il Federal Reserve Act del 1913, approvato dal Congresso degli Stati Uniti, non consentiva apertamente l'uso delle accettazioni, ma il Federal Reserve Board definì la nozione di "accettazione commerciale" nel 1915 e di nuovo nel 1916, poi integrata dai regolamenti *della Serie A* nel 1920 e da una nuova *Serie* nel 1924. Uno dei primi atti ufficiali del Consiglio dei governatori fu, nel 1914, quello di concedere alle banche della Federal Reserve un tasso di sconto preferenziale, cioè basso, per tutte le accettazioni. Poiché all'epoca tali accettazioni non erano in uso negli Stati Uniti, non si poteva giustificare la loro necessità per il mondo degli affari: era ovvio che qualcuno voleva che fossero avallate dal potere del Consiglio dei governatori.

Il National Bank Act del 1864, che è stato l'autorità indiscussa della finanza americana fino al 1914, non autorizzava le banche a prestare somme equivalenti al credito concesso loro. Il potere delle banche di creare denaro era quindi estremamente limitato. Gli Stati Uniti non avevano una banca di emissione, cioè una banca centrale in grado di creare denaro. I finanzieri americani, nell'ottica di avere una banca centrale, avevano provocato una cascata di panico bancario con grande disappunto degli imprenditori americani e avevano fatto perdere oro agli Stati Uniti. Avevano causato una carenza di denaro e volevano reimportarlo. Una volta che gli Stati Uniti ebbero una propria banca centrale (*ovvero* il sistema della Federal Reserve), il panico finanziario non fu più utile, poiché le banche potevano creare denaro da sole. Tuttavia, il panico come strumento di coercizione contro la comunità finanziaria e il mondo degli affari fu usato di nuovo in modo notevole in due occasioni: prima nel 1920, per provocare una crisi agricola perché le banche statali e le società finanziarie si erano rifiutate di entrare nel sistema della Federal Reserve; poi nel 1929, all'inizio della Grande Depressione, che permise a una manciata di grandi monopoli di concentrare praticamente tutto il potere nelle loro mani.

Un'"accettazione commerciale" è una cambiale emessa dal venditore nei confronti dell'acquirente per una merce e accettata dall'acquirente, con una data di scadenza. L'uso delle accettazioni commerciali nei mercati all'ingrosso fornisce un credito garantito a breve termine e consente di acquistare merci mentre vengono prodotte, immagazzinate, trasportate o commercializzate. Ciò ha facilitato il commercio nazionale e internazionale. I finanzieri che volevano sostituire il sistema di fatturazione differita con questo sistema di accettazioni bancarie erano quindi persone apparentemente progressiste che volevano promuovere le importazioni e le esportazioni americane. A questo scopo era stata fatta una grande pubblicità, che però non rispecchiava la realtà.

Il sistema di fatturazione differita, fino ad allora preferito dai professionisti, offriva uno sconto per i pagamenti in contanti. Il sistema di accettazione, invece, scoraggiava l'uso del contante e offriva uno sconto sul credito. Il diverso sistema di fatturazione consentiva anche metodi di pagamento più flessibili, con termini di pagamento che potevano essere estesi gratuitamente. L'accettazione, invece, non offriva questa flessibilità, in quanto consisteva in un credito a breve termine con una scadenza fissa. Non è sotto l'autorità del venditore, ma nelle mani di una banca - di solito un istituto di accettazione - che non autorizza alcuna estensione dei termini di pagamento. Allo stesso modo, l'adozione delle accettazioni da parte delle aziende americane per tutti gli anni '20 ha facilitato enormemente la predazione dei grandi trust nei confronti delle piccole imprese e l'assorbimento di queste ultime, che ha spianato la strada al crollo del mercato azionario del 1929.

L'accettazione era già stata utilizzata in qualche misura nel commercio americano prima della guerra civile. Durante la guerra, le esigenze del commercio avevano spazzato via l'accettazione come metodo di credito e non trovava più molto favore tra i professionisti americani, che preferivano la flessibilità e la trasparenza del sistema di fatturazione differita. Quest'ultimo si riferisce all'apertura di cambiali con il solo nome del debitore. Le accettazioni, invece, sono strumenti con due nomi: quello del debitore *e quello del* creditore. Diventano così titoli che possono essere acquistati e ceduti dalle banche. Per il creditore, con il sistema della fatturazione differita, il debito è una passività. Per la banca accettante che detiene un'accettazione, il debito è un'attività. In questo modo, i soggetti che hanno introdotto le banche di accettazione negli Stati Uniti sotto la guida di Paul Warburg si sono impossessati del controllo di miliardi di dollari di credito attraverso i crediti registrati nei bilanci delle aziende americane.

Marriner Eccles, membro del Consiglio dei Governatori della Federal Reserve, ha dichiarato alla Commissione bancaria e valutaria della Camera: "Il debito è il fondamento della creazione di denaro".

I principali detentori di accettazioni commerciali si arrogarono la gestione dell'uso dei miliardi di dollari derivanti da questi crediti, oltre agli interessi maturati sull'accettazione stessa. È facile capire perché Paul Warburg abbia speso tanto tempo, denaro ed energie per convincere il sistema bancario americano ad adottare le accettazioni.

Il 14 settembre 1914, la National City Bank accettò la prima cambiale emessa su una banca nazionale ai sensi del Federal Reserve Act del 1913. Fu l'inizio della fine del sistema di fatturazione differita, fino ad allora essenziale nel commercio all'ingrosso. Nel 1915, il vicepresidente della National City Bank di New York, Beverly Harris, pubblicò un opuscolo che spiegava :

"I commercianti che utilizzano il sistema di fatturazione differita stanno usurpando il ruolo dei banchieri.

Paul Warburg, presidente del Comitato di accettazione americano, dichiarò al *New York Times* il 14 giugno 1920:

"Lo sviluppo continuo del sistema sarebbe compromesso se il Consiglio dei governatori della Federal Reserve non intraprendesse a tutti i costi la strada della generalizzazione delle accettazioni, che sono investimenti vitali per le banche della Federal Reserve".

Questo chiarimento rivela chiaramente l'intenzione di Warburg e dei suoi compari, ideatori della "riforma monetaria" negli Stati Uniti. Si preparavano a controllare tutto il credito americano, e lo fecero grazie al sistema della Federal Reserve, al sistema di accettazione e all'inerzia del popolo americano.

La Prima guerra mondiale fornì l'occasione per l'introduzione delle accettazioni bancarie, il cui volume salì a 400.000.000 di dollari nel 1917. Aumentando negli anni Venti a oltre 1.000.000.000 di dollari all'anno, il loro valore raggiunse l'apice poco prima della Grande Depressione del 1929-1931. I grafici della Federal Reserve Bank di New York mostrano che l'utilizzo delle accettazioni raggiunse un picco nel novembre 1929, proprio nel mese del crollo del mercato azionario, prima di crollare. A quel punto, i promotori del sistema di accettazione avevano raggiunto il loro obiettivo di controllare gli affari e l'industria americana.

Nel febbraio 1950, *Fortune Magazine* riportava: "Il volume delle accettazioni è diminuito da 1.732.000.000 di dollari nel 1929 a 209.000.000 di dollari nel 1940 a causa della concentrazione delle banche di accettazione in poche mani e della politica del Tesoro di mantenere bassi i tassi di interesse, rendendo i prestiti diretti più attraenti delle accettazioni. Dal dopoguerra c'è stata una leggera inversione di tendenza, ma in genere per le grandi aziende è più redditizio finanziare le importazioni con fondi propri".

Ciò significa che le "grandi aziende" - in altre parole, i giganteschi monopoli - ora controllano il credito e non utilizzano più le accettazioni. Oltre alla pesante propaganda gestita dalla stessa Federal Reserve, la National Association of Credit Men, l'American Bankers' Association e alcuni altri organismi corporativi di finanzieri newyorkesi avevano dedicato molto tempo e denaro alla pianificazione delle loro azioni a favore delle accettazioni. Questa marea di incontri e pubblicazioni si rivelò tuttavia insufficiente, così nel 1919 Paul Warburg lanciò l'American Acceptance Council, che si dedicò interamente al clamore mediatico a favore delle accettazioni.

Il primo evento organizzato dal suo comitato, a Detroit, Michigan, il 9 giugno 1919, coincise con la convention annuale della National Association of Credit Men, che si teneva nello stesso luogo e nello stesso giorno, in modo che "gli osservatori curiosi potessero facilmente partecipare alle conferenze e alle riunioni di queste due organizzazioni", secondo un opuscolo stampato su iniziativa dell'American Acceptance Council.

Paul Warburg fu eletto presidente di questa associazione e successivamente divenne presidente del Comitato esecutivo dell'American Acceptance Council, carica che mantenne fino alla sua morte nel 1932. Questo Consiglio pubblicò gli elenchi dei nomi delle principali società che avevano utilizzato tali cambiali: tutte avevano rapporti commerciali con la Kuhn, Loeb Co. o con i satelliti da essa controllati. Le analisi fatte davanti a questo consiglio o da uno dei suoi membri erano piacevolmente impacchettate e trasmesse gratuitamente agli imprenditori provinciali dalla National City Bank di New York.

Nel 1922, Louis T. McFadden, presidente della Commissione bancaria e valutaria della Camera dei Rappresentanti, accusò l'American Acceptance Board di esercitare un'influenza illegittima sui governatori della Federal Reserve e chiese un'inchiesta parlamentare, alla quale il Congresso dimostrò scarso interesse...

Alla seconda convention annuale dell'American Acceptance Council, questa volta a New York, il suo presidente Paul Warburg disse il 2 dicembre 1920:

> "È per me motivo di grande soddisfazione constatare che nell'ultimo anno l'American Acceptance Council è stato in grado di mantenere e rafforzare ulteriormente il suo rapporto con i governatori della Federal Reserve".

Durante gli anni Venti, Paul Warburg - che si era dimesso dal Consiglio dei Governatori dopo esserne stato membro durante la guerra - continuò a esercitare la sua influenza personale direttamente sul Consiglio della Federal Reserve, partecipando come presidente del Federal Advisory Committee e anche come presidente dell'American Acceptance Council. Tra la creazione di quest'ultimo organismo nel 1920 e la sua morte nel 1932, Paul Warburg rimase presidente del Consiglio di amministrazione della International Acceptance Bank di New York, la più grande banca di accettazione del mondo. Felix M. Warburg, suo fratello e socio della Kuhn, Loeb Co. era direttore della Bank of International Acceptance, mentre James Paul Warburg - figlio di Paul - era vicepresidente. Paul Warburg siede anche nei consigli di amministrazione di altre importanti banche di accettazione americane, come la Westinghouse Acceptance Bank, fondate dopo la Grande Guerra, quando la sede del mercato di accettazione mondiale si trasferì da Londra a New York. Paul Warburg divenne così il più potente banchiere d'accettazione del mondo.

Paul Warburg è diventato ancora più leggenda quando è stato mitizzato come Daddy Warbucks nel fumetto *Little Orphan Annie*. Questo fumetto raccontava la storia di una bambina abbandonata con il suo cane e adottata dall'"uomo più ricco del pianeta": Daddy Warbucks, un pastiche di *Warburg* con poteri quasi magici che poteva fare tutto ciò che voleva grazie al peso della sua ricchezza illimitata. Chi era a conoscenza di tutto ciò non poté fare a meno di divertirsi quando *Annie*, l'adattamento di questo titolo in musical, ebbe un successo strepitoso a Broadway, anche se la stragrande maggioranza del pubblico non aveva idea che si trattasse dell'ennesima trovata di Warburg.

Lo spostamento del mercato di accettazione dall'Inghilterra agli Stati Uniti diede a Thomas Lamont l'opportunità di tenere un discorso molto entusiasta all'Académie des Sciences Politiques nel 1917, in cui affermò: "È il dollaro, e non più la sterlina, che è ora la base per lo scambio internazionale di valute".

Gli americani erano orgogliosi di sentirlo... ma non sapevano quale fosse il prezzo!

L'influenza illegittimamente esercitata dall'American Acceptance Council sul Federal Reserve Board - proprio l'organo oggetto della denuncia di McFadden - è chiaramente visibile nella tabella che mostra i tassi della Federal Reserve Bank di New York per tutti gli anni Venti. Per nove anni, il tasso ufficiale di sconto della Federal Reserve Bank seguì da vicino il tasso di accettazione a 90 giorni dei banchieri, eppure fu la Federal Reserve Bank di New York a fissare il tasso di sconto per tutte le altre banche di riserva.

Durante questo decennio, il Consiglio dei Governatori mantenne tra i suoi membri due personalità che erano state presenti fin dall'inizio: C. S. Hamlin e Adolph C. Miller. Questi personaggi fecero carriera arbitrando le politiche monetarie della nazione americana. Hamlin fu governatore tra il 1914 e il 1936, quando fu nominato consigliere speciale del Consiglio, mentre Miller fece parte del Consiglio dal 1914 al 1931. Se questi due energici personaggi riuscirono a rimanere all'interno dell'istituzione per così tanti anni, fu perché le loro carriere altamente rispettabili conferivano un certo prestigio alla Federal Reserve agli occhi dell'opinione pubblica. Nel corso degli anni, un finanziere dopo l'altro di una certa levatura ha fatto parte del Consiglio dei governatori per un certo periodo di tempo, per poi lasciare per un incarico più interessante. In realtà, né Miller né Hamlin sollevarono la minima obiezione alle ingiunzioni dei banchieri di New York. Aggiustavano i tassi di sconto ed effettuavano operazioni di mercato aperto sui titoli di Stato non appena Wall Street lo richiedeva. Dietro di loro, nell'ombra, si nascondeva un protagonista che esercitava un'influenza permanente e imperiosa come presidente del Comitato Consultivo Federale (nel quale sedevano persone che condividevano gli stessi interessi, come Winthrop Aldrich e J. P. Morgan): Paul Warburg. Warburg non fu mai così impegnato nelle sue responsabilità a capo di grandi multinazionali da non riuscire a organizzare contemporaneamente la sovrastruttura finanziaria degli Stati Uniti. Dal 1902 (anno del suo arrivo in America dalla Germania) fino alla sua morte nel 1932, la sua influenza fu correlata all'alleanza con il cartello bancario europeo. James Paul Warburg, suo figlio, continuò a esercitare un'influenza simile. Divenne direttore del bilancio sotto Franklin D.

Roosevelt, quando questo famoso uomo divenne presidente degli Stati Uniti nel 1933 e creò l'Office of War Information, l'agenzia ufficiale di propaganda durante la Seconda guerra mondiale.

Paul Einzig, editorialista dell'*Economist di Londra*, ha scritto in *The Fight For Financial Supremacy (La lotta per la supremazia finanziaria)*: "Quasi subito dopo la prima guerra mondiale, iniziò una stretta collaborazione tra la Banca d'Inghilterra e i dirigenti della Federal Reserve - in particolare la Federal Reserve Bank di New York[116].

Questa alleanza era in gran parte dovuta ai rapporti cordiali che esistevano tra Montagu Norman - della Banca d'Inghilterra - e Benjamin Strong - governatore della Federal Reserve Bank di New York fino al 1928. La modulazione dei tassi di sconto da parte della Federal Reserve Bank di New York è stata più volte guidata dal desiderio di aiutare la Banca d'Inghilterra.

A pagina 327 di *They Told Barron*, si legge: "c'era un'ampia collaborazione tra Londra e New York nel fissare il livello dei tassi di sconto[117]".

---

[116]William Boyce Thompson (di Wall Street), il 27 novembre 1920 confidò a Clarence Barron: "Perché la Federal Reserve Bank dovrebbe mantenere linee telegrafiche private in tutto il paese e scambiare ogni giorno via cavo con la Banca d'Inghilterra?".

[117]Paul Einzig, *The Fight For Financial Supremacy*, New York, Macmillan, 1931.

CAPITOLO XI

LORD MONTAGU NORMAN

La collaborazione Benjamin Strong-Lord Montagu Norman è uno dei più grandi segreti dell'intero XXe secolo. Carroll Quigley ha osservato in *Tragedia e speranza*: "Strong divenne governatore della Federal Reserve Bank di New York nel 1914, su nomina congiunta di Morgan e della *Kuhn, Loeb Company*[118]".

Lord Montagu Norman è l'unica persona nella storia della Banca d'Inghilterra i cui due nonni sono stati governatori. Suo padre era stato associato alla Brown, Shipley Company, la filiale londinese dei Brown Brothers (ora Brown Brothers Harriman). Montagu Norman (1871-1950) andò in esilio nel 1894 per lavorare per i Brown Brothers a New York. James Marloe e la famiglia Delano dei Brown Brothers lo presero sotto la loro protezione. Tornò poi in Inghilterra e nel 1907 fu nominato membro della Corte della Banca d'Inghilterra. Colpito da un esaurimento nervoso nel 1912, si fece curare da Jung in Svizzera, che era molto chic con i potenti che rappresentava[119].

Lord Montagu Norman fu governatore della Banca d'Inghilterra tra il 1916 e il 1944. Durante questo periodo, partecipò alle riunioni

---

[118]Carroll Quigley, *Tragedia e speranza*, New York, Macmillan, p. 326.

[119]Quando individui di questo rango sono sopraffatti dai sensi di colpa per aver organizzato guerre mondiali e crisi economiche, causando miseria e sofferenza e seminando morte in milioni di persone in tutto il mondo, sono talvolta sopraffatti dal rimorso. Naturalmente, questi rimpianti vengono derisi dai loro coetanei, che li vedono solo come un segno di "mancanza di autocontrollo". Dopo un po' di tempo trascorso in compagnia dei loro psichiatri, tornano al loro lavoro con un entusiasmo rigenerato, con la coscienza sgombra da ogni preoccupazione e da ogni tentazione di compatire il "piccolo popolo" di cui continueranno a essere gli aguzzini.

della banca centrale che portarono al crollo del 1929 e alla conseguente crisi mondiale. Brian Johnson ha scritto in *The Politics of Money*: "Strong e Norman, amici intimi, trascorrevano le vacanze insieme a Bar Harbourg o nel sud della Francia". Johnson ha poi spiegato che:

> "Norman divenne così l'*alter ego* di Strong [...] La politica del denaro facile di Strong sul mercato monetario di New York dal 1925 al 1928 fu il compimento dell'accordo che aveva fatto con Norman per mantenere i tassi di interesse più bassi a New York che a Londra. Strong rifiutò, in nome della cooperazione internazionale, l'intervento stabilizzatore che tassi di interesse più alti a New York avrebbero offerto, finché non fu troppo tardi. Il denaro facile a New York aveva favorito il boom economico della fine degli anni Venti, accompagnato da una speculazione tanto mozzafiato quanto vertiginosa[120].

Benjamin Strong morì improvvisamente nel 1928. Il necrologio a lui dedicato dal *New York Times* il 17 ottobre 1928 fa riferimento alla famosa riunione in Europa del luglio 1927, alla quale parteciparono i direttori delle tre più importanti banche centrali: "In quel momento si riunivano il signor Norman della Banca d'Inghilterra, Strong della Federal Reserve Bank di New York e il dottor Hjalmar Schacht della Reichsbank: era la riunione del 'club più esclusivo del pianeta'. Non sono mai stati resi pubblici questi colloqui internazionali perfettamente ufficiosi, che al tempo stesso trattavano questioni cruciali come i movimenti dell'oro, la stabilità del commercio internazionale e l'economia mondiale.

Questi incontri, in cui si decide il futuro dell'economia globale, sono costantemente descritti come "totalmente non ufficiali" e privati, mai seguiti dal minimo resoconto pubblico. Nelle poche occasioni in cui i parlamentari indignati hanno chiesto a queste figure oscure di spiegare le loro azioni, esse hanno a malapena accennato ai contorni delle misure che hanno promulgato, e non hanno quasi mai elaborato ciò che hanno effettivamente detto o fatto.

H. Parker Willis, uno dei progettisti e primo segretario del Consiglio dei Governatori della Federal Reserve tra il 1914 e il 1920, interrogò apertamente George Harrison, successore di Strong come governatore della Federal Reserve Bank di New York, durante le

---

[120]Brian Johnson, *The Politics of Money*, New York, McGraw Hill, 1970, p. 63.

audizioni del Senato del 1931 sul Federal Reserve System:

"Qual è il legame tra la Federal Reserve Bank di New York e la Commissione Monetaria di Borsa?

- Non ce ne sono", ha risposto il governatore Harrison.

- Esiste un accordo o una collaborazione per determinare le tariffe?", ha chiesto Willis.

- Assolutamente no", ha detto il governatore Harrison, "anche se di tanto in tanto ci vengono forniti pareri sul contesto e sulla situazione monetaria, nonché sui livelli auspicabili dei tassi di interesse.

Ciò è in totale contraddizione con la sua dichiarazione: "Non c'è alcun [legame]". La Federal Reserve Bank di New York, che determina il tasso di sconto applicabile dalle altre banche di riserva, manteneva infatti stretti rapporti con la Commissione monetaria della Borsa di New York.

Alla Camera dei Rappresentanti, le audizioni sulla stabilizzazione del 1928 resero evidente che i governatori della Federal Reserve avevano discusso con i capi delle principali banche centrali europee. I membri del Congresso degli Stati Uniti non avrebbero potuto fare nulla per fermare questo complotto, che culminò nella Grande Depressione del 1929-1931, anche se fossero stati a conoscenza dei dettagli. I finanzieri internazionali che controllavano il movimento dell'oro potevano esercitare i loro desideri in qualsiasi paese, con gli Stati Uniti che rimanevano vulnerabili come tutti gli altri.

Ecco alcuni estratti delle audizioni parlamentari...

Signor Beedy. - Nella sua tabella, noto che le linee che mostrano le fluttuazioni più pronunciate appaiono sotto la categoria "New York money rental rate". Poiché il costo dei prestiti aumenta e diminuisce nelle grandi metropoli, i prestiti per gli investimenti sembrano beneficiare di queste fluttuazioni ormai piuttosto violente, mentre l'industria in generale non sembra beneficiare di queste stesse fluttuazioni, e questo fatto è abbastanza regolare, senza forti aumenti o diminuzioni.

Governatore Adolph Miller. - Tutto ciò era più o meno dettato dalle esigenze del contesto internazionale. I prestiti indicizzati all'oro venivano commercializzati a New York e compensati con la sterlina a Londra.

Rappresentante Strong (nessuna parentela con Benjamin Strong). - Il Federal Reserve Board ha il potere di attirare l'oro nel nostro Paese?

E. A. Goldenweiser, direttore della ricerca del Consiglio dei governatori. - Il Federal Reserve Board era in grado di drenare l'oro dal paese aumentando il costo del denaro.

Governatore Adolph Miller. - Credo che siamo molto vicini alla situazione in cui ogni ulteriore gesto da parte nostra a favore delle preoccupazioni monetarie dell'Europa dovrà essere espurgato. L'estate scorsa, nel 1927, il Federal Reserve Board ha inaugurato sui mercati aperti la sua politica di acquisti accompagnata dalla riduzione del tasso di sconto delle banche di riserva, al fine di alleviare la situazione del credito e ridurre il costo del denaro. Le ragioni ufficiali addotte per questo allontanamento dalla vecchia politica creditizia erano quelle di contribuire alla stabilizzazione del tasso di cambio internazionale e di stimolare le esportazioni di oro.

Presidente McFadden. - Può spiegare brevemente come questo argomento è stato presentato al Federal Reserve Board e quali influenze hanno pesato sulla decisione finale?

Governatore Adolph Miller. - Lei pone una domanda alla quale è impossibile per me rispondere.

Presidente McFadden. - Forse posso riformulare la domanda... Da dove viene il suggerimento che ha portato alla decisione di cambiare le tariffe l'estate scorsa?

Governatore Adolph Miller. - Le tre principali banche centrali europee hanno inviato dei delegati nel nostro continente. Si trattava del governatore della Banca d'Inghilterra, Hjalmar Schacht e del professor Rist, vicegovernatore della Banque de France. Questi signori erano in contatto con i direttori della Federal Reserve Bank di New York. Dopo una o due settimane, si presentarono a Washington per un giorno. Sono sbarcati una sera, sono stati ricevuti il giorno successivo dai governatori del Federal Reserve Board e sono ripartiti per New York lo stesso pomeriggio.

Presidente McFadden. - I membri del Consiglio di amministrazione erano presenti al pranzo?

Governatore Adolph Miller. - Oh sì! È stato offerto dai governatori del Consiglio per rafforzare i nostri legami.

Presidente McFadden. - Si è trattato di un incontro informale o sono state discusse questioni importanti?

Governatore Adolph Miller. - Ritengo che si sia trattato soprattutto di un incontro informale. A titolo personale, ho avuto una lunga discussione con il dottor Schacht prima del pranzo, e poi una abbastanza lunga con il professor Rist. Dopo pranzo, ho potuto parlare con il signor Norman, il governatore di New York Strong, che si è poi unito a noi.

Presidente McFadden. - Era una riunione formale del Consiglio?

Governatore Adolph Miller. - No.

Presidente McFadden. - Si è trattato semplicemente di una conversazione informale su argomenti che erano stati sollevati a New York...?

Governatore Miller. - Suppongo di sì. È stata soprattutto una cosa sociale. La maggior parte delle mie parole erano generiche. Anche i leader delle banche centrali hanno usato espressioni generali.

Mr King. - Cosa volevano?

Governatore Miller. - Sono stati molto franchi nel rispondere alle nostre domande. Ho voluto conversare con il signor Norman e abbiamo parlato entrambi dopo pranzo. Ci hanno poi raggiunto altri delegati stranieri e funzionari della Federal Reserve Bank di New York. Erano tutti particolarmente preoccupati per il funzionamento del gold standard. Volevano quindi che il mercato monetario di New York diminuisse leggermente, con tassi più bassi, per scoraggiare i trasferimenti di oro dall'Europa al nostro continente. Questo sarebbe stato perfettamente nell'interesse del contesto monetario internazionale che prevaleva all'epoca.

Mr. Beedy. - Questo porta a un certo accordo tra i delegati di queste banche straniere e il Consiglio dei Governatori della Federal Reserve (o la Federal Reserve Bank di New York)?

Governatore Miller. - Sì, il governatore Miller.

Signor Beedy. - È stato comunicato ufficialmente?

Governatore Miller. - No. Successivamente si è tenuta una riunione dell'Open Market Policy Committee (il comitato per la politica di investimento del Federal Reserve System) che ha prodotto e ricevuto diverse raccomandazioni. Ricordo che in agosto sono stati acquistati titoli per un valore di circa 80.000.000 di dollari secondo questo programma.

Presidente McFadden. - C'è stato un incontro tra i membri dell'Open Market Committee e questi banchieri stranieri?

Governatore Miller. - È possibile che si siano incontrati privatamente, ma non come istituzione.

Mr. King. - Come fa la Commissione per il mercato aperto a formulare le sue idee?

Governatore Miller. - Si siedono intorno a un tavolo e discutono. Non so da dove sia nata l'iniziativa. Lo spirito di emulazione era all'opera come sempre.

Presidente McFadden. - Lei ci ha appena dato una visione di alcuni negoziati di importanza cruciale.

Governatore Miller. - Preferisco parlare di *discussioni*.

Presidente McFadden. - È successo qualcosa di veramente degno di nota?

Governatore Miller. - Sì, il governatore Miller.

Presidente McFadden. - Una svolta politica del nostro intero sistema finanziario, che ha dato vita a una situazione finanziaria particolarmente insolita e senza precedenti per la nostra nazione (il boom speculativo del mercato azionario del 1927-1929)... Mi sembra che un argomento di queste dimensioni avrebbe dovuto essere riportato a Washington.

Governatore Miller. - Glielo concedo.

Rappresentante Strong. - Non sarebbe stata una buona idea indirizzare questi poteri concessi al sistema della Federal Reserve verso la stabilizzazione permanente del potere d'acquisto legato al dollaro migliorato, invece di abbandonarlo all'influenza degli interessi europei?

Governatore Miller. - Considero questa espressione, "influenze", un insulto. Inoltre, stabilizzare il dollaro USA senza fare lo stesso con tutte le altre valute indicizzate all'oro è impossibile. Le valute sono legate dal gold standard. Le eminenti personalità che vengono qui sono molto abili nell'arte di avvicinare i membri e il personale del Federal Reserve Board.

Mr. Steagall. - La presenza di questi banchieri stranieri significava che il denaro era più economico a New York?

Governatore Miller. - Sì, proprio così.

Presidente McFadden. - Vorrei che i nomi di tutte le persone che hanno partecipato al pranzo a Washington fossero inseriti in questo verbale.

Governatore Miller. - Oltre ai nomi che vi ho già indicato, c'era uno dei più giovani dirigenti della Banque de France. Credo che fossero presenti tutti i membri del Federal Reserve Board. Erano presenti il sottosegretario al Tesoro Ogdent Mills e il vice-segretario al Tesoro Schuneman, oltre a due o tre funzionari del Dipartimento di Stato e al signor Warren del servizio estero della Federal Reserve Bank di New York. Era presente anche il governatore Strong.

Presidente McFadden. - L'incontro di così tanti banchieri stranieri non è stato probabilmente casuale. A chi è venuta l'idea di un tale incontro con i più eminenti finanzieri di Germania, Francia e Inghilterra?

Governatore Miller. - Il contesto era chiaramente sgradevole per Londra, a causa dell'imminente ritiro di una certa quantità di oro che la Francia voleva indietro e che era stata originariamente trasferita e depositata dal governo francese presso la Banca d'Inghilterra sotto forma di credito di guerra. Sembrava probabile che ci fossero tensioni in Europa mentre la Francia iniziava a sistemare le cose in casa per tornare al gold standard. La natura della situazione richiedeva un'influenza moderatrice.

Mr King. - Chi ha rappresentato la causa formale dell'incontro di queste personalità?

Governatore Miller. - È una cosa che non so.

Rappresentante Strong. - Non sarebbe corretto dire che i partecipanti che volevano l'oro erano senza dubbio i promotori dell'incontro?

Governatore Miller. - Sono venuti qui.

Rappresentante Strong. - Il fatto è che sono venuti sul nostro territorio, hanno tenuto una riunione, hanno mangiato un buon pasto, hanno parlato, hanno ottenuto che il Federal Reserve Board abbassasse il tasso di sconto per effettuare acquisizioni sul mercato aperto e hanno ottenuto il loro oro.

Onorevole Steagall. - È vero che questa iniziativa ha stabilizzato le valute europee e influenzato la nostra?

Governatore Miller. - Sì, è stato fatto per questo.

Presidente McFadden. - Vorrei richiamare la vostra attenzione sul recente incontro a Parigi, durante il quale il signor Goldenweiser - direttore della ricerca del Federal Reserve Board - e il dottor Burgess - funzionario della Federal Reserve che assiste la Reserve Bank di New York - hanno potuto consultare i delegati di altre banche centrali. Chi ha organizzato questo incontro?

Governatore Miller. - Se non ricordo male, è stato organizzato dalla Banque de France.

Governatore Young. - No, sono stati tutti avviati dalla Società delle Nazioni.

L'incontro segreto tra i governatori del Federal Reserve Board e i capi delle banche centrali europee non è stato organizzato con l'obiettivo di stabilizzare la moneta. Si tenne con l'obiettivo di trovare il modo migliore per rispedire in Europa l'oro detenuto negli Stati Uniti dalla Federal Reserve, in modo da costringere i Paesi del Vecchio Mondo a tornare al gold standard. Fino ad allora, la Società delle Nazioni non era quasi riuscita a realizzare l'idea alla base di questa nuova istituzione, perché il Senato degli Stati Uniti si era opposto al tradimento di Woodrow Wilson nei confronti del popolo americano, cedendo l'autorità monetaria americana a un organismo internazionale. Ci vollero la Seconda guerra mondiale e Franklin D. Roosevelt per arrivare a questo risultato. Nel frattempo, l'Europa aveva bisogno di accedere all'oro americano e la Federal Reserve lo consegnò all'Europa, per un valore stimato di 500.000.000 di dollari. L'uscita dell'oro dagli Stati Uniti provocò lo scoppio della bolla del mercato azionario, suonò la campana a morto per la prosperità delle imprese negli anni Venti e inaugurò la Grande Depressione del 1929-1931, la più grande catastrofe che la nazione americana abbia mai conosciuto. È perfettamente logico concludere che la crisi subita dal popolo americano fu una punizione per aver rifiutato di aderire alla Società delle Nazioni. I finanzieri sapevano benissimo cosa sarebbe successo se avessero trasferito 500.000.000 di dollari in oro all'Europa. Volevano questa crisi perché avrebbe permesso loro di prendere il controllo della finanza e degli affari americani.

Torniamo alle nostre audizioni parlamentari...

Signor Beedy. - Il signor Ebersole, del Dipartimento del Tesoro, ha parlato alla cena che abbiamo tenuto ieri sera e ha concluso che il Federal Reserve System non vuole alcuna stabilizzazione e nemmeno le imprese americane. Vogliono le fluttuazioni, non solo dei prezzi delle azioni, ma anche dei prezzi delle materie prime e del commercio in generale, perché coloro che attualmente controllano il sistema traggono vantaggio da questa instabilità. Se queste personalità non esercitassero tale controllo legalmente, sarebbero probabilmente tentate di impadronirsene attraverso un'insurrezione, come è accaduto nelle società umane del passato. Le rivoluzioni erano alimentate dall'insoddisfazione per i mezzi di sussistenza, con il controllo concentrato nelle mani di una minoranza e la maggioranza che ne pagava il prezzo.

Presidente McFadden. - Ho con me una lettera di un membro del Consiglio della Federal Reserve che è stato citato a comparire qui. Vorrei che fosse messa a verbale. Si tratta del Governatore Cunnigham:

"Signor Presidente,

Nelle ultime settimane sono stato confinato a casa per motivi di salute e mi sto preparando a trascorrere diverse settimane lontano da Washington per accelerare la mia guarigione.

Edward H. Cunnigham

Questa lettera è stata scritta in risposta all'invito inviatogli a rispondere alla nostra commissione. Ho anche una nota di George Harrison, vice governatore della Federal Reserve Bank di New York:

"Caro deputato,

Il Governatore Strong è partito per l'Europa la scorsa settimana. Dall'inizio dell'anno la sua salute è stata deplorevole, ed è stato colpito da un caso molto violento di herpes zoster, che lo ha gravemente indebolito poco dopo la sua comparsa davanti alla vostra commissione lo scorso marzo.

George L. Harrison, 19 maggio 1928".

Vorrei anche che fosse riprodotta nel nostro verbale una dichiarazione pubblicata sul *New York Journal of Commerce* di Washington il 22 maggio 1928:

"Qui, in ambienti ben informati, si assicura che il principale argomento che verrà discusso dal governatore della Federal Reserve Bank di New York Strong durante la sua attuale visita parigina è la concessione di crediti di stabilizzazione a favore di Francia, Romania e Jugoslavia. Una seconda questione cruciale che il signor Strong affronterà è la quantità di oro che la Francia prenderà dal nostro Paese"".

Il presidente McFadden nutriva alcuni dubbi sulla strana patologia di Benjamin Strong, che portarono il 23 maggio 1928 a questa testimonianza del governatore Charles S. Hamlin del Federal Reserve

Board Hamlin del Federal Reserve Board:

"Tutto quello che so è che il governatore Strong è stato molto malato e si è recato in Europa, principalmente - a quanto mi risulta - per motivi medici. Ovviamente, avendo familiarità con le varie sedi delle banche centrali europee, non dovrebbe mancare di fare una visita".

Poche settimane dopo il suo ritorno dall'Europa, il governatore Benjamin Strong morì senza rispondere alla commissione.

Lo scopo di queste audizioni, condotte nel 1928 dalla Commissione per la valuta e le banche della Camera dei Rappresentanti, era quello di esaminare la necessità di adottare il disegno di legge Strong, introdotto dal Rappresentante Strong (un semplice omonimo che non ha alcuna relazione con il finanziere internazionale Benjamin Strong) al fine di conferire alla Federal Reserve i poteri necessari per stabilizzare il potere d'acquisto del dollaro. Carter Glass e Woodrow Wilson avevano in effetti fatto una promessa del genere quando presentarono al Congresso il Federal Reserve Act nel 1912. Una clausola simile era stata diligentemente proposta dal senatore Robert L. Owen nel Federal Reserve Act, ma la commissione bancaria e valutaria guidata da Carter Glass l'aveva respinta. Gli speculatori e gli operatori di borsa si opponevano a un dollaro stabile perché avrebbe impedito loro di raccogliere i profitti. Proprio perché *i trader* avevano creato le condizioni per un'instabilità su scala nazionale, i cittadini americani furono incoraggiati a investire nel mercato azionario durante gli anni Venti.

La legge Strong del 1928 fu respinta dal Congresso.

La situazione finanziaria degli Stati Uniti negli anni Venti era caratterizzata da un'inflazione limitata agli asset speculativi. Questo era l'intento degli operatori del mercato azionario. I prezzi delle materie prime rimasero relativamente bassi, nonostante la sopravvalutazione delle azioni.

Gli acquirenti non si aspettavano che le loro azioni pagassero dividendi. L'idea era di tenerle per un po' di tempo, prima di venderle con un profitto. Come sottolineò Paul Warburg nel marzo 1929, questo giochetto doveva finire prima o poi. Wall Street aspettava che la gente investisse i propri risparmi in titoli sopravvalutati prima di chiudere i battenti. Il Presidente degli Stati Uniti, Calvin Coolidge, sembrò essere complice degli operatori del mercato azionario in uno spettacolo sinistro quando, nel 1927, aumentò la tensione incoraggiando i cittadini americani a continuare ad acquistare azioni sul mercato azionario. I prezzi eccessivi del mercato stavano creando un certo disagio, così i finanzieri usarono la loro influenza per far sì che il Presidente degli Stati Uniti, il Segretario al Tesoro e il Presidente del Consiglio dei Governatori della Federal Reserve rilasciassero ripetute dichiarazioni in cui affermavano che i prestiti dei broker non erano troppo onerosi e che il mercato azionario era sano.

Nel 1927, Irving Fisher avvertì gli americani che la spada di Damocle della stabilizzazione globale dei prezzi sarebbe prima o poi caduta sugli Stati Uniti. La fondazione del Fondo Monetario Internazionale fu uno dei frutti della Seconda Guerra Mondiale, proprio per raggiungere questi obiettivi. Nello stesso anno, il professor Gustav Casel osservò:

> "Il movimento al ribasso dei prezzi non fu il prodotto spontaneo di forze incontrollabili. Era il risultato di una politica deliberata volta a far scendere i prezzi e a rendere più preziosa ogni unità di moneta".

Dopo aver approvato il Federal Reserve Act e averci fatto precipitare nella Prima Guerra Mondiale, negli anni Venti il Partito Democratico si limitò al ruolo di partito di opposizione. Dal punto di vista politico, i Democratici erano in fuorigioco; ma, se si crede alla biografia di Bernard Baruch, questi li ha inondati di ingenti sussidi per garantirne la sopravvivenza finanziaria. Il Partito Democratico era politicamente fuori gioco e le sue possibilità per il 1928 erano ridotte, come dimostra un elemento del suo programma politico adottato ufficialmente il 28 giugno 1928 a Houston:

> "La gestione del Federal Reserve System a beneficio degli speculatori di borsa deve finire. Deve essere gestito per il bene degli agricoltori, dei salariati, dei negozianti, dei produttori e di tutti coloro che lavorano nelle imprese dell'economia reale".

Questa ingenuità assicurò la sconfitta del candidato Al Smith, sponsorizzato da Franklin D. Roosevelt. La campagna contro Al Smith fu costellata anche da manifestazioni di intolleranza religiosa, perché era cattolico. I finanzieri riaccesero l'odio anticattolico in tutto il Paese per far eleggere Herbert Hoover, che era stato il loro protetto fin dalla prima guerra mondiale.

Invece di utilizzare la legge per incoraggiare la stabilità finanziaria negli Stati Uniti, come Woodrow Wilson aveva promesso al momento della sua promulgazione, l'instabilità finanziaria fu costantemente promossa dal Federal Reserve Board. In un rapporto ufficiale redatto dal Consiglio il 13 marzo 1939 si leggeva: "Il Consiglio dei Governatori del Federal Reserve System respinge qualsiasi proposta di stabilizzazione dei prezzi".

Negli anni Venti, il Federal Reserve Board fu strumentalizzato politicamente per facilitare l'elezione dei candidati nominati dai finanzieri. Il 4 agosto 1928, il *Literary Digest* riportò che il Federal Reserve Board aveva aumentato i tassi di interesse del 5% nello stesso anno delle elezioni presidenziali:

"Questo inverte la politica del denaro a basso costo perseguita nel 1927, una politica auspicabile, e offre buone condizioni sul mercato azionario". Questa inversione è stata attaccata dalla *People's Lobby di* Washington, che ha sostenuto: "Questo aumento, in un momento in cui gli agricoltori hanno bisogno di denaro a basso costo per finanziare i prossimi raccolti, è un colpo diretto agli agricoltori che stavano iniziando a riprendersi dalla crisi agricola del 1920-1921".

In questo contesto, *il New York World ha* riportato la notizia:

"Le critiche alla politica del Federal Reserve Board da parte di molti investitori non si basano sul desiderio di far scoppiare la bolla del mercato azionario, ma piuttosto sull'accusa che il Board stesso, attraverso le politiche perseguite nell'ultimo anno, sia totalmente responsabile dell'esistenza stessa di questa bolla.

Nel maggio del 1929, la *North American Review* pubblicò un'analisi severa dei primi quindici anni del Federal Reserve System, scritta da H. Parker Willis, un eminente economista che era stato uno degli autori del Federal Reserve Act e poi primo segretario del Board tra il 1914 e il 1920. Si trattava di una storia di totale disillusione:

"La mia prima conversazione con il neoeletto Presidente Wilson ebbe luogo nel 1912. La nostra discussione si limitò esclusivamente alla riforma bancaria. Gli chiesi se era sicuro di poterne garantire l'amministrazione attraverso una legge appropriata e come avrebbe potuto essere applicata e rispettata. Mi rispose: "Dobbiamo affidarci all'idealismo dello spirito imprenditoriale americano". Si mise a cercare cose affidabili da offrire a questo idealismo americano. Alla fine, tutto questo contribuì realmente a finanziare la Grande Guerra e a cambiare le pratiche bancarie americane. Gli ideali che il Presidente invocava come principi morali vincolanti per i finanzieri e gli imprenditori americani rimasero lettera morta.

Dopo la promulgazione del Federal Reserve Act, abbiamo vissuto la più grave crisi e rivoluzione finanziaria della nostra storia, nel 1920-1921. Abbiamo visto la nostra agricoltura attraversare un lungo periodo di sofferenza, se non di rivoluzione, al termine del quale un milione di agricoltori sono stati privati delle loro aziende a causa della discrepanza tra i prezzi della terra e il curioso stato delle condizioni del credito. Abbiamo attraversato il più lungo periodo di fallimenti bancari mai registrato dalla nostra nazione. Dall'inaugurazione del Federal Reserve System, sono fallite 4.500 banche. In diverse città occidentali sono fallite tutte le banche di un singolo comune e altri istituti continuano a fallire. Le banche affiliate al sistema della Federal Reserve e quelle che ne erano rimaste fuori sono state ugualmente colpite.

La nomina dei membri originari del Consiglio della Federal Reserve su impulso di Wilson non fu felice.

Essi formavano un gruppo eterogeneo selezionato al solo scopo di placare questo o quell'interesse potente. Non sorprende che i più fortunati abbiano usato le loro posizioni per pagare i debiti. Quando il Consiglio esaminò una risoluzione per consentire che i futuri membri del sistema di riserva fossero nominati esclusivamente in base al merito, a causa dell'evidente incompetenza di molti dei presenti, il Comptroller of the Exchequer, John Skelton Williams, si prese la responsabilità di cancellare l'avverbio "esclusivamente" senza perdere il sostegno del Consiglio. L'introduzione di alcune personalità (Warburg, Strauss, ecc.) nell'istituzione era un'opportunità per soddisfare interessi acquisiti, le cui conseguenze si sarebbero rivelate disastrose.

Il Presidente Wilson si è sbagliato, come spesso accade, nel ritenere che l'esercizio di funzioni così importanti avrebbe trasfigurato gli individui che ne erano investiti per il servizio pubblico, in particolare riaccendendo il loro patriottismo. Sotto il presidente Wilson, il Reserve Board toccò il fondo con la nomina di un membro scelto unicamente per la sua capacità di assicurare voti al candidato democratico alla presidenza. Tuttavia, si è scavato un po' di più sotto il presidente Harding, che ha nominato in varie posizioni il suo vecchio amico D. R. Crissinger, tra gli altri politici che potevano essere manipolati a piacimento. Prima della sua morte, Harding aveva fatto tutto il possibile per minare l'istituzione... Da allora, il sistema ha continuato a declinare.

Le Reserve Banks non avevano ancora assunto la loro forma originaria quando divenne chiaro che i finanzieri stavano cercando di strumentalizzarle in modo da rintracciare i loro "figliocci preferiti", ovvero individui che erano unanimemente percepiti come un peso per l'intera comunità finanziaria o incompetenti di ogni tipo. Quando si trattava di scegliere i direttori della Reserve, le banche provinciali si rifiutavano di votare o, quando lo facevano, seguivano i satelliti della City. In questo contesto, il controllo popolare o democratico delle

Reserve Banks era un'impresa ardua. Si sarebbero potuti ottenere buoni risultati se persone oneste, consapevoli dei doveri che incombono loro in virtù della carica pubblica, avessero ereditato questi poteri. La direzione di una delle banche di riserva è ora nelle mani di una persona che non ha mai esercitato una professione bancaria in vita sua, mentre il governatore e il presidente di un'altra sono entrambi ex dirigenti di banche fallite. Essi detengono lo sfortunato record di fallimento nel loro distretto. Nella maggior parte delle regioni di riserva, il criterio di performance riferito agli standard bancari è scandalosamente basso per tutto ciò che riguarda le autorità degli istituti di riserva. Il *modus operandi* della Federal Reserve Bank di Philadelphia è considerato all'interno del sistema come quello del "family and friends banking".

Quando durante la guerra i profitti si accumularono ad un ritmo accelerato, qualcuno ebbe l'idea di utilizzarli per acquistare edifici estremamente costosi. Oggi le Reserve Bank devono spendere ogni anno un buon miliardo di dollari solo per coprire le spese correnti.

Il quadro migliore di ciò che il sistema ha fatto e non ha fatto è fornito dalla prova che la nostra nazione ha vissuto nel maggio 1929 a causa della speculazione. Tre anni prima, il mercato aveva iniziato la sua timida crescita. Nell'autunno del 1926, un cenacolo di finanzieri si riunì attorno a un tavolo in un hotel di Washington; tra loro c'era anche uno dei banchieri più famosi del mondo. Uno dei partecipanti si interrogò sul rischio di incoraggiare la speculazione con i bassi tassi di sconto offerti dal sistema.

"Sì", ha risposto il nostro famoso banchiere, "sarà così, ma non possiamo farci nulla. È il prezzo che dobbiamo pagare per aiutare l'Europa".

Possiamo chiederci se il via libera dato dal Consiglio alla speculazione sia stato il prezzo da pagare per aiutare l'Europa o se sia stato il prezzo da pagare per incoraggiare una certa classe di finanzieri a salvare l'Europa, ma - in ogni caso - le circostanze europee non avrebbero mai dovuto essere prese in considerazione nell'elaborazione delle politiche di sconto della Fed. La verità è che le banche della Federal Reserve non sono in contatto con i nostri cittadini.

I cittadini comuni, dal Maine al Texas, furono gradualmente incoraggiati a investire i loro risparmi nel mercato azionario, con il risultato che la speculazione crebbe a ritmi sempre più elevati e finì per distruggere tutte le buone imprese americane.

Roy A. Young, del Consiglio dei governatori, è stato convocato nel marzo 1928 da una commissione del Senato.

"- Ritiene che i prestiti concessi dai broker siano troppo alti?

- Non posso dire se i prestiti concessi dai broker siano troppo alti o troppo bassi", afferma, "ma sono certo che vengono concessi con la necessaria prudenza e con le dovute garanzie.

Andrew Mellon, Segretario del Tesoro, fece una dichiarazione ufficiale per assicurare alla nazione che i prestiti non erano troppo elevati. Coolidge, sulla base delle informazioni che gli erano state fornite dal Federal Reserve Board, si espresse pubblicamente e inequivocabilmente, affermando che i prestiti non erano troppo alti. Il Consiglio dei Governatori, il cui compito era quello di salvaguardare gli interessi della gente comune, fece tutto il possibile per garantire che la gente comune non dovesse preoccuparsi dei propri risparmi. Tuttavia, il 2 febbraio 1929, il Federal Reserve Board inviò una circolare ai direttori della Fed per metterli in guardia dal grave pericolo rappresentato da una speculazione sfrenata.

Che cosa ci si poteva aspettare da una cerchia di individui come quelli che formavano il Board of Governors, un cenacolo di uomini la cui unica ambizione era quella di distinguersi dalla massa finché non c'era il rischio di scontrarsi con i potenti, che dimostravano un insaziabile appetito per il denaro e gli onori, e la cui massima priorità era quella di 'stare con i grandi geni' che secondo loro incarnavano i maestri della finanza e delle banche in America?".

H. Parker Willis non ha fatto alcun riferimento a Lord Montagu Norman, né agli intrighi della Banca d'Inghilterra che hanno portato al crollo del 1929 e alla Grande Depressione.

CAPITOLO XII

LA GRANDE DEPRESSIONE

R. G. Hawtrey, un economista inglese, ha spiegato nell'*American Economic Review* del marzo 1926:

"Quando gli investimenti esterni superano l'offerta generale di risparmio, si suppone che il mercato degli investimenti sostenga questo surplus prendendo a prestito denaro dalle banche. Una delle soluzioni consiste nel controllare il credito aumentando i tassi bancari".

Il Federal Reserve Board esercitò questo controllo sul credito, ma non lo utilizzò come avrebbe dovuto nel 1926 o quando era opportuno per risolvere un problema. Nulla di simile fu abbozzato fino al 1929, quando i tassi furono aumentati come misura punitiva per eliminare dal mercato tutti gli squali, tranne i grandi.

Nel *Quarterly Journal of Economics* dell'agosto 1928, il professor Cassel era d'accordo:

"Il fatto che una banca centrale non aumenti in tempo il tasso bancario sulla base della situazione reale del mercato dei capitali aumenta notevolmente il potere della marcia ciclica dell'economia, con tutte le sue conseguenze dannose per le economie nazionali. Una regolamentazione ragionevole dei tassi bancari è in nostro potere, e può essere realizzata solo se ne comprendiamo la necessità e se vogliamo davvero percorrere questa strada.

Le condizioni favorevoli all'aspetto ciclico dell'economia sarebbero notevolmente attenuate e i cicli economici che stiamo vivendo sarebbero davvero messi in secondo piano, grazie a un tasso bancario modulato in base a queste considerazioni."

Questa è la migliore introduzione possibile alla natura artificiale delle crisi economiche. Il verificarsi del Panico del 1907, della Crisi

Agricola del 1920 e della Grande Depressione del 1929, ciascuno in un periodo di abbondanti raccolti e periodi di prosperità, suggerisce che questa introduzione non è affatto un'ipotesi gratuita. Lord Maynard Keynes osservò che la maggior parte delle teorie sui cicli economici non riuscivano a collegare correttamente le loro analisi ai meccanismi monetari. Qualsiasi analisi o discussione di una crisi che non elenchi i suoi fattori, come i movimenti dei metalli preziosi o le pressioni sui tassi di cambio, è inutile. Eppure gli economisti americani hanno sempre cercato di evitare questo problema...

Già nel 1928, la Società delle Nazioni realizzò il suo obiettivo di consumare il ritorno degli Stati europei al gold standard, in un momento in cui tre quarti dell'oro mondiale si trovava in Francia e negli Stati Uniti. Occorreva quindi trovare un accordo per trasferire questo oro ai Paesi che ne avevano bisogno per la loro moneta e il loro credito. La risposta arrivò sotto forma di Federal Reserve System.

In seguito all'incontro segreto del Consiglio dei Governatori con i rappresentanti delle banche centrali europee nel 1927, le banche della Federal Reserve raddoppiarono in pochi mesi le loro disponibilità di titoli e accettazioni governative, innescando esportazioni di oro per un valore di 500.000.000 di dollari solo in quell'anno. Le operazioni di borsa della Fed favorirono la caduta quotidiana del prezzo dell'argento, mentre l'oro lasciava l'America. Allo stesso tempo, gli stranieri approfittarono dei bassi tassi di interesse per acquistare grandi quantità di titoli del Tesoro americano.

"In base all'accordo sancito molti mesi prima dalla Banca d'Inghilterra e dal Federal Reserve Board di Washington, gli Stati Uniti autorizzarono l'esportazione di 725.000.000 di dollari d'oro, permettendo così alla Francia e all'Europa di stabilizzare le loro valute e incoraggiando la Francia ad aderire al sistema del gold standard[121] " (20 aprile 1928).

Il 6 febbraio 1929, Montagu Norman, governatore della Banca d'Inghilterra, si recò a Washington per un colloquio con Andrew Mellon, segretario al Tesoro. Subito dopo questa enigmatica visita, il Federal Reserve Board cambiò bruscamente la sua prassi e tornò a una politica di alti tassi di sconto, accantonando la politica del "denaro a buon mercato" inaugurata nel 1927 dopo un altro viaggio di Norman. Il crollo del mercato azionario e la deflazione della struttura finanziaria

---

[121]Clarence W. Barron, *They Told Barron*, New York, Harpers, 1930, p. 353.

della nazione americana erano previsti per marzo. Per innescare il meccanismo, Paul Warburg inviò una comunicazione ufficiale agli operatori di borsa invitandoli a ritirarsi dal mercato. Nella relazione annuale agli azionisti della sua Bank of International Acceptance, Warburg commentò nel marzo 1929:

> "Se permettiamo che la follia della speculazione senza limiti si diffonda, il crollo che ne deriverà colpirà sicuramente gli stessi speculatori da un lato, e il Paese nel suo complesso dall'altro, attraverso una crisi generalizzata".

Warburg riteneva che non si dovesse fare alcun commento sullo stato del mercato azionario durante tre anni di "speculazione sfrenata". Il *New York Times*, uno dei giornali preferiti da Warburg, mise a disposizione due colonne in prima pagina per la relazione e fece un editoriale sull'acume e la sagacia delle osservazioni di Paul Warburg. La preoccupazione di Warburg poteva essere sincera, dato che la bolla del mercato azionario era andata ben oltre le sue previsioni: i finanzieri temevano quindi le possibili conseguenze se gli americani si fossero resi conto di quanto stava accadendo. La copertura mediatica del *New York Times* scatenò un'improvvisa ondata di vendite sul mercato azionario e cominciò a gettare nel panico i banchieri, per cui si decise di calmare i mercati in un modo o nell'altro. La National City Bank di Warburg iniettò quindi 25.000.000 di dollari di liquidità di emergenza nel mercato monetario a breve termine per evitare che il crollo si consumasse.

Anche se può sembrare sorprendente, la vera decisione del Consiglio della Federal Reserve di provocare il crollo del 1929 fu pubblicata sul *New York Times*. Il titolo del 20 aprile 1929 recitava: "Il comitato consultivo della Fed si riunisce d'urgenza. Un'aria di mistero aleggia sulle discussioni a Washington. Le risoluzioni sono state approvate da questo comitato e poi riferite al Consiglio dei Governatori, ma il loro scopo è gelosamente custodito. Un'atmosfera di impenetrabile mistero caratterizza questi dibattiti, sia da parte dei governatori che del comitato consultivo. Durante questa sessione straordinaria è stata presa ogni precauzione per proteggere gli scambi. Ai corrispondenti del nostro giornale sono state date solo risposte evasive.

Solo la "cerchia ristretta" della London Connection era a conoscenza del fatto che durante questo "misterioso incontro" era stato concordato di soffiare sulla più grande bolla speculativa della storia americana. I pochi addetti ai lavori cominciarono a disfarsi delle loro azioni speculative e a investire il ricavato in titoli di Stato. Gli altri, che non erano al corrente, compresi alcuni dei più ricchi individui americani, mantennero le loro azioni speculative e persero tutti i loro beni.

Il colonnello Curtis B. Dall, un broker di Wall Street dell'epoca, scrisse del crollo in *FDR: My Exploited Father-in-Law*: "In realtà, si trattò di una deliberata "spennata" del pubblico in generale da parte dei poteri finanziari internazionali, provocata da un'improvvisa ma programmata carenza di offerta di denaro a brevissimo termine sul mercato monetario di New York[122] ". Durante la notte, il Federal Reserve System fissò il tasso di interesse overnight al 20%. Non potendo permettersi tali tassi, l'unica opzione rimasta agli speculatori era quella di gettarsi dalla finestra.

Il tasso della Federal Reserve Bank di New York, che fissava la legge per i tassi di interesse nazionali, salì al 6% il 1er novembre 1929. Scese all'1,50% l'8 maggio 1931, dopo il fallimento degli investitori. In *A Primer On Money*, il rappresentante Wright Patman spiegò che la massa monetaria si era contratta di 8.000.000.000 di dollari tra il 1929 e il 1933, causando il fallimento definitivo di 11.630 delle 26.401 banche degli Stati Uniti.

Il 6 febbraio 1929, il Federal Reserve Board aveva già avvertito gli azionisti delle Reserve Banks che era giunto il momento di uscire dal mercato, ma non si era preoccupato di avvertire in alcun modo il resto della popolazione... A parte i finanzieri di Wall Street che erano al comando, nessuno aveva idea di cosa stesse succedendo.

Anche il *Quarterly Journal of Economics* ha osservato:

> "È stato sollevato il problema, non solo in America, ma anche in diversi Stati europei, se le statistiche doganali registrino accuratamente il movimento di metalli preziosi, dato che l'affidabilità di queste cifre si è rivelata molto scarsa durante un'indagine in materia. Ad esempio, qualsiasi trasferimento tra Francia e Inghilterra avrebbe dovuto essere registrato in ciascuno di questi due Paesi, ma un confronto tra le loro statistiche rivela una differenza media annua tra i 50.000.000 F della Francia e gli 80.000.000 F dell'Inghilterra. Questa colossale discrepanza è inconcepibile.

---

[122]Colonnello Curtis B. Dall, *FDR: My Exploited Father-in-Law*, Washington, Liberty Lobby, 1970.

Reginald McKenna ha argomentato:

"Un'analisi della relazione tra la variazione dei depositi d'oro e l'ampiezza dei suoi movimenti sui prezzi rivela ciò che era ovvio e che tuttavia rimane largamente ignorato: non c'è nulla di automatico nel gold standard! Il gold standard può essere gestito e controllato efficacemente solo a beneficio di un piccolo club di operatori internazionali, ed è quello a cui stiamo assistendo.

Nell'agosto 1929, il Federal Reserve Board fissò il suo tasso al 6%. Il mese successivo, la Banca d'Inghilterra alzò il suo tasso di riferimento dal 5,5% al 6,5%. Nel numero di settembre 1929 della *Review of Reviews*, il dottor Friday dichiarò di non essere in grado di trovare un motivo valido per la decisione della Fed:

"La risoluzione della Federal Reserve del 7 agosto 1929 dimostra che non c'è alcun segno di carenza nelle necessità dell'autunno. Le risorse auree sono infinitamente superiori a quelle dell'anno scorso e l'oro continua ad affluire, con grande disappunto di Germania e Inghilterra. Le ragioni del comportamento del Consiglio direttivo devono essere ricercate altrove. L'unico indizio reso noto al pubblico è che "la questione ha dato luogo a difficoltà, a causa di circostanze particolari". Tutte le ragioni addotte l'anno scorso dal governatore Young per il taglio dei tassi bancari restano valide anche oggi. Da un lato, l'aumento dei tassi dimostra che è pericoloso risucchiare oro dall'estero, dall'altro che le importazioni di metalli preziosi sono aumentate negli ultimi quattro mesi. Agire per incrementarle equivale ad assumersi la responsabilità di una contrazione globale del credito.

Così vediamo che il sistema della Federal Reserve, già responsabile della Prima Guerra Mondiale, resa possibile dal finanziamento degli Stati Uniti agli Alleati, ha dato vita anche alla crisi mondiale del 1929-1931. Durante l'inchiesta del Senato sul Consiglio dei Governatori della Federal Reserve nel 1931, il governatore Adolph C. Miller disse:

"Se non avessimo avuto questo sistema della Federal Reserve, prima di tutto penso che non avremmo mai avuto una situazione di speculazione così dannosa".

Carter Glass rispose: "Lei ha chiaramente dimostrato che il Consiglio dei Governatori della Federal Reserve ha prodotto una terrificante espansione del credito attraverso queste operazioni di mercato aperto".

Emmanuel Goldenweiser ha dichiarato: "Nel 1928-1929, il

Consiglio della Fed iniziò un tentativo di limitare la rapida crescita dei prestiti quotati in borsa e della speculazione borsistica. La prosecuzione di questa politica restrittiva fu tuttavia ostacolata dalla riduzione, nell'autunno del 1928 e di nuovo nell'estate del 1929, dei tassi di interesse applicabili ai buoni del Tesoro".

J. P. Morgan e la Kuhn, Loeb Co. avevano le loro "liste preferenziali" di persone a cui venivano inviate le notifiche di transazioni lucrative. I fortunati inseriti in questi elenchi preferenziali potevano così acquistare le azioni al prezzo di costo, cioè dal 2 al 15% in meno rispetto a quello di vendita al pubblico. In questi elenchi troviamo colleghi della finanza, grandi industriali, politici influenti legati alla City, membri del Congresso (sia repubblicani che democratici) che siedono in varie commissioni, nonché leader di Stati esteri. Queste persone furono avvertite dell'imminente crollo e vendettero tutte le loro azioni, ad eccezione di quelle note come "oro": General Motors, DuPont e altre. Anche i prezzi di queste azioni sono crollati, toccando record negativi, per poi riprendersi molto rapidamente.

Il *modus operandi dei* finanzieri nel 1929 è evidenziato in un articolo di *Newsweek del* 30 maggio 1936, relativo alle dimissioni dal Federal Reserve Board di Ralph W. Morrison, nominato da Roosevelt:

"L'opinione unanime è che il Federal Reserve Board abbia perso un brav'uomo. Aveva venduto a Insull le sue azioni delle infrastrutture texane per 10.000.000 di dollari, poi nel 1929 organizzò una riunione per dare istruzioni alle sue banche di liquidare tutti i prestiti che avevano fatto sui loro titoli al più tardi entro il 1^{oer} settembre: di conseguenza, superarono la crisi senza problemi".

Era prevedibile che tutti i grandi finanzieri avrebbero superato la crisi "senza problemi". A soffrire furono gli operai e gli agricoltori che avevano investito i loro risparmi nel mercato azionario per arricchirsi rapidamente, come erano stati convinti a fare dal Presidente degli Stati Uniti Coolidge e dal Segretario del Tesoro Andrew Mellon.

Nel Regno Unito c'erano stati degli avvertimenti sull'imminente crollo, ma la stampa americana non li aveva quasi mai ripresi. Il 25 maggio 1929, *The London Statist* avvertì: "Negli Stati Uniti, le autorità finanziarie stanno con ogni probabilità invocando un panico economico per frenare la speculazione".

Nel suo numero dell'11 maggio 1929, *l'Economist di Londra* prevedeva: "I rischi dell'anno scorso corrispondevano alla comparsa di una nuova tecnica che, se mantenuta in uso e sviluppata, avrebbe potuto rendere possibile 'razionare lo speculatore senza danneggiare il commerciante'".

Il governatore Charles S. Hamlin citò questa frase durante le udienze al Senato nel 1931 per avvalorare la sua affermazione: "Era opinione di diversi membri del Consiglio dei Governatori: addolcire i crediti della Federal Reserve per gli speculatori, ma senza spremere gli investitori".

Il governatore Hamlin non specificò che gli "speculatori" che volevano uccidere non erano altro che gli insegnanti e i commercianti delle piccole città che avevano investito i loro beni nel mercato azionario, né che gli "investitori" che voleva proteggere erano i principali trader di Wall Street: Bernard Baruch e Paul Warburg.

Quando il 9 agosto 1929 la Federal Reserve Bank di New York portò i tassi d'interesse al 6%, il cattivo stato di salute del mercato azionario era già evidente, e la crisi esplose quando, tra il 24 ottobre e il novembre, furono emessi ordini di vendita in quantità impressionanti, spazzando via titoli per un valore di 160.000.000 di dollari. Cioè 160.000.000 di dollari detenuti da cittadini statunitensi un mese e spariti il mese successivo. Possiamo immaginare la portata di questa catastrofe se consideriamo che il colossale deflusso di denaro e merci durante la Seconda Guerra Mondiale fu di poco superiore a 200.000.000 di dollari, gran parte dei quali rimasero sotto forma di titoli negoziabili del debito nazionale. Questo crollo del mercato azionario è stato quindi la più grande disgrazia mai subita dagli Stati Uniti.

In occasione della sua riunione annuale del gennaio 1930, l'Accademia di Scienze Politiche della Columbia University produsse una relazione autoptica sul crollo del 1929. Il suo vicepresidente Paul Warburg avrebbe dovuto presiedere i dibattiti, nei quali il suo amministratore Ogden Mills avrebbe svolto un ruolo fondamentale. Tuttavia, queste due personalità preferirono essere esonerate. Il professore di Harvard Oliver M. W. Sprague ha commentato così il crollo: "Quello che abbiamo qui è un notevole caso da manuale di caduta del mercato azionario, presumibilmente sotto il suo stesso peso.

Si è sostenuto che non c'è stata una stretta creditizia come nel 1893, né una carenza di denaro come nel panico del 1907, quando furono necessarie le camere di compensazione, né un crollo dei prezzi delle materie prime come nel 1920. Cosa ha causato il crollo? Gli investitori avevano acquistato azioni a prezzi elevati nella speranza che i prezzi continuassero a salire. I prezzi erano destinati a scendere, e così è stato. Per gli economisti e i finanzieri riuniti intorno ai loro drink e sigari all'Hotel *Astor*, era ovvio che la colpa fosse del pubblico. Senza dubbio avevano commesso un errore acquistando azioni sopravvalutate, ma va ricordato che tutte le figure di spicco - dal Presidente degli Stati Uniti in giù - li avevano esortati a farlo. I periodici nazionali, i principali quotidiani, i banchieri, gli economisti e i politici di spicco avevano alimentato questo grande delirio di esortare gli americani a comprare azioni sopravvalutate. La gente iniziò a uscire dal mercato quando la Federal Reserve Bank di New York alzò il tasso di interesse di riferimento al 6% nell'agosto del 1929, provocando un panico che portò i prezzi delle azioni ben al di sotto dei loro livelli naturali. Come per i panici precedenti, anche questo ha permesso a Wall Street e agli insider stranieri di ereditare in modo fraudolento titoli a un valore molto inferiore a quello reale.

Il crollo del 1929 fu anche l'occasione per formare gigantesche holding - come la Marine Midland Corporation, la Lehman Corporation e la Equity Corporation - che raccoglievano questi titoli e obbligazioni a basso costo. Nel 1929, la J. P. Morgan Company creò un trust agroalimentare senza precedenti: Standard Brands. I monopolisti avevano trovato un'opportunità senza precedenti per espandere e consolidare le loro partecipazioni.

Emmanuel Goldenweiser, direttore della ricerca del Federal Reserve System, confidò nel 1947: "A posteriori, è ovvio che il Consiglio dei Governatori avrebbe dovuto ignorare lo sviluppo della speculazione e lasciarla crollare da sola".

Ammettere questo errore 18 anni dopo il fatto è stata una magra consolazione per tutti coloro che hanno perso i loro risparmi durante la crisi.

Il crollo di Wall Street del 1929 scatenò una stretta creditizia mondiale che durò fino al 1932, dalla quale le democrazie si ripresero solo per riarmarsi in vista della Seconda guerra mondiale. Durante la crisi, i banchieri rafforzarono ulteriormente il loro controllo con il sostegno di tre noti truffatori: i fratelli Sweringen, Samuel Insull e Ivar Kreuger. Questi individui accumularono miliardi di dollari in titoli che avevano raggiunto livelli astronomici. I finanzieri che li avevano incoraggiati e che avevano lanciato le loro azioni in borsa avrebbero potuto fermarli in qualsiasi momento, chiedendo la restituzione dei prestiti di meno di 1.000.000 di dollari che avevano concesso loro, ma lasciarono che questi mercanti di titoli continuassero la loro avventura fino a incorporare innumerevoli proprietà industriali e finanziarie in holding - che poi le banche raccoglievano per poco. Insull era specializzato in partecipazioni infrastrutturali in tutto il Medio

Occidente, che le banche raccoglievano a un prezzo quasi nullo rispetto al loro valore reale. Ivar Kreuger era dietro la Lee Higginson Company, una delle più note società bancarie americane. *Il Saturday Evening Post* lo definì "più di un colosso finanziario", mentre la rivista inglese *Fortnightly* osservò in un articolo del dicembre 1931 intitolato "A Chapter in Constructive Finance": "È come irrigatore finanziario che Kreuger è diventato di importanza cruciale per l'Europa[123] ".

Se non andiamo errati, il titolo di "irrigatore finanziario" fu dato a Jacob Schiff dalla *rivista Newsweek*, quando descrisse come avesse usato il denaro dei Rothschild per rilevare le ferrovie americane.

Il 25 gennaio 1933 *il New Republic* commentò in una nota la Lee Higginson Company, che inondò il mercato americano di titoli di Kreuger e Toll:

"Su 1.000.000.000 di dollari, tre quarti sono stati sottratti. Chi è stato in grado di ordinare alla polizia francese di tacere per diverse ore su questo suicidio di importanza cruciale, giusto il tempo di permettere a un certo individuo di vendere le azioni che possedeva nelle società Kreuger, uscendo così dal mercato prima del fragore?".

Il Federal Reserve Board avrebbe potuto e dovuto controllare l'immenso e crescente credito attribuito a Insull e Kreuger esaminando le garanzie che essi offrivano a fronte dei loro prestiti, ma i governatori non hanno praticamente analizzato le operazioni di questi due strani personaggi.

In virtù delle agevolazioni creditizie che offre, il moderno sistema bancario offre l'opportunità - finora sconosciuta agli speculatori come Kreuger - di far credere di avere un capitale abbondante, che in realtà si basa su un capitale preso a prestito. Questo spinge lo speculatore ad acquistare altri titoli da titoli. La quantità di questi ultimi è limitata solo dalla soglia in cui le banche non lo sosterranno più. Quando uno speculatore è appoggiato da un istituto bancario rispettabile, come lo era la Lee Higginson Company per Kreuger, l'unico modo per fermarlo

---

[123]Ricordiamo che Ivar Kreuger era ospite fisso alla Casa Bianca del suo vecchio amico Presidente Herbert Hoover. Sembra che Hoover abbia mantenuto rapporti cordiali con molti dei noti truffatori del XXe secolo, compreso il suo complice Émile Francqui. Samuel Untermyer, l'ex consulente delle audizioni della Commissione Pujo, fu responsabile delle indagini giudiziarie sulla frode Kreuger, valutata in 1.000.000.000 di dollari.

sarebbe quello di indagare sulle sue reali risorse finanziarie, che - nel caso di Kreuger - erano pari a zero.

Herbert Hoover governò il popolo americano durante il crollo del 1929 e la conseguente crisi. Il Presidente Hoover disse dopo il primo crollo del mercato (il 24 ottobre 1929, quando sparirono 5.000.000.000 di dollari): "La base economica della nostra nazione, la produzione e la distribuzione di beni, poggia su fondamenta solide e prospere".

Andrew Mellon, il suo segretario al Tesoro, seguì l'esempio il 25 dicembre 1929: "I mercati pubblici sono in una situazione sana". Tuttavia, la Aluminium Company of America, la sua azienda, stava chiaramente andando meno bene, visto che aveva tagliato del 10% le retribuzioni di tutti i suoi dipendenti.

Il New York Times riportò questa informazione il 7 aprile 1931:

"Montagu Norman, governatore della Banca d'Inghilterra, ha incontrato oggi il Consiglio della Federal Reserve. Erano presenti Mellon, Meyer e George L. Harrison (governatore della Federal Reserve Bank di New York)".

All'epoca, la London Connection aveva incaricato Norman di garantire che la Grande Depressione fosse rispettata. Il rappresentante McFadden si lamentò, come riportato dal *New York Times* il 4 luglio 1930: "Il prezzo dei beni è tornato ai livelli del 1913. I salari sono stati abbassati da un'offerta di lavoro in eccesso rappresentata dai nostri 4.000.000 di disoccupati. La presa di Morgan sul Federal Reserve System si consuma attraverso il suo dominio sulla Federal Reserve Bank di New York, per non parlare della mediocrità delle autorità dell'istituzione e della benevolenza del Federal Reserve Board di Washington". Più la crisi si aggravava, più si stringeva la morsa dei monopolisti sull'economia americana, ma nessuno denunciava i banditi che controllavano l'intero sistema.

CAPITOLO XIII

GLI ANNI '30

Nel 1930, Herbert Hoover nominò Eugene Meyer, J^r, un vecchio amico della Grande Guerra, nel Consiglio dei Governatori della Federal Reserve. Il suo curriculum al servizio della nazione risale al 1915, quando era socio di Bernard Baruch nella Alaska-Juneau Gold Mining Company. Meyer era stato consigliere speciale del Comitato per le industrie belliche per i metalli non ferrosi (oro, argento, ecc.) e assistente speciale del Ministro della Guerra per la produzione di aerei. Nel 1917 fu nominato membro della Commissione nazionale sui risparmi di guerra e tra il 1918 e il 1926 divenne presidente della War Finance Corporation. Hoover lo catapultò nel Consiglio della Federal Reserve nel 1930 e Franklin D. Roosevelt istituì la sua Banca per la ricostruzione e lo sviluppo nel 1946.

Meyer doveva essere un individuo di straordinaria abilità per essere stato incaricato di una carica così alta... Tuttavia, diversi senatori ritenevano che non avrebbe mai dovuto ereditare alcuna responsabilità governativa, a causa della storia della sua famiglia, alcuni dei cui membri erano stati mercanti d'oro internazionali, e anche a causa delle sue dubbie operazioni in titoli di Stato durante la Prima Guerra Mondiale, in operazioni multimiliardarie. Per questo motivo il Senato organizzò delle audizioni per stabilire se Meyer potesse essere autorizzato a presiedere il Federal Reserve Board.

Nel corso di queste audizioni è intervenuto il rappresentante Louis T. McFadden, presidente della commissione bancaria e valutaria della Camera:

> "Fin dall'inizio del suo servizio pubblico, nel 1917, Eugene Meyer, J^r, ha costruito la sua squadra. Il suo entourage della War Finance Corporation rilevò il Federal Farm Loan System e, quasi immediatamente dopo, la Kansas City Join Stock Land Bank e la Ohio Joint Stock Land Bank dichiararono bancarotta.

Rappresentante Rainey. - Quando Meyer si dimise simbolicamente dalla sua posizione al vertice del Federal Farm Loan Committee, non cessò affatto le sue attività. Alle sue spalle aveva lasciato un efficace gruppo di demolitori. Essi continuarono la sua politica, prendendo ordini da lui. Prima della sua promozione, era in contatto frequente con Dewey, Assistente del Segretario del Tesoro. Poco prima della sua nomina, la Chicago Joint Land Stock Bank, la Dallas Joint Land Stock Bank, la Kansas City Joint Land Stock Bank e la Des Moines Land Bank operavano tutte correttamente, con obbligazioni vendute alla pari. L'allora Commissario all'Agricoltura aveva concordato con il Segretario Dewey che nulla poteva essere fatto senza la consultazione e l'approvazione del Federal Farm Loan Committee. Pochi giorni dopo, gli *sceriffi* degli Stati Uniti entrarono nelle banche, se necessario con le pistole spianate, per chiedere la restituzione delle banche. La notizia di questo evento si diffuse in tutta l'America su istigazione della stampa e le banche si trovarono in rovina. Ciò portò al rimpasto del vecchio Federal Farm Loan Committee, alle dimissioni di tre dei suoi membri e alla nomina di Meyer come presidente.

Senatore Carey. - Chi ha dato agli *sceriffi* il permesso di sequestrare questi stabilimenti?

Rappresentante Rainey. - Assistente del Segretario del Tesoro Dewey. Fu l'inizio della fine per tutte le banche rurali, che Giannini acquistò a piene mani".

World's Work ha riferito nel numero di febbraio 1931:

"Quando nel 1917 iniziò la Grande Guerra, Eugene Meyer, J^r, fu tra i primi ad essere chiamato a Washington. Nell'aprile del 1918, il Presidente Wilson lo nominò a capo della War Finance Corporation, che prestò 700.000.000 di dollari a banche e istituzioni finanziarie.

Ecco la continuazione delle audizioni del Senato su Eugene Meyer, J $:^r$

"**Rappresentante McFadden**. - L'istituto bancario internazionale di New York e Parigi Lazard Frères era la casa finanziaria della famiglia Meyer. Essa compare regolarmente nelle importazioni ed esportazioni di oro, mentre una delle competenze principali del Federal Reserve System riguarda il movimento di metalli preziosi nell'esercizio dei suoi vari poteri. Giovedì scorso, il senatore Fletcher ha posto questa domanda al signor Meyer: "Ha qualche legame con gli affari finanziari internazionali?". Meyer ha risposto: "Io? Non a titolo personale". Eppure, se guardiamo i verbali di quelle audizioni, quella domanda e la relativa risposta sono assenti dalla trascrizione dattiloscritta. Il senatore Fletcher ricorda molto bene la domanda e la risposta. Questa assenza è quantomeno strana...

Senatore Brookhart. - Mi sembra di capire che l'onorevole Meyer l'abbia riletta e corretta.

Rappresentante McFadden. - Meyer è il cognato di George Blumenthal, membro della J. P. Morgan Company, che rappresenta gli interessi dei Rothschild. È stato anche un collegamento tra il governo francese e J.P. Morgan. Edmund Platt, che aveva ancora otto anni di mandato come governatore del Federal Reserve Board, si è dimesso, lasciando il posto vacante a Meyer. Alfred A. Cook, cognato di Meyer, offrì a Platt la vicepresidenza della Marine Midland Corporation. In qualità di direttore della War Finance Corporation, Eugene Meyer, J^r, piazzò 2.000.000.000 di dollari in titoli di Stato, molti dei quali furono inizialmente ordinati a istituti bancari ora situati al 14 di Wall Street, all'indirizzo di Eugene Meyer, J^r, in persona. Il signor Meyer è ora uno dei principali azionisti della Allied Chemical Corporation. Richiamo la vostra attenzione sul Rapporto della Camera n. 1635, 68e Congresso, 2e sessione, che rivela che almeno 24.000.000 di dollari in buoni del Tesoro sono stati duplicati. Buoni del Tesoro per un valore di 10.000.000 di dollari sono stati distrutti di nascosto. La nostra commissione per il settore bancario e valutario ha riscontrato che le prestazioni della War Finance Corporation sotto Eugene Meyer, J^r, sono state particolarmente carenti. La nostra commissione ha scoperto che i registri contabili ufficiali presentati alla nostra commissione e riferiti ogni notte al Tesoro dai responsabili venivano manomessi".

Il suo record di servizio alla nazione non ha impedito a Eugene Meyer, J^r, di continuare a servire il popolo americano nel Consiglio della Federal Reserve, come presidente della Reconstruction Finance Corporation e come capo della Banca Internazionale.

Alla domanda sul perché avesse improvvisamente deciso di avvalersi delle competenze di Edmund Platt, il presidente della Marine Midland Corporation Rand ha risposto: "Paghiamo il signor Platt 22.000 dollari all'anno e, naturalmente, abbiamo anche assunto la sua segretaria" - un extra di 5.000 dollari all'anno.

Il senatore Brookhart dimostrò che Eugene Meyer, J^r, aveva amministrato il Federal Farm Loan Committee contro gli interessi degli agricoltori americani: "Dei 500.000.000 di dollari di capitale a disposizione dell'istituzione, il signor Meyer non ha mai prestato più di 180.000.000 di dollari, il che dimostra che non era in grado di utilizzare nemmeno la metà dei fondi destinati ad aiutare gli agricoltori.

Signor Meyer. - Il senatore Kenyon mi ha scritto una lettera in cui elogia la mia collaborazione nell'interesse dei cittadini dell'Iowa.

Senatore Brookhart. - Lei è andato lì per adottare pubblicamente un atteggiamento contrario a quello dei banchieri di Wall Street. I banchieri di Wall Street nominano sempre qualcuno per fare questo lavoro. Non ho ancora visto nulla in ciò che lei ha detto che indichi la volontà di concedere prestiti agli agricoltori in generale, o anche solo uno sforzo genuino per migliorare le loro condizioni. In relazione al capitale a sua disposizione, lei ha concesso pochissimi prestiti nei due anni in cui è stato a capo del Comitato federale per i prestiti agricoli. Secondo le sue stesse parole, lei ha concesso solo un ottavo delle richieste.

Nonostante queste prove schiaccianti emerse durante le audizioni del Senato, Eugene Meyer, Jr, mantenne il suo posto nel Consiglio della Federal Reserve.

Louis McFadden, presidente della Commissione bancaria e valutaria della Camera, continuò la sua solitaria crociata contro la London Connection, che aveva messo sottosopra la casa americana. McFadden si rivolse alla Camera dei Rappresentanti il 10 giugno 1932:

"Molti credono che le banche della Federal Reserve siano istituzioni governative degli Stati Uniti. Ma non sono istituzioni governative. Sono monopoli creditizi privati, che sfruttano il popolo americano per i propri profitti e per quelli delle loro filiali estere. Le Federal Reserve Banks sono i corrispondenti delle banche centrali straniere. Come disse Henry Ford: "L'unico obiettivo di questi finanzieri è controllare il mondo intero attraverso la creazione di debiti inestinguibili". Il fatto è che il Federal Reserve Board ha usurpato il potere degli Stati Uniti monopolizzando avidamente il loro credito, abilmente sfruttato dal Federal Reserve Board e dalle banche".

Il 13 gennaio 1932, McFadden presentò una risoluzione per l'impeachment del Consiglio dei governatori della Federal Reserve a causa di una "cospirazione criminale":

"Li accuso, individualmente e collettivamente, dei reati di cospirazione e tradimento, di operare contro la pace e la sicurezza dell'America e di cospirare per distruggere il governo costituzionale degli Stati Uniti. La Commissione giudiziaria è autorizzata a indagare (nel suo complesso o attraverso una sottocommissione) sulla gestione ufficiale del Consiglio dei governatori del Sistema della Federal Reserve e dei suoi agenti per determinare, a giudizio di detta Commissione, se gli imputati sono colpevoli di un alto crimine o di un misfatto che, come previsto dalla Costituzione, richiederebbe l'intervento delle prerogative costituzionali della Camera dei Rappresentanti".

La risoluzione rimase inascoltata, ma McFadden tornò nella mischia il 13 dicembre 1932, questa volta con un procedimento di impeachment contro il presidente Herbert Hoover. Solo cinque deputati lo seguirono... e la sua risoluzione fu sconfitta. Il leader della maggioranza repubblicana alla Camera dei Rappresentanti disse: "Louis McFadden è ormai politicamente morto".

Il 23 maggio 1933, McFadden introdusse la sua House Resolution No. 158 "Articles of Impeachment" contro il Segretario del Tesoro, due Assistenti del Segretario del Tesoro, il Consiglio dei Governatori della Federal Reserve e i funzionari e gli ufficiali delle banche della Fed per la loro responsabilità e collusione nello scatenare la Grande Depressione:

"Li accuso di aver sottratto illegalmente 80.000.000.000 di dollari al governo degli Stati Uniti nel 1928, di aver rilanciato illegalmente un'azione di rimborso a spese del Tesoro degli Stati Uniti per un valore di 80.000.000.000 di dollari nel 1928 e negli anni successivi, e di aver derubato il governo e il popolo degli Stati Uniti rubando e disponendo delle loro riserve auree".

La risoluzione non fu mai presa in considerazione dall'assemblea. A Washington si diffuse la voce che McFadden aveva perso l'uso del cervello; alle elezioni generali che seguirono, fu sonoramente sconfitto grazie a migliaia di dollari versati nel suo collegio elettorale di Canton, in Pennsylvania.

Nel 1932, il popolo americano elesse Franklin D. Roosevelt alla Casa Bianca. La sua elezione fu salutata come una liberazione per il popolo degli Stati Uniti dalle influenze negative che avevano portato alla Grande Depressione. Fu vista come la fine del dominio di Wall Street e la scomparsa del cane da guardia finanziario di Washington.

Roosevelt deve la sua carriera politica a uno scherzo del destino. In qualità di Assistente Segretario della Marina durante la Prima Guerra Mondiale, si era fatto avanti - in virtù di vecchi legami forgiati al college e all'università - per interrompere i procedimenti contro una serie di invertiti nella Marina, tra cui alcuni suoi ex compagni di classe di Groton e Harvard. Questo intervento gli valse la simpatia di una coorte internazionale di omosessuali facoltosi, di cui conservò il favore e che avevano peso a New York e a Parigi. Tra questi c'era Bessie Marbury, appartenente a una nota famiglia di New York. La "moglie" di Bessie, che aveva vissuto con lei per molti anni, era Elsie de Wolfe, che in seguito divenne Lady Mendl attraverso un matrimonio di convenienza. Era lei l'arbitro di questo piccolo mondo internazionalista. Bessie ed Elsie misero gli occhi su Anne Morgan - la più giovane delle figlie di J.P. Morgan - e la reclutarono nella loro cerchia, usando la sua fortuna per restaurare Villa Trianon vicino a Parigi, che divenne il loro quartier generale. La villa fu utilizzata come ospedale durante la Prima guerra mondiale. Bessie Marbury voleva ottenere la Légion d'Honneur dal governo francese, ma J. P. Morgan, J^r, che la odiava perché aveva corrotto la sorella minore, chiese al governo di rifiutarle la decorazione. Infuriata per questo fallimento, Bessie Marbury entrò in politica e divenne una figura influente del Partito Nazionale Democratico degli Stati Uniti. Tra gli altri, si circondò di Eleonore Roosevelt e, durante una passeggiata a Hyde Park, Eleonore le confidò di essere alla disperata ricerca di un'occupazione per il suo "povero Franklin", costretto su una sedia a rotelle e in preda alla depressione.

So cosa faremo!" esclamò Bessie. Lo candideremo a governatore dello Stato di New York! Grazie alla sua influenza, Bessie portò a termine la sua missione e Roosevelt fu poi eletto Presidente degli Stati Uniti.

Earl Bailie, della J. & W. Seligman Company, fu una delle persone che Roosevelt portò a New York. Lo nominò consigliere speciale del Tesoro. Deve la sua fama alla busta da 415.000 dollari consegnata a Juan Leguia, figlio del presidente del Perù, affinché il padre accettasse un prestito dalla J. & W. Seligman Company. Seligman Company. La nomina suscitò un tale clamore che Roosevelt rimandò Earl Bailie a New York per preservare la sua aura di difensore del popolo.

Franklin Roosevelt era a sua volta un finanziere internazionale di sinistra memoria, che negli anni Venti aveva lanciato grandi emissioni obbligazionarie estere alla Borsa di New York. Queste obbligazioni furono difficilmente rimborsate e gli americani persero milioni di dollari. Tuttavia, ciò non li dissuase dall'eleggere lo stesso Franklin Roosevelt alla Casa Bianca. *Il New York Directory of Directors* cita Roosevelt come amministratore delegato della United European Investors, Ltd. nel 1923 e 1924, che portò in America milioni di marchi tedeschi senza valore. Il *Poor's Directory of Directors* lo indica come direttore della International Germanic Trust Company nel 1928. Franklin D. Roosevelt fu anche consigliere della Federal International Banking Corporation, una società anglo-americana che commercializzava titoli stranieri negli Stati Uniti.

Negli anni Venti, lo studio legale di Roosevelt - Roosevelt & O'Connor - rappresentò diverse multinazionali. Il suo socio Basil O'Connor fece parte di diversi consigli di amministrazione: Cuban-American Manganese Corporation, Venezuela-Mexican Oil Corporation, West Indies Sugar Corporation, American Reserve Insurance Corporation, Warm Springs Foundation, tra gli altri. In seguito avrebbe diretto la Croce Rossa americana.

Quando Franklin Roosevelt divenne Presidente degli Stati Uniti, scelse come Direttore del Bilancio James Paul Warburg, figlio di Paul Warburg, vicepresidente della Banca Internazionale di Accettazione e direttore di varie società. Roosevelt nominò Segretario al Tesoro W. H. Woodin, uno dei maggiori industriali americani, direttore della American Car Foundry Company e di molte altre importanti fabbriche, della Remington Arms, della Cuba Company, della Consolidated Cuba Railroads e di varie altre importanti società. Woodin sarebbe stato poi sostituito da Henry Morgenthau, J[r], figlio dell'immobiliarista di Harlem che aveva contribuito a portare Woodrow Wilson alla Casa Bianca. È improbabile che le promesse di Roosevelt di un cambiamento radicale si realizzino con una squadra del genere... Uno dei suoi ultimi atti fu una moratoria a favore dei banchieri, per consentire loro di ripristinare la propria immagine.

Citiamo *World's Work*: "Il Congresso ha concesso a Charles G. Dawes e Eugene Meyer, J[r], la libertà di valutare secondo i propri criteri le garanzie che i potenziali mutuatari di 2.000.000.000 di dollari possono offrire".

Roosevelt istituì anche la Securities Exchange Commission per evitare che i nuovi arrivati si unissero alla banda di Wall Street. La Commissione diede luogo ai seguenti dibattiti al Congresso:

"Rappresentante Wolcott. - Durante le audizioni di questa commissione nel 1933, gli economisti hanno prodotto grafici che dimostravano senza il minimo dubbio che le materie prime quotate in dollari seguivano il prezzo dell'oro. Non era proprio così, vero?

Leon Henderson. - Esattamente.

Rappresentante Gifford. - Non fu Joe Kennedy a essere scelto [come presidente della SEC] dal presidente Roosevelt a causa delle sue simpatie per le grandi imprese?

Leon Henderson. - Senza dubbio".

Nel 1935, Paul Einzig osservò:

"Il presidente Roosevelt fu il primo a dichiararsi pubblicamente a favore di una politica monetaria apertamente intesa ad aumentare i prezzi. La sua politica ebbe successo in senso negativo. Dal 1933 al 1935 riuscì a ridurre il debito privato, ma questo fu possibile solo aumentando il debito pubblico".

In altre parole, poiché i ricchi sono facili da contare mentre i poveri sono innumerevoli, ha alleggerito il peso del debito sui ricchi spostandolo sui poveri.

Il senatore Robert L. Owen testimoniò nel 1938 davanti alla Commissione bancaria e valutaria della Camera:

"Nel disegno di legge inviatomi dal Senato il 26 giugno 1913, avevo introdotto un emendamento che prevedeva che i poteri della Federal Reserve fossero utilizzati per promuovere la stabilità dei prezzi, ossia che il dollaro mantenesse un potere d'acquisto stabile e permettesse di rimborsare il debito in tutta tranquillità. Questa proposta fu respinta. Potenti interessi finanziari presero il controllo del Consiglio dei Governatori della Federal Reserve nelle persone di Paul Warburg, Strauss e Adolph C. Miller, che organizzarono una riunione segreta il 18 maggio 1928 e riuscirono a provocare una contrazione del credito così violenta da lasciare 5.000.000 di americani in preda alla disoccupazione. Nel 1920, il Reserve Board provocò deliberatamente il panico dell'anno successivo. Gli stessi pazzi, operando con totale licenza sul mercato azionario e avendo esteso il nostro credito ben oltre i limiti della ragionevolezza dal 1926 al 1929, portarono i prezzi delle azioni a livelli tali che era a malapena possibile riscuotere i dividendi; quando gli azionisti se ne resero conto, cercarono di uscire dal mercato, il che portò al crollo del 24 ottobre 1929".

Il senatore Owen non cercò di stabilire se il Federal Reserve Board potesse essere ritenuto responsabile nei confronti dell'opinione pubblica. In effetti, non poteva esserlo: i suoi membri erano funzionari pubblici nominati dai Presidenti, mentre la loro retribuzione era assicurata dagli azionisti privati delle banche della Fed.

W. P. G. Harding, uno dei governatori del Federal Reserve Board, testimoniò nel 1921 che :

"La Fed è un'istituzione di proprietà delle banche associate che sono i suoi azionisti. Il governo non possiede un solo dollaro del suo capitale".

Tuttavia, il governo statunitense ha affidato al Federal Reserve System l'uso dei suoi miliardi di dollari di credito, il che conferisce a questa istituzione lo status di banca centrale con il potere di battere moneta a credito dello Stato. Le banconote federali non sono né moneta del governo federale né moneta garantita dall'oro. Sono semplicemente banconote della Federal Reserve, emesse dalle banche della Fed: ogni dollaro che stampano è un dollaro nelle loro tasche.

Nel 1930, W. Randolph Burgess - della Federal Reserve Bank di New York - spiegò all'Accademia di Scienze Politiche:

"Se si considerano le sue principali modalità di azione, il sistema della Federal Reserve non differisce in alcun modo da altre banche di emissione come la Banca d'Inghilterra, la Banque de France e la Reichsbank".

Queste banche centrali hanno il potere di emettere le valute dei rispettivi Paesi. In questo modo, i cittadini europei non hanno alcun controllo sulla propria moneta, e nemmeno gli americani da questa parte dell'oceano. Il denaro viene stampato privatamente per profitto privato. Il popolo non ha più alcuna sovranità sulla propria moneta e la conseguenza è la perdita di autorità su importanti questioni politiche, come la politica estera.

In quanto banca centrale di emissione, il sistema della Federal Reserve può attingere a tutta l'incommensurabile ricchezza del popolo degli Stati Uniti. Quando iniziò a operare nel 1913, rappresentò una grave minaccia per le banche centrali degli Stati europei impoveriti. Poiché disponeva di immense ricchezze, negli anni Venti attirò molto più oro di quanto fosse auspicabile e divenne presto chiaro che tutto l'oro del mondo doveva andare in America. Questo avrebbe reso impossibile il gold standard in Europa, dove non ci sarebbe stato oro per sostenere le emissioni di valuta e il credito. Nel 1927, a seguito di un incontro segreto con le autorità delle banche centrali straniere, l'obiettivo primario della Federal Reserve fu quello di garantire il ritorno di grandi quantità d'oro nel Vecchio Continente. Per raggiungere questo obiettivo, la Federal Reserve ricorse a diversi metodi: mantenere i tassi d'interesse molto bassi e acquistare massicciamente i titoli del Tesoro americano per produrre nuova moneta in proporzioni astronomiche, il che intensificò la speculazione del mercato azionario e gettò le basi per il disastro nazionale del crollo di Wall Street e della successiva crisi.

Poiché il Federal Reserve System era colpevole di aver causato questa catastrofe, avremmo potuto pensare che i suoi leader avrebbero cercato di limitarla. Eppure, negli anni bui del 1931 e del 1932, non hanno fatto nulla per aiutare il popolo americano. Ciò era ancora più grave della stessa cospirazione che aveva causato la crisi. Chiunque abbia conosciuto gli Stati Uniti in quel periodo ricorderà la disoccupazione di massa, la povertà e la fame degli americani, quando il Federal Reserve Board avrebbe potuto agire in qualsiasi momento per alleviare queste disgrazie.

Il problema era far tornare il denaro nel sistema. Gran parte del denaro normalmente utilizzato per pagare l'affitto, il cibo e le bollette era stato assorbito da Wall Street, tanto che non rimaneva più denaro per l'economia reale e la vita quotidiana. In molti luoghi, i cittadini stampavano il proprio denaro su carta o legno da utilizzare nelle loro comunità - e questo denaro aveva valore, nella misura in cui soddisfaceva i bisogni reciproci delle persone che lo utilizzavano.

Il sistema della Federal Reserve era una banca centrale di emissione. Poteva emettere milioni di dollari, e lo fece, quando ciò andava a vantaggio dei suoi finanziatori. Perché non lo fece nel 1931 e nel 1932? I banchieri di Wall Street erano stanchi di Hoover e volevano che Franklin D. Roosevelt prendesse il potere, cavalcando l'onda di entusiasmo generata da un uomo provvidenziale. Era quindi giusto che il popolo americano soffrisse e soffrisse fino al marzo 1933, quando il salvatore della nazione sarebbe arrivato in tutta la sua gloria, circondato dalla sua squadra di sgherri di Wall Street che avrebbero dovuto rimettere in circolazione un po' di denaro. È così semplice! Dal momento in cui Roosevelt fu inaugurato come Presidente, la Federal Reserve iniziò ad acquistare buoni del Tesoro al ritmo di 10.000.000 di dollari per dieci settimane, producendo così 100.000.000 di dollari di nuova moneta e ponendo rimedio a una grave carenza di credito e di denaro: le fabbriche ricominciarono ad assumere.

Durante l'amministrazione Roosevelt, il Consiglio della Federal Reserve era composto - agli occhi del grande pubblico - da Marriner Eccles, un rampollo e ammiratore del "Capo". Eccles, banchiere dello Utah, era presidente della First Securities Corporation, un fondo di investimento di famiglia che riuniva un gran numero di banche che Eccles aveva rilevato a prezzi stracciati durante la crisi agricola del 1920-1921. Eccles fece anche parte dei consigli di amministrazione di importanti società come la Pet Mil Company, la Mountain States Implement Company e la Amalgamated Sugar. Grazie al suo status di importante finanziere, Eccles era totalmente in linea con il cenacolo dei potenti che manipolavano Roosevelt.

Al Congresso si discusse sull'idoneità di Eccles a far parte del Consiglio della Federal Reserve a causa di tutte le banche che possedeva nello Utah. Eccles assicurò di essere poco coinvolto nella First Securities Corporation... a parte il fatto che ne era il presidente. Di conseguenza, fu confermato presidente del Consiglio dei governatori.

Eugene Meyer, J^r, si è dimesso dal Consiglio di amministrazione per avere più tempo per prestare i 2.000.000.000 di dollari della Société de financement de la reconstruction valutando, secondo i suoi criteri personali, l'affidabilità delle garanzie proposte.

Il Banking Act del 1935 aumentò notevolmente le prerogative di Roosevelt sulle finanze degli Stati Uniti. Era parte integrante della legislazione che Roosevelt aveva pianificato per estendere la sua influenza in America. A differenza del National Recovery Act, non incontrò la resistenza popolare perché non violava apertamente le libertà. Tuttavia, la legge ebbe un impatto notevole: innanzitutto, estese il mandato dei governatori della Fed a 14 anni, tre volte e mezzo il mandato presidenziale. Ciò significava che un presidente in carica potenzialmente ostile all'istituzione non avrebbe potuto installare una maggioranza a suo favore. In questo modo, qualsiasi politica monetaria avviata prima dell'insediamento di un nuovo presidente sarebbe continuata indipendentemente dalla volontà di quest'ultimo...

Inoltre, il Banking Act del 1935 abrogò la clausola Glass-Steagall della precedente legislazione bancaria del 1933, che specificava che un istituto bancario non poteva agire contemporaneamente come banca d'investimento e operare in borsa. Si trattava di un'ottima restrizione, in quanto impediva a una banca di prestare denaro a un'entità di sua proprietà. Va ricordato, tuttavia, che questa clausola serviva da copertura per diverse altre disposizioni contenute nello stesso testo, come la fondazione della Federal Deposit Insurance Corporation, che forniva un'assicurazione di 150.000.000 di dollari per garantire depositi fino a 15.000.000 di dollari. Ciò aumentò il potere delle grandi banche su quelle piccole, dando loro una nuova opportunità di richiedere indagini su queste ultime. La legislazione del 1933 aveva anche stabilito che i guadagni delle banche della Fed dovevano per legge andare tutti alle banche stesse: la disposizione di legge che prevedeva la partecipazione del governo ai profitti fu cancellata. Questa disposizione non è mai stata applicata e l'aumento degli attivi delle Federal Reserve Banks - da 143.000.000 di dollari nel 1913 a 45.000.000 di dollari nel 1949 - è stato interamente catturato dagli azionisti privati delle Reserve Banks. Di conseguenza, l'unico elemento positivo della legge del 1933 fu abolito dalla legge del 1935: le banche della Fed furono d'ora in poi autorizzate a concedere prestiti direttamente all'industria, facendo concorrenza sleale alle banche tradizionali affiliate al sistema, che non erano in grado di eguagliare la loro capacità di concedere grandi somme di denaro.

L'abrogazione della clausola che prevedeva che una banca non potesse svolgere contemporaneamente operazioni di borsa e attività di investment banking ha dato luogo a un'intervista tra il suo autore, Carter Glass, e diversi giornalisti:

"Questo significa che J.P. Morgan può riprendere le attività di investment banking?

- Perché no?", ha risposto il senatore Glass. In tutto il Paese si è sollevata una protesta contro il fatto che queste banche non possono concedere prestiti. I Morgan possono ora riprendere la loro attività di finanziamento.

Poiché tale clausola era stata a loro sfavorevole, i finanziatori avevano semplicemente adottato misure che limitavano la concessione di prestiti, fino a quando non era più necessario.

Newsweek ha commentato nel numero del 14 marzo 1936:

"Il Federal Reserve Board si è separato da nove presidenti di Reserve Bank, spiegando che 'mantiene il desiderio di rendere la presidenza di queste Reserve Bank una posizione essenzialmente onoraria e part-time'".

Si trattava solo di un'altra manifestazione della centralizzazione del controllo sul Federal Reserve System. L'organizzazione in distretti regionali non era mai stata un elemento chiave nella scelta delle politiche monetarie e il Consiglio dei governatori di Washington non lesinava sul personale.

Nel 1934, durante le audizioni sulle riserve auree, il presidente della Commissione bancaria del Senato chiese: "Non è forse vero, governatore Young, che il Segretario del Tesoro ha dominato negli ultimi dodici anni le decisioni delle Federal Reserve Banks riguardo all'acquisto di Buoni del Tesoro degli Stati Uniti?".

Il governatore Young negò l'accusa, ma si diffuse la notizia che il governatore della Banca d'Inghilterra, Montagu Norman, si fosse recato direttamente - durante le sue due brevi visite in America nel 1927 e nel 1929 per definire la politica della Fed - dal segretario al Tesoro Andrew Mellon per indurlo ad acquistare i Treasury statunitensi sul mercato aperto e, così facendo, ad avviare il flusso di oro fuori dagli Stati Uniti e di nuovo in Europa.

Queste udienze sui depositi d'oro fecero emergere altre personalità che avevano un interesse più che modesto per le attività della Federal Reserve. Un certo James Paul Warburg, appena tornato dalla Conferenza economica di Londra con il professor O. M. W. Sprague e Henry L. Stimpson, si presentò e suggerì di modernizzare il gold standard. Frank Vanderlip propose di abolire il Federal Reserve Board e di sostituirlo con una Federal Monetary Authority. Ciò non avrebbe fatto alcuna differenza per i finanzieri di New York, che avrebbero comunque potuto scegliere il proprio personale.

Un critico di lunga data del sistema, il senatore Robert L. Owen, ha detto questo:

"Gli americani non sapevano che le banche della Federal Reserve erano state concepite per ottenere profitti. Se il loro obiettivo era quello di stabilizzare il credito e la massa monetaria della nazione, difficilmente è stato raggiunto. Infatti, da quando esiste questo sistema, abbiamo subito oscillazioni senza precedenti del potere d'acquisto del dollaro. Gli uomini della Fed sono selezionati dalle grandi banche con procedure particolarmente discrete, e si allineano scrupolosamente alle idee che vengono loro indicate come le più alte concezioni finanziarie".

Benjamin Anderson, economista della Chase National Bank di New York, ha dichiarato: "Attualmente, nel 1934, abbiamo in riserva 900.000.000 di dollari di surplus. Nel 1924, grazie a un aumento delle riserve di 300.000.000 di dollari, abbiamo avuto rapidamente un'espansione del credito bancario da 3 a 4.000.000 di dollari. Questo denaro extra fu distribuito nel 1924 dalle Federal Reserve Banks attraverso l'acquisto di Buoni del Tesoro, e questa fu la fonte della crescita sfrenata del credito bancario. Le banche continuarono a beneficiare delle riserve in eccesso, nella misura in cui l'oro continuava ad affluire e, non appena si verificava un rallentamento, le autorità della Fed producevano un po' più di denaro, che rallentò nel 1926: quell'anno le cose cambiarono leggermente. Successivamente, nel 1927, furono versati poco meno di 300.000.000 di dollari, calcolati sulle riserve aggiuntive, che scatenarono i problemi del mercato azionario e ci portarono nel 1929 dritti contro il muro".

Il dottor Anderson ha continuato:

"Il denaro delle banche della Federal Reserve è denaro creato da loro stesse. Quando acquistano titoli di Stato, creano riserve. Pagano i titoli di Stato emettendo assegni a loro stessi, e questi assegni vengono passati alle banche commerciali, che li depositano nelle banche della Fed, in modo che il denaro che prima non esisteva possa esistere...

Senatore Bulkley. - Questo non moltiplica il denaro in circolazione?

Anderson. - No".

Questo spiega il metodo utilizzato dalle banche della Federal Reserve per aumentare il loro patrimonio, che in 35 anni è passato da 143.000.000 di dollari a 45.000.000.000 di dollari. Non hanno prodotto nulla (sono aziende rigorosamente non produttive), eppure hanno realizzato un immenso profitto esclusivamente dalla produzione di denaro, il 95% del quale sotto forma di credito, senza aggiungere nulla al denaro effettivamente in circolazione. Queste somme non sono state distribuite agli americani come salario, né hanno migliorato il potere d'acquisto di agricoltori e lavoratori. Si tratta di denaro scritturale prodotto dai finanzieri per il proprio uso e profitto, che ha aumentato la loro ricchezza di oltre 40.000.000.000 di dollari in pochi anni, perché nel 1913 avevano preso il controllo del credito statale attraverso l'approvazione del Federal Reserve Act.

Anche Marriner Eccles aveva molto da dire sulla produzione di denaro. Si considerava un economista ed era stato introdotto nelle alte sfere del governo da Stuart Chase e Rexford Guy Tugwell, due dei consiglieri "speciali" di Roosevelt di lunga data. Di tutta la banda di Roosevelt, Eccles fu l'unico a rimanere nella stessa posizione per tutta la sua amministrazione.

Il governatore Eccles ha risposto alla Commissione bancaria e valutaria della Camera:

"Il denaro viene creato dal diritto di emettere moneta scritturale".

Nel 1913, l'abbandono del credito statale ai finanzieri del settore privato diede loro poteri illimitati per produrre denaro. Il Federal Reserve System poteva a sua volta distruggere denaro in grandi quantità attraverso le sue transazioni sul mercato aperto. Per citare Eccles alle audizioni sul denaro del 1939: "Vendendo obbligazioni sul mercato aperto, si cancellano le riserve".

Eliminare le riserve: ciò equivale ad annullare la base per l'emissione di denaro e credito, o a limitare il denaro e il credito, uno strumento che spesso è ancora più favorevole ai finanzieri della produzione di denaro. Ritirare il denaro dal mercato o distruggerlo dà al finanziere il controllo immediato e totale della situazione economica, poiché diventa l'unico a possedere denaro e a poterlo creare in tempi di carenza monetaria. I panici valutari del 1873, 1893, 1920-1921 e 1929-

1931 sono stati caratterizzati dal ritiro della moneta fiat. Dal punto di vista della teoria economica, tutto ciò non sembra così terribile, ma quando un datore di lavoro deve tagliare di tre quarti i suoi salari perché non riesce più a trovare il denaro per pagarli, l'enorme responsabilità di questi finanzieri e la lunga ghirlanda di sofferenze e miserie di cui si sono resi colpevoli mi fanno pensare che nessuna sentenza sarebbe troppo severa per punire i crimini che hanno perpetrato contro i loro simili.

Il governatore Eccles dichiarò il 30 settembre 1940:

"Nel nostro sistema monetario, senza debito non ci sarebbe denaro.

Questa è una valutazione corretta del nostro sistema monetario. Invece di essere creato dalla produzione degli americani (*cioè dalla* crescita annuale di beni e servizi), il denaro viene prodotto dai banchieri a partire dal debito. Poiché questo sistema monetario è inadeguato, è necessariamente soggetto a grandi fluttuazioni, il che lo rende fondamentalmente instabile. Tuttavia, queste fluttuazioni sono la fonte di grandi profitti: ecco perché il Federal Reserve Board si è sempre opposto a qualsiasi proposta di stabilizzazione dei meccanismi monetari. La sua opinione è chiaramente espressa in una lettera di Eccles, presidente del Consiglio dei Governatori, al senatore Wagner il 9 marzo 1939, e in un rapporto della Fed del 13 marzo 1939.

Leggiamo alcune righe del presidente Eccles:

"Il Consiglio dei governatori del Federal Reserve System non sostiene l'approvazione del disegno di legge 31 del Senato, che modificherebbe il Federal Reserve Act, e si opporrà a qualsiasi legge di questo tipo.

Nel suddetto rapporto del Consiglio direttivo, sotto il titolo "Memorandum relativo alle proposte per il mantenimento della stabilità dei prezzi", si legge che:

"Il Consiglio dei Governatori si oppone a qualsiasi proposta di legge sulla stabilità dei prezzi, in quanto i prezzi sono largamente indipendenti dalla rendita o dal costo del denaro, il controllo monetario esercitato dal Consiglio dei Governatori non può essere perfetto e la stabilità dei prezzi medi, anche se ottenuta attraverso l'azione del governo, non è una garanzia di prosperità duratura.

Tuttavia, il 10 marzo 1952, il presidente del Consiglio dei governatori, William McChesney Martin, disse alla Sottocommissione per il controllo del debito (la "Commissione Patman"): "Uno degli scopi principali del Federal Reserve Act è quello di proteggere il valore del dollaro".

Il senatore Flanders ha chiesto: "Questo è specificato nero su bianco nel testo base che ha istituito il Federal Reserve System?

"No", ha risposto Martin, "ma questo è dovuto al processo legislativo e alle circostanze del momento".

Il senatore Robert L. Owen ci ha già detto che questo punto è stato eliminato dal testo originale, contro il suo parere, e che il Consiglio dei Governatori era contrario a qualsiasi cosa del genere. Il signor Martin apparentemente non ne era a conoscenza...

In effetti, è impossibile mantenere stabili i prezzi medi finché ci saranno speculatori sul mercato azionario che variano artificialmente i prezzi per ottenere profitti. Nonostante lo psittacismo del governatore Eccles che ripete in continuazione che la stabilità dei prezzi medi non promette in alcun modo una prosperità duratura, gli speculatori potrebbero fare molto per raggiungere questo obiettivo. Un cittadino che guadagna un salario annuo di 2.500 dollari non sarà mai più prospero se il prezzo di un tozzo di pane aumenta di 0,05 dollari nel corso di un anno...

Come spiegò Eccles alla Commissione bancaria e valutaria della Camera dei Rappresentanti nel 1935: "Il governo controlla le riserve auree, cioè il potere di coniare moneta e creare credito, regolando così in larga misura la struttura dei prezzi".

Si tratta di una contraddizione quasi diretta rispetto alla sua dichiarazione del 1939, quando Eccles sosteneva che i prezzi difficilmente sarebbero dipesi, per la maggior parte, dal costo o dall'affitto del denaro...

E nel 1935 Mr. Eccles ha dichiarato a una commissione parlamentare:

> "Il Federal Reserve Board esercita il suo potere sulle operazioni di mercato aperto. Le operazioni di mercato aperto sono il principale strumento di controllo del volume e del costo del denaro in questo Paese. A questo proposito, quando parlo di "credito", mi riferisco al *denaro*, dato che la parte di gran lunga maggiore del denaro utilizzato dagli americani assume la forma di prestiti e depositi bancari. Quando le banche della Fed acquistano prestiti o titoli sul mercato aperto, aumentano l'offerta di moneta e riducono il costo del denaro. Viceversa, se li vendono sul mercato aperto, riducono l'offerta di moneta e aumentano il costo del denaro. L'arbitro che

supervisiona queste transazioni che riguardano la situazione di tutta l'America deve essere incarnato in un organismo che rappresenti l'interesse nazionale".

Questa testimonianza del governatore Eccles fa luce sul nocciolo duro del meccanismo monetario che Paul Warburg presentò nel 1910 ai suoi increduli colleghi finanziari sull'isola di Jekyll. Se gli si chiede un commento, la maggior parte degli americani confessa di non essere in grado di capire come funziona il sistema della Federal Reserve. È al di là delle loro competenze, non perché sia troppo complesso, ma perché è troppo semplice. Immaginate che un truffatore vi avvicini e vi offra una dimostrazione della sua meravigliosa macchina per fare soldi: lo vedrete inserire un pezzo di carta bianca... e stampare una banconota da 100 dollari. Questo è esattamente il funzionamento della Federal Reserve. Se poi gli chiedete di comprare la sua favolosa macchina per fare soldi, vi rifiuterà. Essa appartiene esclusivamente agli azionisti privati delle banche della Fed, le cui identità possono essere parzialmente - se non completamente - collegate alla London Connection.

Durante le audizioni della Commissione bancaria e valutaria, il 6 giugno 1960 il rappresentante Wright Patman - presidente della commissione - interrogò Carl E. Allen, presidente della Federal Reserve Bank di Chicago (p. 4):

"**Patman**. - Quindi, signor Allen, quando la commissione di mercato aperto della Fed acquista obbligazioni per un valore di 1.000.000 di dollari, lei crea denaro dal credito della nazione per pagare quelle obbligazioni, giusto?

Allen. - Assolutamente.

Patman. - In questo caso, il credito degli Stati Uniti finisce in banconote della Federal Reserve, se ho ragione? E quindi se le banche vogliono soldi veri, si danno loro le banconote della Fed, giusto?

Allen. - Può darsi che sia così, ma nessuno vuole le banconote della Federal Reserve.

Patman. - Nessuno lo vuole, perché le banche preferiscono avere il credito direttamente nelle loro riserve.

Questo è l'aspetto più stupefacente del lavoro della Federal Reserve e il più difficile da comprendere. Come può il cittadino medio afferrare il concetto che nel suo Paese ci sono persone che hanno il potere di scrivere in un libro mastro che lo Stato deve loro - per esempio

- 1.000.000.000 di dollari e di riscuotere il capitale e gli interessi su questo "prestito"?

In *The Primer of Money*, a pag. 38, il rappresentante Wright Patman racconta una piccola storia:

> "Una volta un uomo entrò in una banca della Federal Reserve e chiese di vedere le obbligazioni con cui i cittadini americani pagavano gli interessi. Dopo averle mostrate, chiese di vedere i loro contanti, ma tutto ciò che avevano da mostrargli erano libri contabili e assegni scoperti".

Patman ha concluso:

> "In realtà, tale liquidità non esiste e non è mai esistita. Ciò che chiamiamo 'riserve di liquidità' sono esclusivamente crediti contabili scritti sui libri delle banche della Federal Reserve. Questi crediti sono creati dalle banche della Fed e poi passano attraverso il sistema bancario".

Passiamo ora a Peter L. Bernstein in *A Prime on Money, Banking and Gold* :

> "Con le banconote della Federal Reserve, il trucco è che le Banche di Riserva non perdono liquidità quando danno tali valute alle banche affiliate al sistema. Le banconote della Fed non sono convertibili in nient'altro che in quello che il governo chiama 'corso legale', cioè il denaro che un creditore è obbligato ad accettare dal suo debitore per saldare le somme che quest'ultimo deve. Tuttavia, poiché tutte le banconote della Federal Reserve sono considerate per legge "a corso legale", diventano realmente convertibili... ma solo contro se stesse! Sono obbligazioni non riscattabili emesse dalle banche della Fed[124] ".

Ricordiamo una formula del rappresentante Patman:

> "Ogni dollaro rappresenta un debito di 1 dollaro nei confronti del Federal Reserve System. Le banche della Fed producono denaro dal nulla per acquistare titoli di Stato dal Tesoro degli Stati Uniti, prestando il denaro in circolazione a interesse e registrando una linea di credito nei confronti del Tesoro nei libri contabili pubblici. Quest'ultimo emette un'obbligazione fruttifera per 1.000.000.000

---

[124] Peter L. Bernstein, *A Primer on Money, Banking and Gold*, New York, Vintage Books, 1965, pag. 104.

di dollari: la Federal Reserve gli concede quindi un credito di 1.000.000.000 di dollari a fronte di questa obbligazione e crea *ex nihilo* un debito di 1.000.000.000 di dollari che il popolo americano è costretto a pagare, insieme ai suoi interessi[125]".

Patman è andato oltre:

"Da dove il Federal Reserve System prende il denaro con cui costruisce le riserve bancarie?".

Risposta:

"Sta ottenendo questo denaro dal nulla, perché lo sta creando. Quando la Federal Reserve emette un assegno, crea denaro. La Fed è solo una macchina per fare soldi. Può battere moneta o emettere debito".

Nel 1951, la Federal Reserve Bank di New York pubblicò un opuscolo intitolato *A Day's Work at the Federal Reserve Bank of New York*, in cui a pagina 22 si legge:

"C'è un altro elemento di interesse generale nel settore bancario, più importante della custodia del denaro: è che le banche possono "produrre" denaro. Una delle caratteristiche chiave da ricordare a questo proposito è che l'offerta di moneta ha un impatto sul livello generale dei prezzi, sul costo della vita. L'indice del costo della vita e l'offerta di moneta si muovono in parallelo".

Le scelte del Federal Reserve Board (o, meglio, le decisioni che i "cenacoli anonimi" dicono loro di prendere) hanno un impatto sulla vita quotidiana di tutti gli americani attraverso i loro effetti sui prezzi. L'aumento dei tassi di interesse o del "costo" del denaro ha l'effetto di limitare il volume di denaro disponibile sui mercati, così come l'aumento dei requisiti di riserva determinati dal sistema della Federal Reserve. La vendita di obbligazioni attraverso la commissione del mercato aperto annienta altro denaro e riduce l'offerta di moneta. L'acquisto di titoli di Stato sul mercato aperto "crea" più denaro, così come la riduzione dei tassi di interesse rende il denaro "più economico". È vero che l'aumento dell'offerta di moneta porta prosperità, mentre la sua diminuzione porta alla depressione. Aumenti irragionevoli dell'offerta di moneta che la portano a superare l'offerta di beni e servizi portano all'inflazione: "troppi soldi a caccia di pochi beni". Un

---

[125]*Money Facts*, House Committee on Banking and Currency, 1964, pag. 9.

elemento meno chiaro del sistema monetario è la "velocità di circolazione", che sembra essere molto più tecnica di quanto non sia in realtà. Si riferisce alla velocità con cui il denaro cambia di mano: nel caso dell'oro nascosto nelle calze di un contadino, questa velocità di circolazione è lenta. Questo fenomeno è causato dalla scarsa fiducia nell'economia o nella nazione. Al contrario, una velocità di circolazione molto sostenuta, come nel caso della crescita del mercato azionario negli anni Venti, corrisponde al rapido riciclo di denaro per la spesa e l'investimento, che ha le sue radici nella fiducia - o nella troppa fiducia? - nell'economia nazionale. Una massa monetaria più piccola può circolare ad alta velocità tra un numero di persone, beni e servizi pari a quello di una massa monetaria più grande che circola a velocità inferiore. Lo diciamo perché la velocità di circolazione - un indicatore della fiducia nell'economia - è anche largamente influenzata dalle azioni della Federal Reserve. Come ha osservato Milton Friedman su *Newsweek* il 2 maggio 1983: "La funzione principale della Fed è quella di determinare l'offerta di moneta. Ha il potere di aumentare o diminuire l'offerta di moneta al ritmo da essa stabilito".

Questo potere è colossale, poiché aumentando la massa monetaria diventa possibile consentire la rielezione di un governo, mentre diminuendola diventa possibile farlo perdere. Ecco la continuazione della critica di Friedman alla Federal Reserve:

"Com'è possibile che un'istituzione con un curriculum così scarso possa godere di un profilo pubblico così alto e addirittura ispirare una tale fiducia nell'accuratezza delle sue previsioni?

Le operazioni di mercato aperto che incidono sull'offerta di moneta sono tutte condotte per conto del sistema nel suo complesso dalla Federal Reserve Bank di New York che agisce per conto di tutte le altre banche di riserva. Queste operazioni sono supervisionate da un funzionario della Federal Reserve Bank di New York. L'8 maggio 1928 il *New York Times* riportò la notizia che Adolph C. Miller, membro del Consiglio dei Governatori della Federal Reserve, aveva testimoniato durante l'audizione davanti alla Commissione bancaria e valutaria della Camera dei Rappresentanti che gli acquisti sul mercato aperto e i tassi di ridiscussione venivano determinati durante tali "discussioni". All'epoca, gli acquisti sul mercato aperto ammontavano a 70 o 80 milioni di dollari al giorno, dieci volte meno di oggi. Si tratta di somme considerevoli per essere alla mercé di semplici "discussioni", ma non possiamo sapere di più su questi conciliaboli...

Molte proposte sono state avanzate a causa di questi misteriosi affari che riguardano l'esistenza, le libertà e il benessere di tutti i cittadini americani, come il Documento del Senato n. 23 presentato il 24 gennaio da Logan, che afferma: "Il Governo creerà e farà circolare tutto il credito e la moneta necessari per soddisfare le esigenze di spesa dello Stato e il potere d'acquisto dei consumatori. Il privilegio di coniare e far circolare la moneta è, ovviamente, una prerogativa suprema del Governo, ma è di gran lunga il potere più ampio a sua disposizione".

Il 21 marzo 1960, il rappresentante Wright Patman ha fornito un quadro molto chiaro di come le banche "producono denaro":

"Se deposito 100 dollari nella mia banca e il coefficiente di riserva obbligatoria stabilito dalla Federal Reserve Bank è del 20%, la mia banca potrà prestare a Tartempion fino a 80 dollari. Da dove vengono questi 80 dollari? In realtà non provengono dal mio deposito di 100 dollari: la banca accredita semplicemente 80 dollari sul conto del signor Tartempion. La banca può ottenere titoli di stato con lo stesso metodo, semplicemente creando depositi a credito del governo. La produzione di denaro è un potere lasciato alle banche commerciali [...] Dal 1914, la Federal Reserve ha offerto 46.000.000.000 di dollari di riserve alle istituzioni bancarie private".

Il modo in cui tutto questo fu realizzato è meglio rivelato dalle dichiarazioni del governatore Eccles durante le audizioni della commissione bancaria e valutaria della Camera dei Rappresentanti il 24 giugno 1941:

"**Eccles**. - Il sistema bancario, nel suo complesso, produce ed elimina depositi nel momento in cui effettua prestiti o investimenti, sia acquistando buoni del Tesoro o obbligazioni, sia concedendo credito a un agricoltore.

Signor Patman. - Sono completamente d'accordo con le sue parole, signor Governatore, ma il fatto è che le banche producono denaro, non è vero?

Eccles. - Le banche producono denaro quando prestano o investono".

Davanti alla stessa commissione, il governatore Eccles fu interrogato nuovamente il 30 settembre 1941 dal rappresentante Patman:

"**Signor Patman**. - Come avete raccolto i soldi per acquistare 2.000.000.000 di dollari di titoli di Stato nel 1933?

Eccles. - L'abbiamo prodotto noi.

Signor Patman. - Sulla base di cosa?

Eccles. -...Dal diritto di creare denaro scritturale.

Onorevole Patman. - E dietro a tutto questo, se ho capito bene, non c'è altro che il credito del nostro Stato?

Eccles. - Questo è il senso del nostro sistema monetario. Senza debiti, non ci sarebbe denaro nel nostro sistema monetario.

Anche il governatore Eccles fu interrogato da Dewey il 17 giugno 1942:

"**Eccles.** - Intendo dire che quando la Federal Reserve effettua una transazione sul mercato aperto, cioè quando acquista titoli di Stato su questo mercato, immette nuova moneta nelle mani delle banche, producendo depositi dormienti.

Dewey. - Non ci sono riserve in eccesso per raggiungere questo obiettivo?

Eccles. - Ogni volta che il Federal Reserve System acquista titoli di Stato sul mercato aperto o li compra direttamente dal Tesoro, in entrambi i casi è la Federal Reserve a riempirlo.

Dewey. - Come li pagherete? Creerete una linea di credito?

Eccles. - È quello che abbiamo sempre fatto. È il *modus operandi* del sistema della Federal Reserve. La Fed crea denaro, è una banca di emissione".

Per le audizioni parlamentari del 1947, Kolborn chiese a Eccles:

"**Kolborn.** - Cosa intende per "monetizzazione del debito pubblico"?

Eccles. - Con questa espressione intendo dire che la banca produce denaro acquistando buoni del Tesoro. Tutto è prodotto dal debito, sia esso privato o pubblico.

Fletcher. - Presidente Eccles, quando pensa che ci sarà la possibilità di tornare a un mercato veramente aperto e libero, invece dell'attuale mercato finanziario indicizzato e controllato artificialmente?

Eccles. - Certamente no. Né tu né io saremo mai in grado di vederlo durante la nostra vita".

Il quotidiano *US News* del 31 agosto 1959 cita il deputato Jerry Voorhis che interroga il Segretario del Tesoro Anderson:

"**Voorhis**. - Intende dire che le banche, acquistando buoni del Tesoro, non fanno prestiti a fronte dei depositi dei loro clienti? Quindi creano il denaro che usano per comprare questi titoli?

Anderson. - Assolutamente sì. Le banche sono diverse da tutti gli altri istituti di credito. Quando una società di costruzioni, una compagnia di assicurazioni o una cooperativa di credito concede un prestito, presta solo i dollari precedentemente depositati dai suoi clienti. Al contrario, quando una banca concede un prestito, si limita ad aggiungere una linea al conto corrente del mutuatario equivalente all'importo preso in prestito. Il denaro prestato non viene sottratto a nessuno: è denaro nuovo, creato dalla banca per soddisfare le esigenze del mutuatario.

Strangamente, non c'è mai stato un caso giudiziario riguardante la legalità o la costituzionalità del Federal Reserve Act. Sebbene questa legislazione sia stata istituita su fondamenta tanto traballanti quanto quelle del National Recovery Act (o NRA) contestato in Shelter Poultry v United States of America, 29 US 495, 55 US 837.842 (1935), il NRA è stato dichiarato incostituzionale dalla Corte Suprema sulla base del fatto che "il Congresso non può abdicare o trasferire ad altri le sue funzioni sovrane. Costituzionalmente, il Congresso non può delegare il proprio potere legislativo a nessun gruppo o società commerciale o industriale in modo tale da cedere loro il privilegio di legiferare".

L'articolo 1er, sezione 8, della Costituzione degli Stati Uniti stabilisce che :

"Il Congresso avrà il potere di: [...]

- di prendere a prestito sul credito degli Stati Uniti [...].

- di coniare la moneta, di determinare il suo valore e quello della moneta estera, e di fissare lo standard dei pesi e delle misure [...]".

Secondo questa sentenza relativa ai NAR, il Congresso non potrebbe delegare i propri poteri al Federal Reserve System per consentire a quest'ultimo di determinare il volume delle riserve obbligatorie delle banche, i tassi di sconto o l'offerta di moneta. Tutti questi poteri, tuttavia, sono assunti dal Federal Reserve Board quando si riunisce nelle sessioni di lavoro in cui decide su questi argomenti e stabilisce le regole e le condizioni per l'applicazione delle proprie decisioni.

La Seconda Guerra Mondiale diede ai grandi finanzieri che detenevano il sistema della Federal Reserve l'opportunità di riversare in America i miliardi di dollari stampati all'inizio degli anni Trenta, interamente riciclati dall'amministrazione Roosevelt - ovviamente! - nella più grande operazione di contraffazione della storia. Nel numero del 4 gennaio 1943 della *rivista Newsweek,* Henry Hazlitt spiegava:

> "Il denaro che iniziò ad essere introdotto il 21 dicembre 1942, una settimana fa, era in realtà, *a rigor di termini,* denaro scritturale, cioè non basato su alcuna garanzia. Ascoltiamo la Federal Reserve: "Il Consiglio dei Governatori, dopo essersi consultato con il Dipartimento del Tesoro, ha autorizzato le Federal Reserve Banks a utilizzare, in questo momento, le scorte esistenti di valuta stampata nei primi anni '30, note come 'Federal Reserve Bank Notes'. Ripetiamo: queste banconote non hanno assolutamente alcuna garanzia"".

Durante le audizioni del Senato sull'Office of Price Administration (OPA) nel 1944, il governatore Eccles testimoniò su altri interessanti argomenti riguardanti la Federal Reserve e il finanziamento della guerra:

> **Eccles**. - Il denaro in circolazione è stato gonfiato da 7 a 21,5 miliardi di dollari in quattro anni. Questo periodo di guerra comporta notevoli perdite di oro. Mentre le nostre esportazioni sono scomparse, in gran parte sotto la concessione di prestiti, abbiamo effettuato importazioni a fronte delle quali abbiamo assegnato saldi di credito in dollari. Ora, però, i Paesi interessati ricevono questi saldi di credito sotto forma di oro.
>
> **Mr. Smith**. - Governatore Eccles, qual è l'obiettivo di questi governi stranieri attraverso questo programma che prevede la diffusione del nostro oro a un fondo internazionale?
>
> **Governatore Eccles**. - Vorrei parlare dell'OPA e lasciare da parte il Fondo di stabilizzazione fino a quando non sarà il momento giusto per parlarne.
>
> **Mr. Smith**. - Aspetti un attimo! Mi sembra che la menzione di questo fondo sia estremamente rilevante per ciò di cui stiamo parlando oggi.
>
> **Onorevole Ford**. - Ritengo che il Fondo di stabilizzazione sia totalmente dissociato dall'offerta pubblica di acquisto, quindi dovremmo rispettare l'ordine del giorno.

Così, i membri del Congresso non ebbero mai l'opportunità di discutere il Fondo di stabilizzazione, un altro schema con cui gli Stati Uniti avrebbero dato agli Stati europei impoveriti l'oro che era stato loro trasferito. Henry Hazlitt citò il discorso di bilancio annuale di

Roosevelt al Congresso in un'analisi pubblicata su *Newsweek* il 22 gennaio 1945: "Presto sosterrò una legislazione che riduca i requisiti di riserva d'oro delle Federal Reserve Banks, poiché attualmente sono troppo alti.

    Hazlitt rispose dimostrando che i requisiti di riserva aurea non erano così elevati: erano esattamente quelli che erano stati nei trent'anni precedenti. Il desiderio di Roosevelt era quello di liberare più oro dalle grinfie del sistema della Federal Reserve per renderlo disponibile al Fondo di Stabilizzazione - che sarebbe poi diventato il Fondo Monetario Internazionale - un ramo della Banca Mondiale per la Ricostruzione e lo Sviluppo, l'equivalente della Commissione Finanziaria della Società delle Nazioni, che avrebbe assorbito la sovranità degli Stati Uniti se il Senato ne avesse permesso l'adesione.

CAPITOLO XIV

RELAZIONE PARLAMENTARE

"La politica del signor Volcker è, per certi versi, un enigma".

Il New York Times

Dalle dimissioni di Eugene Meyer dal Consiglio dei Governatori della Federal Reserve, nessun membro delle principali famiglie finanziarie internazionali ha fatto parte direttamente del Consiglio. Queste famiglie hanno invece preferito operare dietro le quinte attraverso i presidenti e gli altri funzionari della Federal Reserve Bank di New York, accuratamente selezionati.

L'attuale presidente del Consiglio dei governatori della Federal Reserve è Paul Volcker. La sua nomina è stata accolta con questa prognosi da un famoso economista: "Volcker è di gran lunga la peggiore scelta possibile. Carter ha installato Dracula al vertice della banca del sangue. Questo significa, per noi, che un crollo e una crisi sono più che mai assicurati per il decennio degli anni '80".

Il *Research Report* del colonnello E. C. Harwood, pubblicato il 6 agosto 1979, esprimeva opinioni più o meno identiche: "Paul Volcker proviene dalla stessa matrice dei dubbiosi finanzieri che hanno gestito così male le scelte monetarie di questo Paese negli ultimi cinque decenni. Le conseguenze di questa scelta saranno probabilmente disastrose per il dollaro e l'economia americana".

In contrapposizione a queste opinioni pessimistiche, *il New York Times* pubblicò un articolo particolarmente elogiativo sulla nomina di Volcker. Il 26 luglio 1979, il quotidiano newyorchese sottolineava che Volcker aveva imparato "il mestiere" da Robert Roosa, ora partner di Brown Brothers Harriman, e che era stato membro del comitato di esperti di Roosa per la Federal Reserve Bank di New York, prima di un periodo al Tesoro nell'amministrazione Kennedy. "David Rockefeller, presidente della Chase Bank, e Roosa hanno avuto un peso notevole nella decisione di Carter di nominare Volcker presidente del Reserve Board. *Il New York Times* non ha menzionato il fatto che David Rockefeller e Robert Roosa avevano precedentemente scelto Carter - membro della Commissione Trilaterale - per rappresentare il Partito Democratico alle elezioni presidenziali del 1978, né che Carter difficilmente avrebbe potuto opporsi alla nomina di Paul Volcker come nuovo presidente del Federal Reserve Board. Il giornale ha anche omesso di sottolineare un elemento essenziale, che va ricordato, e cioè che questo modo di scegliere il presidente del Consiglio dei governatori è in linea con il privilegio reale concesso nell'accordo iniziale tra George Peabody e N. M. Rothschild, riciclato in un'altra società. M. Rothschild, riciclato in occasione dell'incontro a Jekyll Island e della promulgazione del Federal Reserve Act.

Il New York Times ha osservato che "la nomina di Volcker è stata approvata dalle banche europee di Bonn, Francoforte e Zurigo". L'ex segretario al Tesoro William Simon ha dichiarato che Volcker è "una scelta fantastica". Il quotidiano newyorkese ha anche riportato che la Borsa di New York è salita del 9,73% dopo l'annuncio della nomina di Volcker, il maggior rialzo in tre settimane, e che il dollaro ha registrato forti guadagni sul mercato dei cambi, sia negli Stati Uniti che nel resto del mondo.

Chi era questo Volcker per cui la sua nomina poteva avere un tale effetto sul mercato azionario e sul dollaro? Rappresentava la casa più potente della London Connection: Brown Brothers Harrimans, nonché le case finanziarie londinesi che facevano capo all'impero di Rockefeller. Il 29 luglio 1979 *il New York Times* parlò di Volcker: "Un uomo nuovo che si farà strada da solo".

Questa affermazione si rivela una menzogna, se si considera il *curriculum vitae* di Volcker. Il suo itinerario era stato tracciato dai suoi maestri a Londra. Studiò a Princeton e difese il suo master ad Harvard, poi frequentò la London School of Economics, la scuola che forma i finanzieri, nel 1951-1952. Una volta completata la sua "formazione", entrò dapprima nella Federal Reserve Bank di New York come economista dal 1952 al 1957, prima di assumere lo stesso ruolo per la Chase Manhattan Bank tra il 1957 e il 1961. Successivamente è entrato a far parte del Dipartimento del Tesoro (1961-1965), ricoprendo il ruolo di vice assistente segretario per gli affari monetari dal 1963 al 1965. Dal 1969 al 1974 è tornato al Dipartimento del Tesoro come sottosegretario agli Affari monetari internazionali. Nel 1975 fu nominato presidente della Federal Reserve Bank di New York, carica che mantenne fino al 1979, quando Carter lo scelse - su istigazione di Robert Roosa e David Rockefeller - come presidente del Consiglio dei governatori della

Federal Reserve.

Anthony Salomon gli succedette alla guida della Federal Reserve Bank di New York. Dopo aver conseguito il dottorato ad Harvard, Salomon è stato membro dell'OPA nel 1941-1942, quindi ha partecipato alla missione finanziaria del governo statunitense in Iran dal 1942 al 1946. In seguito ha diretto un'azienda conserviera in Messico tra il 1951 e il 1961, e infine ha presieduto l'International Investment Corp. per la Jugoslavia (uno Stato comunista) dal 1969 al 1972 prima di entrare al Tesoro come sottosegretario agli Affari monetari (1977-1980). In sintesi, la carriera di Salomon è sostanzialmente simile a quella di Volcker.

Il 2 dicembre 1981 *il New York Times* commentava: "Per anni la Federal Reserve è stata la seconda o terza istituzione più segreta della città. La legge sulla trasparenza del 1976 ha sollevato un po' quel velo: ora il suo consiglio di amministrazione tiene una riunione pubblica una volta alla settimana, il mercoledì alle 10, ma mai per discutere di politica monetaria, un argomento ancora considerato eminentemente delicato e difficilmente discusso pubblicamente". Il giornale prosegue affermando che, durante le sedute dell'Open Market Committee, Salomon e Volcker si sono seduti l'uno accanto all'altro nei posti d'onore, trasmettendo le istruzioni ricevute dall'estero.

Dietro Volcker e Salomon c'era Robert Roosa - Segretario al Tesoro nel gabinetto ombra di Carter - in rappresentanza di Brown Brothers Harriman, della Commissione Trilaterale, del Council on Foreign Relations, del Gruppo Bilderberg e del Royal Economic Institute. Roosa è il manager della Fondazione Rockefeller[126] e un direttore di Texaco e American Express. Martin Larson osserva che "il consorzio internazionale di finanzieri noto come Bilderberg, che si riunisce ogni anno in assoluta segretezza per determinare il destino dell'Occidente, è una creatura dell'alleanza Rockefeller-Rothschild e ha tenuto la sua terza sessione a St. Simons Island, a breve distanza da Jekyll Island". Larson dimostra anche che "i rappresentanti degli interessi dei Rockefeller lavorano a stretto contatto con gli agenti dei Rothschild e di varie banche centrali[127] ".

Il 18 giugno 1983, il Presidente Ronald Reagan pose fine a mesi

---

[126]Si veda il documento n. 5.

[127]Si veda il documento n. 1.

di speculazioni annunciando la riconferma di Paul Volcker come Presidente del Consiglio dei Governatori della Federal Reserve per altri quattro anni. Il primo mandato di Volcker sarebbe scaduto solo il 6 agosto 1983. Molti analisti politici contemporanei si stupirono allora del fatto che Reagan avesse confermato al suo posto un funzionario di base nominato da Carter: Reagan aveva con ogni probabilità ceduto a notevoli pressioni, come si legge tra le righe di un editoriale apparso sulla prima pagina del *Washington Post* il 10 giugno 1983: "Nessuno può rivaleggiare con il signor Volcker, né in termini di reputazione politica né di padronanza delle complesse reti che costituiscono la struttura finanziaria mondiale". L'autore di questo articolo, rimasto anonimo, non ha fornito alcun documento a sostegno delle sue lodi di Volcker come grande finanziere con una reputazione mondiale... Per quanto riguarda la sua reputazione politica, *il New York Times ha* osservato il 19 giugno 1983: "La politica del signor Volcker è, in un certo senso, un enigma". La sua posizione "apolitica" è in linea con la lunga tradizione di Washington di "indipendenza politica della Fed". Tuttavia, la questione della sua dipendenza dalla London Connection non è mai stata discussa a Washington.

In realtà, Volcker è più un politico che un economista. Dopo aver studiato alla London School of Economics e aver appreso chi gestiva la comunità finanziaria internazionale, è sempre stato al gioco. Non ha mai mancato di obbedire alle ingiunzioni della London Connection.

Questa London Connection esisteva davvero? Individui come Volcker e Salomon ricevevano i loro ordini, anche se solo indirettamente, da finanzieri stranieri? Per essere sicuri, esaminiamo le prove concrete a sostegno di queste ipotesi. Si tratta dello stesso tipo di prove che hanno spesso mandato gli uomini in prigione o sulla sedia elettrica. Nel 1911, John Moody osservò che sette membri dell'alleanza tra il gruppo moderno e il consorzio Standard Oil-Kuhn, Loeb dominavano gli Stati Uniti. Dove si collocano questi elementi nello scacchiere finanziario di oggi?

L'11 aprile 1983, *US* News ha pubblicato un elenco delle principali holding bancarie degli Stati Uniti, classificate in base alle loro attività al 31 dicembre 1982.

Al primo posto c'è Citicorp (New York), con 130.000.000.000 di dollari di attività. Questa holding è stata creata nel 1955 dalla fusione tra la First National City Bank di New York (di proprietà di Baker e Morgan) e la National City Bank, due dei principali detentori di azioni della Federal Reserve Bank di New York nel 1914.

Al terzo posto c'è la Chase Manhattan Bank (New York) con un attivo di 80.900.000.000 di dollari, frutto della fusione tra la Chase Bank e la *Bank of Manhattan*, del gruppo Rockefeller e di Kuhn, Loeb, che furono anche tra coloro che acquistarono azioni della Federal Reserve Bank di New York nel 1914.

Il quarto posto è andato a Manufacturers Hanover (New York), con 64.000.000.000 di dollari di attività, avendo anche acquistato azioni della Federal Reserve Bank di New York nel 1914.

Numero 5: J. P. Morgan Company (New York), con un patrimonio di 58.600.000.000 di dollari e una partecipazione significativa nella Federal Reserve Bank di New York.

Numero 6: la Chemical Bank di New York, con un attivo di 48.300.000.000 dollari, che nel 1914 ha acquisito azioni della Federal Reserve Bank di New York.

Numero 11: la First Chicago Corporation, ovvero la *First National Bank* of Chicago, che non era altro che la principale banca intermediaria della Morgan-Baker Bank of New York, che aveva fornito i primi due presidenti del Comitato consultivo federale.

Il collegamento diretto tra i partecipanti alla spedizione di Jekyll Island del 1910 e il nostro tempo è rappresentato da un estratto di pagina 75 di *A Primer on Money*, basato sulla House Committee on Banking and Currency, 88e Congress, 2e session, 5 agosto 1964:

> "L'effetto pratico del requisito secondo cui tutti gli acquisti devono essere effettuati sul mercato aperto è quello di prendere i soldi dei contribuenti e darli agli operatori. Questo costringe il governo a pagare un pedaggio per prendere in prestito denaro. Ci sono sei operatori "bancari": *First National Bank* of New York, Chemical Corp. Exchange Bank (New York), Morgan Guaranty Trust Co. (New York), Bankers Trust of New York, *First National Bank* of Chicago e Continental Illinois Bank of Chicago".

Queste istituzioni riscuotono quindi un "pedaggio" su tutto il denaro preso in prestito dallo Stato americano, e sono state queste stesse banche a ideare il Federal Reserve Act del 1913. Prove schiaccianti dimostrano il dominio delle stesse società che hanno organizzato il sistema della Federal Reserve nel 1914. Ad esempio, il 6 giugno 1983, Warren Brookes scriveva *sul Washington Post*:

> "Citicorp (la National City Bank e la *First National Bank* of New York unite nel 1955) ha appena registrato un *rendimento del capitale proprio* del 18,6%, J. P. Morgan del 17%, Chemical Bank e Bankers Trust del 16% circa - tutte performance eccezionali".

Sono state queste banche ad accaparrarsi le prime azioni emesse dalla Federal Reserve Bank nel 1914 e a detenere il controllo di maggioranza della Federal Reserve Bank di New York (l'unica banca a operare sul mercato aperto) che determina i tassi di interesse.

Queste istituzioni hanno anche beneficiato, senza interruzioni, di fluttuazioni intrinsecamente inspiegabili nella crescita della moneta e dei tassi di interesse. Brookes continua la sua analisi: "I tassi monetari reali si sono mossi avanti e indietro tra lo 0% e il 17% in periodi successivi di sei mesi nei tre anni di recessione. I due indicatori della crescita monetaria preferiti da Milton Friedman, i fattori M2 e M3, in realtà hanno mostrato poche variazioni da un anno all'altro nel periodo 1972-1982".

Abbiamo quindi tassi di crescita del denaro che oscillano tra lo 0 e il 17%, ma senza variazioni realmente rilevabili da un anno all'altro, il che solleva la questione se sia possibile ottenere una crescita stabile del denaro nel corso dello stesso anno. La risposta è semplice: *i grandi profitti si ottengono grazie a queste fluttuazioni e a questi andirivieni*. Quindi la vera domanda è: *chi determina questi movimenti?* La conclusione non sorprende: *la London Connection*.

I propagandisti sostenuti dai monopoli mediatici e dai think-tank ad essi collegati diffondono nuove teorie economiche, una più esotica dell'altra, per distogliere l'attenzione dal continuo controllo esercitato dai grandi finanzieri e dai loro eredi che, nel 1913, hanno ottenuto dal governo degli Stati Uniti il monopolio del denaro e del credito del popolo americano. In effetti, un propagandista della *National Review*, James Burnham, divenne famoso con la sua ridicola teoria dei "manager". Egli formulò l'assioma secondo cui i vecchi arbitri della ricchezza - i J. P. Morgan, i Warburg e i Rothschild - erano scomparsi dalla scena entro il 1950, per essere sostituiti da una nuova classe: i "manager". Questa teoria, che non ha alcun fondamento nella realtà, è servita a nascondere il fatto che gli stessi individui controllano ancora il sistema monetario mondiale. I "manager", in altre parole i direttori esecutivi alla Volcker, sono dei prestanome stipendiati che continuano a ricevere un buon stipendio a fine mese finché eseguono gli ordini dei loro sponsor. Lo stesso Burnham è un propagandista altamente pagato per la *National Review*, che molti politici di spicco - senza dimenticare il Presidente Reagan - consideravano una pubblicazione "conservatrice".

Tra il 1914 e il 1982, un periodo in cui innumerevoli banche statunitensi sono fallite, gli acquirenti originari delle azioni della Federal Reserve non si sono limitati a sopravvivere: hanno consolidato il loro potere. E la London Connection? Esiste ancora e determina davvero la traiettoria economica degli Stati Uniti? L'edizione del 19 maggio 1983 del *Washington Post* pubblicò una nota ricevuta da Nairobi, in Kenya, a proposito di una riunione della Banca africana di sviluppo: "La banca d'affari britannica Morgan Grenfell e un consorzio americano composto da Kuhn Loeb, Lehman Brothers International, Lazard Frères di Francia e Warburg del Regno Unito stanno lavorando discretamente come consulenti finanziari di una dozzina di Stati africani afflitti dal debito".

Sono esattamente i nomi che abbiamo conosciuto nel 1914. Ancora oggi dominano la finanza internazionale a proprio vantaggio, con risultati disastrosi per tutti gli altri. Potremmo sperare in un po' di sollievo da parte dell'attuale amministrazione, ma, purtroppo, prima di arrivare al Presidente dovremmo prima risalire all'intera catena dei suoi principali collaboratori, da J. Henry Schroder, Brown Brothers Harriman e altri elementi chiave della London Connection...

Lopez Portillon, presidente del Messico, nel suo discorso al Congresso nazionale messicano del settembre 1982 dichiarò che l'esplosione del credito del decennio precedente era stata un flagello finanziario paragonabile alla peste nera che aveva devastato l'Europa nel XIVe secolo: "Come nel Medioevo, attraversa i Paesi uno dopo l'altro. È trasmessa dai topi e produce disoccupazione e miseria, fallimenti industriali e ricchezza speculativa. La medicina prescritta ai malati dai medici è l'inattività forzata e la fame".

La rivista Forbes dell'11 ottobre 1982 riportava: "Il mondo chiede a gran voce liquidità, non perché la massa monetaria si sia contratta, ma perché troppa di essa viene destinata al pagamento di vecchi debiti piuttosto che al finanziamento di nuovi investimenti produttivi".

La politica degli alti tassi di interesse e della scarsità di denaro è stata disastrosa per gli Stati Uniti. All'inizio del 1983, un leggero allentamento della moneta e del credito ha fatto sperare in un po' di sollievo, ma finché il Federal Reserve System e i suoi invisibili burattinai continueranno a controllare l'offerta di moneta, ci saranno sicuramente nuovi intoppi in futuro. L'11 dicembre 1982, commentando i problemi economici, *The Nation* riportava: "La responsabilità di tutto ciò è da attribuire al Federal Reserve System, che opera, come sempre, per conto del sistema bancario internazionale".

La prova che il Federal Reserve System lavora per conto di questo sistema bancario internazionale si trova nella serie di tabelle redatte dai membri della Commissione per le banche, la moneta e gli alloggi della Camera dei Rappresentanti del 94^e Congresso, 2^e sessione, nell'agosto

1976, con il titolo "I direttori della Federal Reserve: uno studio sull'influenza aziendale e bancaria"[128]. Il documento 5 mostra i consigli di amministrazione intersettoriali legati a David Rockefeller. La tabella 6 riproduce la pagina 55 del suddetto studio, con i consigli di amministrazione legati a Frank R. Milliken, uno dei direttori[129] della Federal Reserve Bank di New York. La tabella cita i principali protagonisti della nostra storia dei conciliaboli di Jekyll Island: Citibank, J. P. Morgan & Company, Kuhn Loeb & Company, oltre ad altre società collegate alle precedenti. La tabella 7 è tratta da pagina 53 di questo rapporto e descrive i consigli di amministrazione di un altro direttore di classe C della Federal Reserve Bank di New York: Alan Pifer. Pifer, che presiede la Carnegie Corporation di New York, è strettamente legato alla J. Henry Schroder Trust Company, alla J. Henry Schroder Banking Corporation, al Rockefeller Center, alla Federal Reserve Bank di Boston, alla Equitable Life Assurance Society (J. P. Morgan) e ad altri gruppi. Un rapporto redatto nell'agosto 1976 dalla House Committee on Banking, Currency and Housing ci fornisce un elenco completo dei nostri principali protagonisti, che operano oggi esattamente come nel 1914.

Questa analisi parlamentare di 120 pagine elenca le funzioni di politica pubblica svolte dalle banche distrettuali della Federal Reserve, descrive le modalità di nomina dei loro direttori e rivela l'importanza delle pressioni nella sfera pubblica, con il dominio della finanza e il suo controllo, e i legami reciproci tra le grandi imprese e le banche di riserva. Questi documenti permettono di identificare i direttori di classe A, B e C per ogni banca distrettuale. Per ogni banca affiliata esisteva una tabella che doveva fornire informazioni sui direttori selezionati dalla banca distrettuale e su quelli selezionati dal Consiglio dei Governatori del Federal Reserve System.

Henry S. Reuss, il rappresentante democratico del Wisconsin che presiedeva questa commissione, ha scritto nella prefazione a questo

---

[128]Dato lo spazio limitato a disposizione, sono state scelte solo 5 delle 70 tabelle di questo rapporto che mostrano tutti i legami che uniscono i protagonisti dominanti e influenti che controllano il sistema della Federal Reserve, per illustrare le relazioni esistenti tra i dirigenti e i direttori delle 12 banche della Federal Reserve nel 1976 e le società citate in questo libro.

[129]Pagina 34 della relazione parlamentare del 1976: "I tre direttori di classe C sono nominati dal Consiglio dei governatori per rappresentare l'interesse pubblico generale".

studio:

"La Commissione ha osservato per molti anni l'influenza degli interessi privati sulle responsabilità intrinsecamente pubbliche del Federal Reserve System. Come chiarisce questo rapporto, è difficile concepire un consiglio di amministrazione la cui base di membri sia così ristretta per un'istituzione pubblica come lo è per le 12 banche del Federal Reserve System.

Solo due gruppi della società americana, le banche e le grandi imprese, hanno una rappresentanza significativa in questi consigli di amministrazione, e spesso finiscono per fondersi attraverso consigli incrociati [...] I piccoli agricoltori sono assenti. Le piccole imprese sono appena percettibili. Non ci sono donne nei consigli di amministrazione delle banche distrettuali e solo sei in quelli delle banche affiliate. Nell'intero sistema, compresi i consigli distrettuali e le banche affiliate, ci sono solo 13 membri appartenenti a gruppi minoritari.

Questo rapporto solleva una questione cruciale sulla "indipendenza" generalmente rivendicata dalla stessa Federal Reserve. Indipendente da cosa e da chi? Non certo, in ogni caso, dalle banche o dalle grandi imprese, se vogliamo giudicare dagli innumerevoli legami reciproci evidenziati da questa analisi dedicata ai consigli di amministrazione distrettuali.

Il dominio delle grandi imprese e delle banche sul Federal Reserve System, di cui si parla in questo rapporto, può essere in parte ricondotto al Federal Reserve Act originario, che conferiva alle banche commerciali associate il potere di nominare i due terzi dei direttori di ogni banca distrettuale. Il Consiglio dei Governatori di Washington, tuttavia, condivide la responsabilità di questo squilibrio: questo Consiglio seleziona i cosiddetti membri "pubblici" dei consigli di amministrazione di ogni banca regionale, e queste nomine hanno in gran parte riflesso gli stessi interessi privati dei membri eletti dalle banche [...] Senza la promulgazione di riforme radicali, il sistema della Federal Reserve rimarrà carente nell'esercizio delle sue responsabilità pubbliche come istituzione di stabilizzazione economica e di regolamentazione bancaria. La fine di questo sistema è troppo importante per il benessere della nazione americana per lasciarne gran parte al capriccio di ristretti interessi privati.

La concentrazione del potere economico e finanziario negli Stati Uniti si è spinta troppo oltre.

Nella sezione "Il sistema dei club", il Comitato osserva che:

"L'approccio 'club' porta la Federal Reserve a reclutare continuamente gli stessi monopoli, aziende, università e holding quando si tratta di scegliere i suoi direttori".

La relazione parlamentare concludeva come segue:

"Molte delle aziende citate in queste tabelle, come abbiamo detto *sopra*, hanno stretti rapporti con il Federal Reserve System. First Bank Systems, Southeast Banking Corporation, Federated Department Stores, Westinghouse Electric Corporation, Proctor & Gamble, Alcoa, Honeywell, Inc, Kennecott Copper, Owens-Corning Fiberglass... Tutte queste aziende hanno almeno due direttori legati alle banche distrettuali o alle banche affiliate.

In sintesi, i direttori della Federal Reserve sono chiaramente rappresentanti di una ristretta élite che domina gran parte della vita economica di questo Paese".

FINE DELLA RELAZIONE PARLAMENTARE.

Addenda

Martedì 26 luglio 1983, alle 11.05, 27 banche di New York detenevano azioni della Federal Reserve Bank di New York. L'elenco che segue mostra il numero e la percentuale di azioni detenute da 10 di queste banche, che insieme rappresentavano il 66% del capitale in circolazione, ovvero 7.005.700 azioni:

	Numero di azioni	Condividi
Società Bankers Trust	438 831	6%
Banca di New York	141 482	2%
Chase Manhattan Bank	1 011 862	14%
Banca Chimica	544 962	8%
Citibank	1 090 813	15%
Banca Europea Americana e Trust	127 800	2%
J. Henry Schroder Bank & Trust	37 493	0,5%
Produttori Hannover	509 852	7%
Morgan Guaranty Trust	655 443	9%
Banca nazionale del Nord America	105 600	2%

Il numero particolarmente elevato di azioni detenute nel 1983 rispetto all'assegnazione originaria del 1914 è uno dei risultati della sezione 5 della legge istitutiva della Federal Reserve. Questa prevede che una banca membro del sistema acquisti e detenga, all'interno della

Reserve Bank del proprio distretto, il 6% del proprio capitale e del capitale in eccesso in azioni di tale istituto.

L'elenco delle azioni detenute nel 1983 da cinque delle banche citate mostra chiaramente che solo poche famiglie, legate da vincoli di sangue o da interessi finanziari, controllavano ancora le banche di New York che, a loro volta, mantenevano una maggioranza di controllo all'interno della Federal Reserve Bank di New York.

È interessante notare che tre delle banche che detengono 270.893 azioni della Federal Reserve Bank di New York sono filiali di banche straniere. Standard & Poors classifica la J. Henry Schroder Bank & Trust come una filiale della Schroder Ltd (Londra). La National Bank of North America è solo una filiale della National Westminster Bank, una delle cinque maggiori banche inglesi. La European American Bank è una filiale della European Bank, Bahamas, Ltd. Tra i direttori della European American Bank & Trust figurano: Milton F. Rosenthal, amministratore delegato della multinazionale dei metalli preziosi Engelhard Minerals & Chemical; Hamilton F. Potter, socio di Sullivan & Cromwell (avvocati di J. Henry Schroder Bank & Trust); Edward H. Tuck, socio di Shearman & Sterling (avvocati di Citibank); F. H. Ulrich e Hans Liebkutsch, amministratori delegati della gigantesca Midland Bank di Londra, una delle cinque maggiori banche inglesi; e Roger Alloo, Paul-Emmanuelle Janssen e Maruice Laure della Société Générale de Banque (Bruxelles, Belgio). [Vedi documento n. 3].

Questi documenti, ricavati dai dati disponibili presso il Consiglio dei Governatori della Federal Reserve, sono prodotti come prova del fatto che nel 1983 la maggioranza di controllo all'interno della Federal Reserve Bank di New York - che determina i tassi e l'ambito di operatività dell'intero Federal Reserve System - era in gran parte nelle mani di banche direttamente soggette alla London Connection, ovvero la Banca d'Inghilterra controllata, da parte sua, da Rothschild. [Vedi documento n. 1].

Appendice

In *The Empire of the City*, p. 27 (pubblicato dall'autore nel 1946), E. C. Knuth vede "la Banca d'Inghilterra come il principale associato dell'amministrazione americana nella conduzione degli affari finanziari mondiali". Egli cita anche l'edizione del 1943 dell'*Encyclopaedia Americana*.

Barron cita Lord Swaythling (8 aprile 1923): "Lord Swaythling ha detto: 'Il trading può essere diretto solo da Londra. È la capitale della borsa'" - Clarence W. Barron (fondatore del *Barron's Weekly*), *They Told Barron*, New York, Harpers, 1930, p. 27.

Nel mondo della finanza internazionale, gli scambi si riferiscono a transazioni che coinvolgono denaro e titoli, o semplicemente allo "scambio" dei valori portati da questi titoli. È essenziale che questo "scambio" avvenga in un luogo dove questi stessi valori possano essere determinati, e questo luogo è la City di Londra.

La città di Londra divenne il principale centro borsistico del mondo grazie ai *"consoli" della* Banca d'Inghilterra, obbligazioni che non potevano essere rimborsate ma che davano diritto a una rendita corrispondente a un rendimento stabile dell'investimento. In *The Wall Street View* (Silver Burdett Co., 1900, p. 255), Henry Clews spiega:

"Il Consolidated Act del 1757 consolidò i debiti dello Stato inglese al tasso del 3%. Essi erano conservati in un conto presso la Banca d'Inghilterra, la cassaforte dei suoi depositi". Apparentemente "sbarazzandosi" dei suoi *"consoli"* alla Borsa di Londra dopo la battaglia di Waterloo, e fingendo il panico, Nathan Meyer Rothschild acquistò segretamente i *consoli* venduti nel panico da altri detentori, ben al di sotto del loro valore nominale, e in questo modo divenne il principale detentore di *consoli*, assumendo così il controllo della Banca d'Inghilterra nel 1815.

12% di dividendo

Sebbene un governo laburista abbia nazionalizzato la Banca

d'Inghilterra nel 1946, essa continua - secondo la *Grande Enciclopedia Sovietica* (vol. I, p. 490 c) - a pagare una rendita del 12% ogni anno, esattamente come faceva prima della nazionalizzazione. Il suo "governatore" è nominato dal governo, in un contesto simile a quello degli Stati Uniti, dove i governatori del Federal Reserve System sono nominati dal Presidente. Tuttavia, come sottolinea l'*Encyclopaedia Americana* (vol. XIII, p. 272), "in pratica i governatori della Banca d'Inghilterra non hanno esitato a criticare pubblicamente il governo e a fare pressione su di esso".

Tassi bancari

La determinazione dei tassi d'interesse da parte della Banca d'Inghilterra è nota come "Bank Rate" ed è uno strumento di controllo dei tassi d'interesse a livello mondiale, anche se i tassi di altri Paesi possono essere più alti o più bassi di questo "Bank Rate". La Banca d'Inghilterra amministra il debito dello Stato britannico, che ricorre ai suoi servizi per arbitrare su questioni politiche. Ha agito da intermediario con i rivoluzionari iraniani nei negoziati per la liberazione degli ostaggi americani.

Non deve sorprendere che nel 1983 il Governatore della Banca d'Inghilterra, Sir Gordon Richardson, fosse un personaggio di spicco della finanza internazionale, che compare in altre parti di questo libro in virtù del suo rapporto con la J. Henry Schroder Company di Londra tra il 1962 e il 1972, quando divenne Governatore della Banca d'Inghilterra. Fu anche direttore della J. Henry Schroder Co. di New York e della Schroder Banking Corp. (stessa sede), oltre che della Rolls-Royce e della Lloyd's Bank. Mentre viveva a Londra, aveva un pied-à-terre a New York e nell'elenco di Manhattan era indicato semplicemente come "G. Richardson, 45 Sutton Place S.". (un'edizione precedente dell'elenco riportava il suo indirizzo come 4 Sutton Place). Sutton Place divenne un indirizzo alla moda per le personalità globaliste su istigazione di Bessie Marbury, di cui abbiamo parlato nel capitolo XIII per i suoi legami con le famiglie Morgan e Roosevelt.

Nel 1982, i direttori della Banca d'Inghilterra comprendevano: Léopold de Rothschild, della N. M. Rothschild & Sons; Sir Robert Clark, presidente della Hill Samuel Bank, la banca più influente dopo la Casa Rothschild; John Clay, della Hambros Bank; e David Scholey, della Warburg Bank e co-presidente della S. C Warburg Co.

In *The Changing Anatomy of Britain* (New York, Random House, 1982, pag. 279), Anthony Sampson ha scritto: "Le banche più cosmopolite, con esperti e amministratori come i Warburg, i Montecchi, i Rothschild e i Kleinwort, avevano anche scoperto nei mercati una nuova fonte di giganteschi profitti negli eurodollari che nacquero negli anni Cinquanta e si moltiplicarono per tutti gli anni Sessanta [...] Gli stessi banchieri britannici controllavano fondi relativamente piccoli, ma sapevano come fare soldi con i soldi degli altri".

Il mercato degli eurodollari, ennesima estensione della "produzione di denaro", è monopolizzato da una serie di società che ora nomineremo.

L'impero dell'eurodollaro

"Oggi, in unione con i soci situati sull'isola di Manhattan (la più grande quota di proprietà immobiliare britannica), l'Impero Britannico controlla l'intero mercato finanziario degli eurodollari da 1.500.000.000.000 di dollari, altri 300-500.000.000 di dollari alle Cayman e alle Bahamas, e altri 50-100 miliardi di dollari nel "mercato asiatico del dollaro" di Hong Kong e Singapore [....Pensate al mercato degli eurodollari, che rappresenta 1.500.000.000.000 di dollari, come un mercato di "contrabbando" in dollari USA, sul quale la nazione non ha alcun controllo! La maggior parte della gestione e dei profitti è nelle mani delle banche di Londra. Legate al Libor (il tasso interbancario di Londra), esse stabiliscono il tasso interbancario di Londra, le condizioni dei prestiti e i tassi di interesse applicabili a questa massa di dollari americani [...] Banche americane come Citibank (New York), di cui è direttore l'influente finanziere britannico Lord Aldington, operano apertamente su questo mercato. Allo stesso tempo, le banche britanniche - tra cui la banca chiave del commercio globale di droga, la Bank of Hong Kong e la Bank of Shanghai - si spostavano in massa negli Stati Uniti per divorare le banche americane. ᵉNel 1978, Hongshang (cioè la Banca di Hong Kong e Shanghai) ha preso il controllo della Marine Midland Bank di New York, la più grande banca commerciale dello Stato di New York [...] Gli inglesi controllano anche la produzione di dollari americani: Mentre Paul Volcker, presidente del Federal Reserve Board, contraeva il credito a scapito dell'economia nazionale, le banche satelliti britanniche (come la European American Bank) nelle Isole Cayman - un possedimento della corona britannica a 200 miglia nautiche dalla costa della Florida - e nelle Bermuda, insieme a una dozzina di altre antenne che fungevano da "banche libere", creavano centinaia di miliardi di dollari USA. Come è stato possibile? Nel mondo bancario della "libera impresa" dell'Impero Britannico, non esistono obblighi di riserva o altre restrizioni alla creazione di credito denominato in dollari. Un prestito di 1.000.000 di dollari non contabilizzato può essere emesso negli Stati Uniti e poi trasformato in diversi prestiti per un totale compreso tra 20.000.000 e 100.000.000 di dollari denominati in dollari, dopo essere sfuggito alle maglie del sistema britannico, che non prevede coefficienti di riserva[130]".

Il potere finanziario, ma anche l'influenza giuridica, rimasero in Gran Bretagna. L'8 giugno 1983, *il Washington Post* ha osservato che, dopo la Rivoluzione americana, negli Stati Uniti di recente sono rimaste in vigore leggi consolidate: molte di queste leggi di "*common* law inglese" risalivano al 1278, ben prima della scoperta dell'America.

Il colossale potere finanziario della City era evidente in molti settori. In *Present at the Creation* (New York, W. W. Norton, 1969, p. 779), Dean Acheson racconta: "Alloggiavamo nella residenza dell'ambasciata, un ex palazzo di J. P. Morgan, al 14 di Prince's Gate, di fronte a Hyde Park". Quanti americani sanno che la residenza dell'Ambasciata americana a Londra è un edificio di J. P. Morgan, o che Dean Acheson - ex collaboratore di Morgan - si considera così, a pagina 505 del suo libro: "Il mio sentimento personale era da tempo filo-britannico, e si sapeva"? Nessuno ha commentato un Segretario di Stato americano apertamente schierato con il Regno Unito.

Il denaro "creato" dalla Federal Reserve non viene utilizzato solo per motivi finanziari: serve anche a mantenere il controllo dei finanzieri su tutti gli aspetti della vita economica, politica e sociale. Viene utilizzato per finanziare le gigantesche spese dei candidati alle elezioni, gli obesi bilanci delle università, gli enormi investimenti necessari per lanciare giornali e riviste e una vasta gamma di fondazioni, think tank e altri strumenti di controllo mentale.

Guerra psicologica

Pochi sanno che negli ultimi 80 anni quasi tutte le scoperte nel campo della psicologia negli Stati Uniti sono state fatte sotto gli auspici del Bureau for Psychological Warfare dell'esercito britannico. All'inizio degli anni '80, il sottoscritto ha conosciuto un nuovo nome: il Tavistock Institute of Human Relations di Londra. Il termine "relazioni umane" indica tutti gli aspetti del comportamento umano. Il modesto obiettivo del Tavistock Institute è ottenere ed esercitare il

---

[130]*Harpers Magazine*, febbraio 1980.

controllo su tutti gli elementi del comportamento umano dei cittadini americani.

Innumerevoli soldati rimasero permanentemente invalidi a causa dell'intenso bombardamento durante la Prima Guerra Mondiale. Nel 1921, il Marchese di Tavistock, 11^e Duca di Bedford, donò un edificio a un gruppo che intendeva supervisionare i programmi di riabilitazione per i soldati britannici traumatizzati. Questa associazione prese il nome del suo patrono: il Tavistock Institute. In assoluta segretezza, fu creato un gruppo di esperti, tutti ferocemente addestrati alla guerra psicologica. Il nome del Tavistock Institute compare solo due volte in cinquant'anni nell'indice del *New York Times*. Eppure, secondo LaRouche e altri analisti, questo gruppo supervisionò e addestrò tutto il personale dell'Office of Strategic Services (OSS), dello Strategic Bombing Survey, del Quartier Generale Supremo delle Forze di Spedizione Alleate e di altri elementi militari americani chiave durante la Seconda Guerra Mondiale, un conflitto in cui il Tavistock Institute associò la sezione di scienze mediche della Fondazione Rockefeller con esperimenti esoterici che utilizzavano droghe che alteravano le funzioni cerebrali. L'attuale cultura della droga negli Stati Uniti è riconducibile a questo istituto, che supervisionava i programmi di formazione della CIA. La "controcultura dell'LSD" ebbe inizio quando Sandoz A. G., un laboratorio farmaceutico svizzero di proprietà di S. G. Warburg & Co. sviluppò una nuova droga a base di acido lisergico, meglio nota come LSD. James Paul Warburg (figlio di quel Paul Warburg che progettò il Federal Reserve Act nel 1910) sovvenzionò un prodotto del Tavistock Institute negli Stati Uniti: l'Institute for Policy Studies. Il suo direttore, Marcus Raskin, fu nominato membro del Consiglio di Sicurezza Nazionale. James Paul Warburg ideò un programma della CIA per sperimentare l'LSD su agenti della CIA, alcuni dei quali finirono per suicidarsi. Questo programma, chiamato "MK-Ultra" e supervisionato dal dottor Gottblieb, ha portato a clamorose azioni legali contro il governo statunitense da parte delle famiglie delle vittime.

L'Institute for Policy Studies creò una sezione studentesca - gli Studenti per la Società Democratica (SDS) - dedicata alla droga e alla rivoluzione. Invece di sovvenzionare personalmente l'SDS, Warburg utilizzò i fondi della CIA, pari a circa 20.000.000 di dollari, per promuovere le agitazioni studentesche negli anni Sessanta.

Il Tavistock Institute inglese non ha certo limitato le sue attività ai gruppi di estrema sinistra: ha anche supervisionato i programmi di think tank apparentemente "conservatori" come l'Herbert Hoover Institute dell'Università di Stanford, la Heritage Foundation, Wharton, Hudson, MIT e Rand. I programmi di "formazione alla sensibilità" e di "incontro sessuale" dei circoli californiani più radicali, come l'Esalen Institute e le sue numerose controparti, sono stati tutti progettati e sviluppati da psicologi del Tavistock Institute.

Uno dei pochi articoli che menzionano il Tavistock Institute è apparso su *Business Week* il 26 ottobre 1963. Era accompagnato da una fotografia della sua sede nel famoso quartiere farmaceutico di Londra. L'articolo parlava della "vena freudiana" dell'Istituto e sottolineava che era in gran parte finanziato da aziende blue-chip della Borsa di Londra come Unilever, BP e Baldwin Steel. Secondo *Business Week, le* campagne di sperimentazione psicologica e di formazione alle abilità sociali dell'Istituto hanno preso piede negli Stati Uniti attraverso le università del Michigan e della California, focolai di radicalismo e di reti di droga.

Fu questo Marchese di Tavistock, 12e Duca di Bedford, che Rudolf Hess andò a incontrare, dopo essere volato in Inghilterra, al fine di ottenere un contatto per porre fine alla Seconda Guerra Mondiale. Si dice che Tavistock valesse 40.000.000 di dollari nel 1942. Nel 1945, sua moglie morì di overdose.

Biografie

Nelson Aldrich (1841-1915)

Senatore del Rhode Island; capo della Commissione monetaria nazionale; sua figlia Abby Aldrich sposò John D. Rockefeller, J^r ; divenne il nonno del suo quasi omonimo Nelson Aldrich Rockefeller, nonché degli attuali David Rockefeller e Laurence Rockefeller.

William Jennings Bryan (1860-1925)

Segretario di Stato di Woodrow Wilson, candidato fallito del Partito Democratico alle tre elezioni presidenziali del 1896, 1900 e 1908 e leader del Partito Democratico.

Alfred Owen Crozier (1863-1939)

Avvocato di spicco a Grand Rapids, Cincinnati e New York, Crozier produsse otto libri su questioni legali e monetarie, distinguendosi per la sua opposizione alla sostituzione della moneta costituzionale con una moneta aziendale stampata da società private per il proprio profitto.

Clarence Dillon (1882-1979)

Nato a San Antonio (Texas), figlio di Samuel Dillon e Bertha Lapowitz. Laureato ad Harvard nel 1905. Sposò Anne Douglass di Molwaukee. Suo figlio, C. Douglas Dillon (poi Segretario del Tesoro, 1961-65), nacque a Ginevra, in Svizzera, nel 1909, mentre erano all'estero. Dillon conobbe William A. Read, fondatore della società di intermediazione obbligazionaria William A. Read & Company, tramite il suo ex compagno di studi a Harvard William A. Phillips nel 1912 e Dillon entrò a far parte dell'ufficio di Chicago di Read nello stesso anno. Si trasferì a New York nel 1914. Read morì nel 1916 e Dillon acquistò una partecipazione di controllo nella sua azienda. Durante la Prima guerra mondiale, Bernard Baruch, presidente del War Industries Board (noto come lo Zar dell'industria americana), chiese a Dillon di diventare consulente del presidente del War Industries Board. Nel 1920, il nome William A. Read & Company fu cambiato in Dillon, Read & Company. Dillon era direttore dell'American Foreign Securities

Corporation, che aveva creato nel 1915 per finanziare gli acquisti di munizioni negli Stati Uniti per conto del governo francese. Il suo braccio destro alla Dillon, Read & Company, James Forrestal, divenne Segretario della Marina e poi della Difesa e morì in circostanze misteriose in un ospedale federale. Nel 1957, la *rivista Fortune* classificò Dillon tra gli uomini più ricchi degli Stati Uniti, con un patrimonio stimato tra i 150.000.000 e i 200.000.000 di dollari.

Alan Greenspan (1926-)

Nominato dal Presidente Reagan a succedere a Paul Volcker come Presidente del Consiglio dei Governatori della Federal Reserve nel 1987. Greenspan era succeduto a Herbert Stein come presidente del Consiglio dei consulenti economici del Presidente nel 1974. Era un protetto dell'ex presidente Arthur Burns (Bernstein). Burns era un monetarista che rappresentava la scuola economica di Vienna (Rothschild) e che esercitava la sua influenza in Inghilterra attraverso la Royal Colonial Society, una facciata per i Rothschild e altri finanzieri inglesi che nascondevano i profitti del commercio mondiale di droga nella Banca di Hong Kong e Shanghai. L'economista dei membri della Royal Colonial Society era Alfred Marshall, l'inventore della teoria monetarista, che, come leader del gruppo di Oxford, divenne il capo di Wesley Clair Mitchell, che fondò il National Bureau of Economic Research per conto dei Rockefeller negli Stati Uniti. Mitchell, a sua volta, divenne il capo di Arthur Burns e Milton Friedman, le cui teorie sono oggi le tecniche politiche di Greenspan al Federal Reserve Board. Greenspan era anche il pupillo di Ayn Rand, una pazza egoista che gestiva le sue relazioni sessuali con ordini gutturali. Rand era anche il capo del propagandista della CIA William Buckeley e della *Nation Review*. Greenspan è stato direttore di importanti aziende di Wall Street come la J. P. Morgan Co. la Morgan Guaranty Trust (la banca statunitense dei sovietici dopo la rivoluzione bolscevica del 1917), la Brookings Institution, la Bowery Savings Bank, il Drefus Fund, General Foods e Time, Inc. Il risultato più impressionante di Greenspan è stato raggiunto quando è stato presidente della Commissione nazionale sulla sicurezza sociale dal 1981 al 1983. Ha giocato con le cifre per convincere l'opinione pubblica che la previdenza sociale era in bancarotta, mentre in realtà aveva un enorme surplus. Queste cifre sono state poi utilizzate per imporre ai lavoratori americani un enorme aumento delle ritenute fiscali sulla Previdenza Sociale, in nome del principio di David Ricardo, la legge ferrea dei salari, secondo cui i lavoratori possono ricevere solo un salario di sussistenza, e qualsiasi eccedenza deve essere estratta con la forza attraverso un aumento delle tasse. In qualità di socio della J. P. Morgan Co. dal 1977, Greenspan ha rappresentato la linea ininterrotta di controllo del Federal Reserve System da parte delle corporazioni rappresentate alla riunione segreta di Jekyll Island del 1910, dove Henry P. Davison, braccio destro di J. P. Morgan, fu una figura chiave nella stesura del Federal Reserve Act. Pochi giorni dopo aver assunto l'incarico di presidente della Federal Reserve, Greenspan aumentò immediatamente il tasso di interesse il 4 settembre 1987, il primo aumento dopo tre anni di prosperità generale, e provocò il crollo del mercato azionario del lunedì nero dell'ottobre 1987, quando il Dow Jones precipitò di 508 punti. Sotto la guida di Greenspan, il Consiglio della Federal Reserve continuò a spingere gli Stati Uniti sempre più a fondo nella recessione, senza che i membri del Congresso, compiacenti, sollevassero una sola parola di critica.

Casa del colonnello Edward Mandell (1858-1938)

Figlio di un agente Rothschild in Texas. Riuscì a far eleggere cinque governatori consecutivi in Texas; divenne consigliere di Woodrow Wilson nel 1912. Lavorò con Paul Warburg per far approvare dal Congresso il Federal Reserve Act nel 1913.

Robert Marion LaFollette (1855-1925)

Fu membro del Senato per il Wisconsin dal 1905 al 1925. Guidò i riformatori agrari nell'opporsi ai banchieri dell'Est e ai loro piani per il Federal Reserve Act. Si candidò alla presidenza nel 1924 come socialista progressista.

Charles Augustus Lindbergh, S^r (1860-1924)

Rappresentante del Minnesota (1907-1917) che guidò la lotta contro la promulgazione del Federal Reserve Act nel 1913. Rimase in carica fino al 1917, quando si dimise per candidarsi a governatore del Minnesota. Condusse una buona campagna elettorale nonostante gli attacchi negativi dei giornali dominati dal *New York Times*. La sua campagna fu gravemente danneggiata quando gli agenti federali bruciarono i suoi libri, tra cui *Why Is Your Country At Wat?* - nonché le carte e i documenti della sua casa-ufficio a Little Falls, nel Minnesota.

Louis T. McFadden (1876-1936)

Deputato e presidente della Commissione bancaria e valutaria della Camera dal 1927 al 1933, si oppose coraggiosamente ai burattinai del Federal Reserve System negli anni Venti e Trenta. Propose risoluzioni di impeachment contro il Consiglio dei governatori della Federal Reserve e alcuni alti funzionari ad esso collegati. Dopo tre tentativi falliti di ucciderlo, morì in circostanze misteriose.

John Pierpont Morgan (1837-1913)

Considerato il finanziere americano predominante all'incrocio dei due secoli. Il *Who's Who* del 1912 afferma che "controlla più di 50.000 miglia di ferrovia negli Stati Uniti". Fondò la US Steel Corporation. Divenne un rappresentante della Casa Rothschild attraverso il padre, Junius S. Morgan, che era diventato socio londinese della George Peabody & Company, poi *Junius S. Morgan Company*, un agente dei Rothschild. John Pierpont Morgan, J^r succedette al padre alla guida dell'impero Morgan.

David Mullins (1946-2018)

Nominato governatore del Federal Reserve Board il 21 maggio 1990, il mandato di David Mullins è terminato il 31 gennaio 1996. In seguito è stato nominato Vicepresidente del Federal Reserve Board e dal 1988 al 1990 è stato Assistente del Segretario del Tesoro per le Finanze interne, ricevendo il premio più importante del dipartimento - l'Alexander Hamilton Prize - per il suo servizio sui programmi riguardanti i carburanti sintetici, la finanza federale e il Farm Loan Assistance Council, e per la sua ideazione di un piano presidenziale per salvare le istituzioni di risparmio e prestito. È un lontano cugino dell'autore di questo libro, discendente di John Mullins, il primo colono documentato con questo nome in West Virginia, eroe della battaglia di King's Mountain e beneficiario di una concessione di 200 acri di terra per il suo servizio durante la Rivoluzione americana.

Wright Patman (1893-1976)

Deputato e presidente della Commissione bancaria e valutaria della Camera dal 1963 al 1974. Dal 1937 fino alla sua morte, nel 1976, guidò la lotta in Congresso per fermare i burattinai del Federal Reserve System.

Arsene Pujo

Ha prestato servizio al Congresso dal 1903 al 1913. Democratico della Louisiana. Presidente della Commissione bancaria e valutaria della Camera. Presidente della sottocommissione per le "audizioni di Pujo" nel 1912.

Sir Gordon Richardson (1915-2010)

Direttore della Banca d'Inghilterra dal 1973. Presidente della J. Henry Schroder Wagg di Londra (1962-1972); direttore della J. Henry Schroder Banking Corporation di New York, della Lloyd's Bank di Londra e della Rolls-Royce.

Jacob Schiff (1847-1920)

Nasce in casa Rothschild a Francoforte, in Germania. Emigrò negli Stati Uniti e sposò Thérèse Loeb, figlia di Solomon Loeb, fondatore della Kuhn, Loeb & Co. Schiff divenne socio anziano della Kuhn, Loeb & Co. e, come rappresentante degli interessi Rothschild, assunse il controllo della maggior parte delle ferrovie degli Stati Uniti.

Barone Kurt von Schröder (1889-1966)

Banchiere ufficiale di Adolf Hitler, finanziò l'ascesa al potere di Hitler in Germania nel 1933; rappresentante tedesco delle filiali di Londra e New York della J. Henry Schroder Banking Corporation; capo di un gruppo di veterani delle SS; direttore di tutte le filiali tedesche della ITT; membro della cerchia di amici di Himmler; consigliere del Consiglio di amministrazione della Deutsche Reichsbank (banca centrale tedesca).

Anthony Morton Solomon (1919-2008)

Studi ad Harvard, economista presso l'Office of Price Administration nel 1941-1942; missione finanziaria in Iran dal 1942 al 1946; Agenzia per lo sviluppo internazionale del Sud America dal 1965 al 1969; presidente internazionale della Investment Corporation for Yugoslavia dal 1969 al 1972; consulente del presidente della commissione autostrade e trasporti della Camera dei Rappresentanti nel 1972-1973; sottosegretario agli affari monetari del Tesoro statunitense dal 1977 al 1980; presidente della Federal Reserve Bank di New York dal 1980.

Samuel Untermyer (1858-1940)

Socio dello studio legale Guggenheimer & Untermyer di New York, che guidò le "audizioni Pujo" della commissione bancaria e valutaria della Camera nel 1912. Avvocato di Rogers e Rockefeller in numerose cause contro F. Augustus Heinze, Thomas W. Lawson *e altri*. Fattura 775.000 dollari in un'unica causa per aver completato la fusione che ha creato la Utah Copper Company. Il 26 maggio 1924 il *New York Times lo* descrisse mentre sollecitava l'immediato riconoscimento della Russia sovietica alla riunione della Carnegie Hall. Il prestigio e il potere di Untermyer sono evidenziati dal fatto che questo necrologio pubblicato sulla prima pagina del *New York Times* era lungo sei colonne. La sua voce nel *Who's Who* è stata la più lunga di tutte per tredici anni.

Frank Vanderlip (1864-1937)

Assistente del Segretario al Tesoro dal 1897 al 1901; acquistò prestigio finanziando la guerra ispano-americana con l'emissione di 200.000.000 di dollari in obbligazioni durante il suo mandato per quella che allora era nota come "guerra della National City Bank", cioè come presidente della National City Bank dal 1909 al 1919. Membro del gruppo di Jekyll Island che concepì il Federal Reserve Act nel novembre 1910. Nel lungo necrologio pubblicato dal *New York Times* il 30 giugno 1937 non c'è alcun riferimento a questo fatto importante.

George Sylvester Viereck (1884-1962)

Autore del notevole studio *The Strangest Friendship in History, Woodrow Wilson and Col. House, Liveright, 1932. House,* Liveright, 1932. Eminente poeta dei primi del Novecento, apparso sulla prima pagina del *New York Times Book Review* e noto come il principale cittadino tedesco-americano degli Stati Uniti.

Paul Volcker (1927-2019)

Presidente del Consiglio dei governatori della Federal Reserve dal 1979, nominato dal Presidente Carter e confermato dal Presidente Reagan per un altro mandato di quattro anni a partire dal 6 agosto 1983. Ha studiato a Princeton, Harvard e alla London School of Economics; ha lavorato presso la Federal Reserve Bank di New York, 1952-1957; Chase Manhattan Bank, 1957-1961; Dipartimento del Tesoro, 1961-1974; Presidente della Federal Reserve Bank di New York, 1975-1979.

Paul Warburg (1868-1932)

Considerato da osservatori competenti il vero autore del piano per la nostra banca centrale (il sistema della Federal Reserve). Emigrato negli Stati Uniti dalla Germania nel 1904; socio dei banchieri Kuhn, Loeb & Company a New York; naturalizzato nel 1911. Membro del primo Consiglio dei governatori della Federal Reserve, 1914-1918; presidente del Comitato consultivo federale, 1918-1928. Fratello di Max Warburg, che fu a capo dei servizi segreti tedeschi durante la Prima guerra mondiale e rappresentò la Germania alla Conferenza di pace del 1918-1919, mentre Paul era presidente della Fed.

Sir William Wiseman (1885-1962)

Partner di Kuhn, Loeb & Company; capo dei servizi segreti britannici durante la Prima guerra mondiale. Lavorò a stretto contatto con il colonnello House dominando gli Stati Uniti e l'Inghilterra.

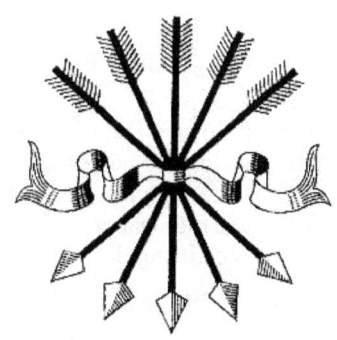

Postfazione di Aline de Diéguez

> "Cosa possono fare le leggi, dove solo il denaro è il re?".
>
> - Petronio

L'influenza di Ezra Pound nella prima esposizione del Sistema della Federal Reserve fu fondamentale. La sua ossessione per la lotta al sistema usuraio istituito negli Stati Uniti nel 1913 e inventato durante il famoso soggiorno dei "baroni rapinatori" a Jekyll Island nel 1910 attraversò tutta la sua vita, anche se, ahimè, fu drammaticamente fuorviato dagli impegni politici che avrebbero dovuto fornire una soluzione al vero problema che stava denunciando.

Resta il fatto che il sistema contro cui il poeta ha combattuto per tutta la vita sta morendo. L'ingordigia dei finanzieri è stata lasciata correre così tanto per quasi un secolo da portare l'economia mondiale sull'orlo del collasso.

Isola Jekyll

Molti economisti, monetaristi e altri esperti di finanza hanno avuto l'ardire di definire i risultati della riunione del 1910 a Jekyll Island come "la truffa del millennio", ma non osano portare il ragionamento logico alla sua conclusione: se c'è stata una truffa, è perché c'erano dei truffatori. Dietro il sistema, cerchiamo le persone.

Le biografie degli autori del complotto di Jekyll Island, presentate oggi con la timorosa deferenza che gli storici dedicano a tutto ciò che ha a che fare con la nascita e lo sviluppo dell'impero americano e con la riverenza che i poteri del denaro ispirano, si illuminano alla luce, in particolare, di analoghi destini contemporanei - mi riferisco alla fulminea prosperità degli oligarchi russi dopo la dissoluzione dell'Unione Sovietica.

Ma quando una favolosa fortuna viene accumulata in pochi anni, in tempi difficili, Mister Hyde non è mai lontano. La guerra civile americana, nota anche come *guerra civile americana*, è stata terreno fertile per speculatori, trafficanti e truffatori di ogni genere. Più vicino a noi, abbiamo visto come procedevano Roman Abramovitch, Mikhail Khodorkovsky, Alexei Morchadov, Vladimir Gusinsky e Boris Berezovsky. Abbiamo seguito le loro imprese quasi giorno per giorno, durante l'instabile periodo di transizione dell'ex Unione Sovietica da un'economia amministrata centralmente a un'economia cosiddetta "liberale", e abbiamo visto con i nostri occhi come si costruiscono imperi finanziari faraonici in pochi mesi, se non settimane.

Fu su una bucolica isoletta - Jekyll Island - appena al largo della costa della Georgia, nel novembre del 1910, che si svolse l'incontro segreto che, tre anni dopo, alla vigilia di Natale del 1913, portò alla creazione del mostro di Jekyll Island: la *Federal Reserve Bank* - **nota con l'**acronimo FED - e il suo braccio armato, il dollaro.

Jekyll? Hai detto Jekyll? Certo che sì! Il nome evoca irresistibilmente il romanzo di Robert Louis Stevenson, *Lo strano caso del dottor Jekyll e Mister Hyde,* apparso in Inghilterra circa vent'anni prima, nel 1885. Era stato un grande successo, sia per le sue qualità letterarie che per l'approfondimento psicologico e il tema trattato. L'impatto del romanzo nei paesi protestanti di lingua inglese era dovuto in gran parte al suo argomento: la lotta tra il Bene e il Male nella coscienza di ogni essere umano. Questi temi ci sono familiari oggi e sono diventati addirittura scottanti da quando l'attuale Presidente degli Stati Uniti, G.W. Bush, ne ha fatto il carburante del suo messianismo democratico-petrolifero.

Ora, l'isolotto che fece da sfondo alla nascita di quella che può essere definita la Banca delle Banche, in senso superlativo, come si parla del Re dei Re, si chiamava Ile de la Somme fin dalla sua scoperta nel 1562 e divenne appunto Jekyll nel 1886**,** un anno dopo la pubblicazione del romanzo di Stevenson. Furono i nuovi proprietari a ribattezzarla.

In origine era stato concepito come luogo di villeggiatura per un gruppo di famiglie così ricche - all'epoca rappresentavano oltre un sesto della ricchezza mondiale - da ritenere prudente isolarsi ermeticamente in un ghetto circondato dall'oceano. Tra i membri del *Jekyll Island Club* c'erano i Rockefeller, i Morgan, i Cranes e i Gould.

Il cambio di nome di questo isolotto da parte dei nuovi proprietari, e soprattutto la scelta di questo nome, non possono essere considerati atti innocenti e innocue. Un modo indiretto di annunciare il colore? Un messaggio inconscio? Un segnale in codice per gli addetti ai lavori? *A ciascuno il suo,* per riprendere il titolo di una famosa commedia di Luigi

Pirandello.

Indubbiamente, abbiamo già un piede nella realtà e l'altro nel romanzo, cioè nel mondo sotterraneo dell'azione. Per questo motivo ho pensato che sarebbe stato interessante iniziare ad analizzare l'*aura* letteraria e psicologica degli eventi che circondano la cospirazione del 1910. Scopriremo poi che lo scheletro del sistema monetario è rivestito di carne e fantasia, che arricchiscono la nostra comprensione della macchina machiavellica che un pugno di uomini ha concepito e imposto con tanta fermezza che i loro discendenti sono oggi considerati i veri padroni del mondo.

Sulle orme del buon dottor Jekyll

Chi era questo dottor Jekyll la cui storia impressionò a tal punto i ricchi banchieri da dare il suo nome al loro ghetto di lusso?

Il tema del romanzo di Stevenson è una variazione del mito faustiano dell'uomo che fa un patto con il diavolo. In un'epoca in cui la demonizzazione degli Stati che si oppongono all'espansione dell'impero americano e al suo saccheggio delle risorse mondiali, in particolare di quelle energetiche, sta diventando lo strumento centrale del lavaggio del cervello, possiamo constatare che gli elementari temi biblici della lotta tra il Bene e il Male, sono una delle invarianti più tenaci e radicate nei cervelli di quei popoli il cui immaginario religioso e il cui background morale si basano sui testi dell'Antico Testamento - israeliti e protestanti - che costituiscono il nucleo influente della politica interna ed estera dell'impero americano.

Un vero dottor Faustus è esistito in Germania alla fine del XVème secolo. Si pensa che sia nato intorno al 1480. L'umanista Rufus lo incontrò a Erfurt e il teologo Melanchton, suo compatriota, lo conobbe a Wittenberg. Era un personaggio tormentato, negromante, mago, indovino, chiaroveggente e truffatore, che conduceva una vita errante e travagliata. Si vantava di poter riprodurre, grazie al suo patto con Satana, i miracoli attribuiti a Gesù Cristo nei Vangeli. In un'epoca teologica travagliata dalla nascita dello scisma protestante - le novantacinque (95) proposizioni di Lutero furono inchiodate alla porta della chiesa di Wittenberg nel 1517 - il dottor Faust divenne una sorta di mito che illustrava la presenza attiva del diavolo nella vita dell'uomo condannato al peccato.

Ma Stevenson era appunto un uomo religioso e un protestante puritano. Ai suoi occhi, l'uomo abusa della sua scienza perché la ragione profana è diabolica nella sua essenza. Naturalmente, conosceva la storia della nascita del protestantesimo a Wittenberg e gli eventi che la circondano.

Il suo personaggio principale, il "buon" dottor Jekyll, è, a suo modo, una reincarnazione del dottor Faust. È ossessionato dalla scoperta che in ogni essere umano coesistono e si combattono ferocemente due esseri: uno buono, l'altro malvagio. Apparentemente stanco di essere "buono", spinto da un desiderio perverso di dare libero sfogo alle sue tendenze più sinistre e tentato dalla mela malvagia della scienza profana e di ispirazione satanica denunciata nella Genesi, cerca e trova una sostanza chimica che gli permetta di dividersi fisicamente in due, in modo che ciascuna delle sue due identità possa vivere separatamente.

Assumendo il farmaco che ha preparato, l'onorevole ed elegante dottore, famoso per la sua generosità verso i poveri e la sua accogliente benevolenza verso gli amici, riesce a scoprire il gemello orrendo e mostruoso che si nasconde dentro di lui, Mister Hyde, come suggerisce il nome, con una piccola stranezza ortografica - *hide* significa nascosto - che non inganna nessuno.

Questa creatura, moralmente ripugnante quanto lo è fisicamente, si aggira di notte nei sordidi quartieri di Londra, aggredendo bambini e uccidendo anziani. Questo espediente letterario, utilizzato anche da Oscar Wilde nel *Ritratto di Dorian Gray*, rifletterebbe l'ingenuità psicologica di suggerire che la bruttezza e la deformità fisica vadano di pari passo con la turpitudine e il crimine - e quindi che i criminali abbiano *"la testa per il lavoro"* - se non fosse che è la molla dell'azione.

La finezza di Stevenson si rivela nell'analisi dell'evoluzione della psicologia del dottor Jekyll: all'inizio, la sua mutazione in un criminale e in un ricercatore di piacere comportava un'immensa sofferenza fisica. Dovette ingerire un grosso bicchiere della sua pozione e sopportare mille morti prima che il suo corpo e la sua anima si trasformassero. A poco a poco, però, ci ha preso gusto e il carattere malvagio è diventato l'aspetto dominante del suo essere, tanto che il liquido non è più necessario per evocare Mister Hyde. Basta evocarlo nella sua mente e la metamorfosi avviene istantaneamente e facilmente. Alla fine, nemmeno la bevanda riuscì a farlo sparire. Mister Hyde aveva ucciso il dottor Jekyll e il "Male" aveva trionfato sul "Bene".

La conclusione *"morale"* che si può trarre dal romanzo di Stevenson è che l'inclinazione naturale dell'uomo è il "Male", che il Male diventa facilmente la norma e ci fa dimenticare che è mai esistito uno stato di onestà e verità.

Il modo in cui il mondo ha accolto le manipolazioni monetarie dei cospiratori di Jekyll Island ha seguito un percorso strettamente parallelo a quello dell'eroe del romanzo di Stevenson.

Preistoria della FED

L'azione dei "robber barons" - come li hanno chiamati gli storici americani - culminata nella decisione del 1913, non fu un atto isolato. Fu l'ultimo e decisivo colpo nella feroce guerra, sia in Europa che in America, tra il potere politico e il potere dei banchieri, in particolare quello dei Warburg e dei Rothschild d'Inghilterra. Questa guerra era in corso fin dalla Dichiarazione di Indipendenza delle colonie inglesi. Si è conclusa con la vittoria della finanza internazionale sul potere politico dello Stato nascente e ha aperto la strada al dominio esponenziale dei finanzieri sul mondo intero.

La battaglia era iniziata ancor prima della dichiarazione d'indipendenza, nel 1776, quando i banchieri della City di Londra riuscirono a far approvare dal governo inglese una legge che vietava alle tredici colonie americane di creare una moneta locale, la *Colonial Script*, e di utilizzare per i loro scambi solo la moneta d'oro e d'argento dei banchieri. Poiché questo denaro era stato ottenuto a interesse, divenne automaticamente un debito delle colonie.

I monetaristi lo chiamano denaro a debito, e questo denaro è un racket permanente delle banche sullo Stato, che è soggetto a questo regime.

Al momento della dichiarazione di indipendenza del nuovo Stato, gli insospettabili Padri fondatori scrissero nella Costituzione americana firmata a Filadelfia nel 1787, all'articolo 1, sezione 8, § 5, che *"il diritto di coniare moneta e di regolarne il valore appartiene al Congresso"*.

Thomas Jefferson era talmente convinto del ruolo perverso dei banchieri internazionali che scrisse: "Considero le istituzioni bancarie più pericolose di un esercito. Se il popolo americano consentirà mai alle banche private di controllare la propria massa monetaria, le banche e le corporazioni che crescono intorno a loro deruberanno il popolo delle proprie proprietà fino al giorno in cui i loro figli si sveglieranno senza casa nel continente conquistato dai loro Padri".

Ed è così che Jefferson profetizzò, più di due secoli fa, l'attuale crisi *dei subprime, che sta* gettando per strada sempre più cittadini americani.

Ma i banchieri non furono sconfitti. Trovarono il sostegno del nuovo governo, in particolare del Segretario al Tesoro, Alexander Hamilton, e dello stesso Presidente George Washington. Nel 1791 ottennero il diritto di creare una banca, erroneamente chiamata "Banca degli Stati Uniti" per far credere che fosse una banca del governo centrale, mentre in realtà era semplicemente una banca privata di proprietà degli azionisti.

A questa banca privata fu concesso il privilegio di emettere la moneta di debito del nuovo Stato per vent'anni.

Quando, dopo vent'anni, il presidente Jackson volle porre fine a questo diritto esorbitante, uscire dal ciclo del denaro a debito e tornare al diritto sancito dall'articolo 1 della Costituzione, i banchieri inglesi, guidati da Nathan Rothschild, istigarono nel 1812, con vari pretesti - una tassa sul tè - e marittimi - il controllo delle navi - una guerra dell'Inghilterra contro le sue ex colonie, e misero in atto tutto il loro potere finanziario per ridurre il nuovo Stato al rango di colonia. *Siete un covo di ladri e vipere"*, gridò loro il presidente Jackson. *Intendo sloggiarvi e, per Dio eterno, lo farò!"*.

Ma non riuscì a spiazzarli e i banchieri ebbero l'ultima parola.

Nel 1816 furono ristabiliti i privilegi della Banca degli Stati Uniti e i banchieri guidati dalla famiglia Rothschild avevano definitivamente abbattuto i politici che, come Jefferson e poi Lincoln, avevano cercato di opporsi al loro racket.

Per questo motivo James Madison (1751-1836), quarto presidente degli Stati Uniti, poté scrivere: "La storia rivela che i banchieri usano ogni forma di abuso, intrigo, inganno e ogni mezzo violento possibile per mantenere il loro controllo sui governi controllando l'emissione di moneta".

Perché è un racket. La guerra condotta - e persa - da Abramo Lincoln contro i banchieri ne è un'altra lampante dimostrazione.

Durante la guerra civile americana (1861-1865), la banca Rothschild di Londra finanziò i Confederati del Nord, mentre la banca Rothschild di Parigi finanziò i Confederati del Sud, applicando uno scenario sviluppato in Europa durante le guerre napoleoniche. Entrambi i gruppi approfittarono della situazione, applicando interessi usurari dal 25 al 36%.

Il Presidente Lincoln, che aveva capito il gioco dei Rothschild, rifiutò di sottomettersi ai diktat dei finanzieri europei e, nel 1862, ottenne l'approvazione del *Legal Tender Act* con cui il Congresso lo autorizzò a tornare all'articolo 1 della Costituzione del 1787 e a stampare una moneta esente da pagamenti di interessi a terzi - i famosi dollari *"Green Back"*, così chiamati perché stampati con inchiostro verde. Grazie a questa decisione, egli poté pagare le truppe dell'Unione senza aumentare il debito nazionale.

"Il potere dei finanzieri tiranneggia la nazione in tempo di pace - scriveva - e cospira contro di essa in tempo di avversità. È più dispotico di una monarchia, più insolente di una dittatura, più egoista di una burocrazia. Denuncia come nemico pubblico chiunque metta in discussione i suoi metodi o porti alla luce i suoi crimini. Ho due grandi nemici: l'esercito del Sud davanti e i banchieri dietro. E tra i due, sono i banchieri i miei peggiori nemici".

Si dice che abbia aggiunto queste parole premonitrici: "Vedo che nel prossimo futuro si sta preparando una crisi che mi fa tremare per la sicurezza del mio Paese. [Il potere del denaro cercherà di prolungare il suo regno fino a quando tutta la ricchezza sarà concentrata in poche mani". (Lettera di Lincoln al colonnello William F. Elkins, 21 novembre 1864).

Lincoln vide chiaramente quanto fosse dannoso per una nazione sovrana che poteri diversi dallo Stato centrale avessero il potere di creare denaro. Fu ucciso a Washington il 14 aprile 1965 da John Wilkes Booth, che gli sparò alla testa mentre assisteva a uno spettacolo teatrale nel camerino del Ford's Theater.

Le vere cause della sua morte non sono state chiarite, anche se la versione ufficiale continua a sostenere che il suo assassino stava vendicando la sconfitta dei sudisti. Molte ricerche ben documentate hanno condotto la ricerca della verità su una trama molto più complessa, rivelando, in particolare, che Booth riceveva all'epoca ingenti somme di denaro da noti uomini d'affari e che si avvaleva di numerosi ed efficaci complici, sia per compiere il suo crimine che per abbandonare la scena.

Il successore di Lincoln, Andrew Johnson, sembra non aver avuto dubbi sulla causa della morte del suo predecessore: immediatamente, e senza fornire alcuna spiegazione, sospese la stampa dei *greenback* e gli Stati Uniti tornarono alla moneta a debito dei banchieri.

Il 12 aprile 1866, il Congresso formalizzò la sua decisione approvando il *Contraction Act*, che stabiliva che i greenback di Lincoln sarebbero stati gradualmente ritirati dalla circolazione.

Otto von Bismarck, cancelliere di Prussia dal 1862, scrisse: *"La morte di Lincoln è stata un disastro per la cristianità. Non c'era un uomo in tutti gli Stati Uniti che meritasse anche solo di indossare i suoi stivali. Temo che i banchieri stranieri domineranno completamente l'abbondante ricchezza dell'America e la useranno sistematicamente per corrompere la civiltà moderna. Non esiteranno a gettare gli Stati cristiani nella guerra e nel caos, per diventare eredi di tutta la terra".*

* * *

È impossibile non citare il tentativo del Presidente John Fitzgerald Kennedy di privare la FED del suo potere, tanto è parallelo a quello del Presidente Lincoln. Si svolse esattamente un secolo dopo quello di Lincoln. Le coincidenze biografiche, politiche e perfino numerologiche che legano i destini di questi due uomini politici sono, a dire il vero, del tutto straordinarie e hanno fatto gola a molti Sherlock Holmes dilettanti. Le loro morti violente sembrano averli legati per l'eternità in un percorso storico speculare.

Il 4 giugno 1963, il Presidente Kennedy firmò l'*Ordine Esecutivo* 11110, restituendo al governo il potere, sancito dalla Costituzione, di creare la propria moneta senza passare dalla Federal Reserve. Questa nuova valuta, sostenuta dalle riserve d'oro e d'argento del Tesoro, ricordava i *Greenback* e il colpo di forza del presidente Lincoln.

Il Presidente Kennedy fece stampare 4,3 miliardi di banconote da 1, 2, 5, 10, 20 e 100 dollari. Nel 1994, l'equivalente di questi 284.125.895 dollari rimaneva in circolazione negli Stati Uniti, probabilmente in mano ai collezionisti *(fonte: The 1995 World Almanac).*

Le conseguenze dell'Ordine Esecutivo 11110 furono enormi. Con un tratto di penna, John Fitzgerald Kennedy era sul punto di eliminare tutto il potere che le banche private della FED si erano arrogate dal 1816 e che detenevano ufficialmente dal 1913. Anche se inizialmente le due valute avrebbero circolato in parallelo, la moneta di Stato, sostenuta dalle riserve d'argento, avrebbe finito per prevalere su quella creata *ex-nihilo* dai banchieri. Questa nuova moneta avrebbe ridotto notevolmente l'indebitamento dello Stato, in quanto avrebbe eliminato il pagamento degli interessi.

I ventisei volumi del Rapporto Warren non sono riusciti a fornire una spiegazione credibile dell'assassinio del Presidente Kennedy a Dallas il 26 novembre 1963, cinque mesi dopo la sua riforma monetaria. Non è necessario essere un *"teorico del complotto"* primario o secondario per dare solo un credito educato alla tesi ufficiale, non solo per l'analisi delle condizioni dell'esecuzione, ma per il fatto che tutti i testimoni oculari dell'evento sono morti nel giro di due anni; che la scomparsa o l'eliminazione di 400 persone anche solo lontanamente collegate a questo evento - compreso il personale medico dell'ospedale di Parkow dove Kennedy fu ricoverato, dal portiere al personale medico, nonché i parenti dell'accusato di aver sparato, Lee Harvey Oswald - che tutti questi eventi siano stati frutto del caso ha una percentuale di probabilità così infinitesimale da essere vicina allo zero assoluto. Il calcolo delle probabilità diventa un giudice più efficace di qualsiasi verità ufficiale.

Potenti complottisti erano quindi al lavoro, anche molto tempo dopo il crimine iniziale. Tra le innumerevoli piste avanzate da alcuni e da altri, quella monetaria era ovviamente allettante. All'inizio delle indagini era relativamente poco esplorata. Tuttavia, molti la ritengono tanto più fondata, in quanto ricordano una dichiarazione del padre del Presidente, Joseph Kennedy, quando apprese la decisione del figlio di riformare la moneta: *"Se lo fai, ti uccideranno"*.

Ancora una volta, il messaggio sembrò essere stato recepito forte e chiaro dal Vicepresidente Lyndon B. Johnson, divenuto presidente in seguito all'assassinio. Come il suo omonimo Andrew Johnson un secolo prima, e con una rapidità particolarmente notevole, egli sospese la decisione monetaria presa il 4 giugno 1963 dal Presidente assassinato mentre il corpo di quest'ultimo non era ancora freddo.

"Il presidente Lyndon Baines Johnson, il trentaseiesimo presidente degli Stati Uniti - dal 1963 al 1969 - abrogò l'Ordine Esecutivo 11110 mentre si trovava sull'Air Force One, l'aereo presidenziale in volo da Dallas a Washington, il giorno in cui il presidente Kennedy fu assassinato", ha scritto un editorialista. Questa affermazione non è esatta: il decreto presidenziale non fu mai ufficialmente abrogato, ma la sua applicazione fu sospesa. L'autorizzazione a stampare nuove banconote e a coniare nuove monete è stata abrogata, quindi l'Ordine Esecutivo n. 11110 rimane ufficialmente in vigore... nella stratosfera.

Questo assassinio fu forse un avvertimento per i futuri Presidenti che volevano seguire le orme di Abraham Lincoln e John Fitzgerald Kennedy e privare i banchieri delle loro rendite eliminando il sistema del denaro a debito. John Fitzgerald Kennedy avrebbe pagato con la vita questa sfida al potere della finanza internazionale. Ma qui siamo nel campo delle innumerevoli e preoccupanti coincidenze che hanno costellato la vita di questo Presidente, anche se la rapidità della decisione del Presidente Johnson dà credito a questa supposizione. Eustace Mullins fa notare che anche il Presidente Abraham Garfield fu assassinato il 2 luglio 1881 dopo aver fatto una dichiarazione sui problemi del denaro. Che coincidenze!

Dal presidente Kennedy in poi, nessun successore ha osato fare la benché minima riforma del modo in cui opera la FED.

Inoltre, alcuni israeliani avevano accolto con favore il fatto che l'eliminazione di J.F. Kennedy avesse lasciato la strada libera a Israele per diventare una potenza nucleare, e questa conseguenza divenne una causa per alcuni.

Il quotidiano israeliano *Ha'aretz* del 5 febbraio 1999 ha scritto nella sua recensione del libro di Avner Cohen "Israele e la bomba": "L'assassinio del presidente americano John F. Kennedy ha posto bruscamente fine alle forti pressioni esercitate dall'amministrazione statunitense sul governo israeliano affinché interrompesse il suo programma nucleare...". L'autore aggiunge che "se Kennedy fosse rimasto in vita, è dubbio che oggi Israele avrebbe una difesa nucleare". Il Presidente Kennedy aveva infatti annunciato con fermezza al Primo Ministro israeliano David Ben Gurion che in nessun caso avrebbe accettato che Israele diventasse una potenza nucleare.

Potrebbero essere necessari altri ventisei volumi di indagine per svelare questo enigma.

* * *

Le successive crisi valutarie del 1869, 1873, 1893, 1901, 1907:

La prima "tempesta a Wall Street", il primo "venerdì nero", risale al 24 settembre 1869. È legata alla corsa all'oro e alle manovre di due truffatori, Jay Gould e Jim Fisk, che corruppero i funzionari del Tesoro per impadronirsi dell'intero mercato dell'oro, che veniva ancora scambiato in *biglietti verdi*.

Un nuovo panico scosse Wall Street il 20 settembre 1873. Il fallimento di una società di brokeraggio che aveva fornito finanziamenti alla *Northern Pacific Railway* provocò una massiccia svendita delle azioni della società.

Il 27 giugno 1893 Wall Street subisce il primo crollo del mercato azionario. Fallimenti, incertezze monetarie e diminuzione delle riserve auree scatenarono il panico dei titoli e la classica corsa all'acquisto di oro. Il salvatore era già J. Pierpont Morgan, che tornò al timone nel 1910 e nel 1913. Dopo la sua vittoria su Jay Gould e Jim Fisk nella *"Battaglia delle ferrovie"* del 1873, Morgan emerse come salvatore del Tesoro statunitense, in seguito a un accordo stipulato con il presidente Cleveland l'8 febbraio 1895.

Il 9 maggio 1901 si verificò un altro panico a Wall Street a causa di una feroce speculazione sulla stessa *Northern Pacific*, ancora di proprietà dello stesso J. Pierpont Morgan, che rovinò sia gli investitori onesti che gli speculatori.

Il 13 marzo 1907 i prezzi delle azioni crollarono nuovamente e, guarda caso, la stessa *Northern Pacific* si trovò al centro della crisi. Contemporaneamente, J.P. Morgan annunciò il fallimento della *Knickerbocker Trust Co.* e della *Trust Company of America*, mettendo a rischio l'intera rete bancaria: una piccola prova della situazione che ci troviamo ad affrontare oggi.

È in momenti come questi che si riconosce un predatore di alto livello. Dopo essere stato il veleno, il nostro banchiere John Pierpont Morgan, il cui nome è comparso in ogni crisi dal 1869, si presenta ora come la cura e il salvatore della nazione. Un perfetto *pharmakon monetario*, insomma.

Non a torto proclamò: *"Un uomo ha sempre due ragioni per fare ciò che fa. Quella buona e quella vera".* In una scena comica degna di una sceneggiatura hollywoodiana, questo personaggio tanto truculento quanto temibile convocò nel suo ufficio i presidenti di società finanziarie, li trattenne per tutta la notte e li rilasciò solo il mattino seguente alle 5, dopo averli costretti a pagare venticinque milioni di dollari per *"salvare le banche"* che aveva contribuito a mettere in pericolo.

Di conseguenza, J.P. Morgan e i suoi compari, che in precedenza erano stati descritti dal presidente Theodore Roosevelt - che aveva inviato la "Grande Flotta Bianca" in giro per il mondo per dimostrare la potenza degli Stati Uniti - si trasformarono in un batter d'occhio in "solidi conservatori che agiscono saggiamente per il bene pubblico". E così la "giusta ragione" per fare le cose - quella onorevole - divenne la "vera ragione" per farle, la ragione ufficiale, la ragione *ad usum delphini*.

Poiché John Pierpont Morgan è stato uno dei principali attori nella creazione della macchina della FED, vale la pena ricordare che questo magnate della finanza: era a capo di tre potenti gruppi bancari, *J.P. Morgan & Co, First National* e *National City Bank*; che controllava anche quattro delle cinque maggiori compagnie ferroviarie; che possedeva il mega trust dell'acciaio *US Steel*; che aveva creato la *General Electric* fondendo *Edison* e *Thompson*; che aveva acquisito la flotta *Leyland* e molte delle linee che navigavano sul Mississippi; che aveva creato una nuova linea di navi, la White Star, e che, tra le navi costruite nei cantieri di sua proprietà, c'era... il Titanic. Possiamo forse comprendere meglio le ragioni per cui questo transatlantico di lusso, lussuoso sul lato visibile ma fragile sul lato sommerso a causa dell'assenza di un doppio scafo, affondò così rapidamente.

John Pierpont Morgan, il cinico loup-cervier che non esitava a proclamare: "Non ho bisogno di un avvocato che mi dica cosa non posso fare. Lo pago per dirmi come fare quello che voglio fare", eppure anche lui aveva il suo giardino segreto che è giusto menzionare. Appassionato di orologeria, dedicò gran parte della sua fortuna a costruire una magnifica collezione di orologi antichi, che il figlio Jack lasciò in eredità nel 1916 al Metropolitan Museum, dove un'ala è dedicata alla loro esposizione. Nella seconda generazione, gli eredi Cub divennero filantropi.

* * *

Il cartello di banche noto come Federal Reserve statunitense era originariamente composto da dieci gruppi principali di azionisti privati:

- ➢ Banche Rothschild di Londra e Berlino
- ➢ Fratelli Lazard Banca di Parigi
- ➢ Israel Moses Sieff Banche d'Italia

- Banca Warburg di Amburgo e Amsterdam
- Lehman Brothers Banca di New York
- Banca Kuhn Loeb di New York
- Chase Manhattan Bank di New York
- Goldman Sachs Banca di New York

All'interno di questi gruppi, circa trecento persone reali sono azionisti - e quindi proprietari - di queste banche. Tutti si conoscono perché sono membri diretti della famiglia di alcuni dei maggiori azionisti o sono legati a loro da vincoli di parentela.

Come mostra il grafico di questa pagina, compaiono regolarmente gli stessi nomi con nomi diversi. Esiste un collegamento diretto tra la Banca d'Inghilterra e la FED attraverso i loro due principali rappresentanti a New York, le famiglie Rothschild e *JP Morgan Co. Di* conseguenza, sono gli istituti bancari londinesi a controllare le Federal Reserve Banks e a costituire quella che il poeta Ezra Pound chiamava la London Connexion.

In queste condizioni, è facile capire perché la Gran Bretagna non entrerà mai nell'eurozona. Chi può credere che i finanzieri della City accetteranno di rinunciare alla loro moneta e a tutti i vantaggi associati alla Borsa di Londra, soprattutto perché i loro interessi privati sono strutturalmente legati al meccanismo della FED, la loro creatura? A meno che, durante il terremoto monetario globale che si profila all'orizzonte, non riescano a mettere le mani sulla BCE, la Banca Centrale Europea, e a sventolare davanti alla spaventata nidiata di vassalli europei l'*"immenso vantaggio" che* deriverebbe loro dalla creazione di una moneta "atlantica" - da chiamarsi, ad esempio, eurodollaro o atlantico. Grazie al tasso di cambio che Wall Street imporrebbe, è più che prevedibile che gran parte dei debiti accumulati dagli Stati Uniti verrebbero automaticamente azzerati. Ma nel frattempo i finanzieri avranno acquisito una ricchezza sbalorditiva sotto forma di beni reali. Ecco quanto è grande Jahvé e quanto è facile arricchirsi con il lavoro dei cittadini del mondo.

Il nome stesso di *Federal Reserve* è un imbroglio, perché non c'è nulla di "federale" in questo cartello di banche private, nel senso che è espressione dello Stato centrale americano e quindi proprietà collettiva, pubblica e inalienabile del popolo americano.

In effetti, la Federal Reserve statunitense federa - cioè riunisce nello stesso "sistema" - dodici banche commerciali private, ciascuna con un'area geografica d'azione definita:

In ordine di importanza del fatturato generato da ciascuna di queste banche:

> La *Federal Reserve Bank* di New York

> La *Federal Reserve Bank* di San Francisco (che copre i 7 stati occidentali + Hawaii e Alaska)

> La *Federal Reserve Bank* di Chicago

> La *Federal Reserve Bank* di Richmond

> *Banca Federale* di Atlanta

> La *Federal Reserve Bank* di Boston

> La *Federal Reserve Bank* di Dallas

> La *Federal Reserve Bank* di Cleveland

> La *Federal Reserve Bank* di Philadelphia

> *Federal Reserve Bank* of Kansas City

> *Banca Federale di* St. Louis

> *Banca Federale di* Minneapolis

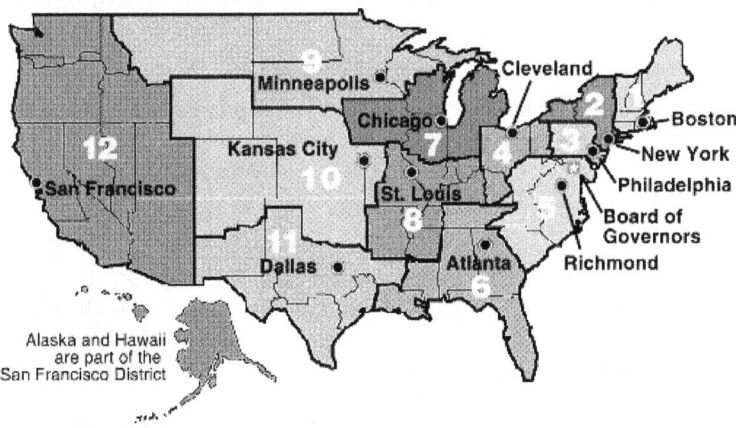

Il vero potere è esercitato dal Consiglio dei Governatori scelto dai direttori delle dodici banche della Federal Reserve, che nel piano di Warburg non dovevano essere conosciuti dal pubblico. Ciò significa che il controllo del Congresso sulla Fed è, in realtà, cosmetico.

Poiché la *Federal Reserve Bank di New York* rappresenta il 40% di tutti gli attivi delle 12 banche regionali ed è riuscita a convincere o a costringere una cinquantina di governi, nonché diverse organizzazioni internazionali e persone facoltose, ad affidarle la custodia del loro oro, si stima che alla fine del 2006 il deposito ammontasse a circa 10.000 tonnellate.

Prima della distruzione delle torri sono stati segnalati strani movimenti di semirimorchi pieni di lingotti nei sotterranei del World Trade Center. Un semirimorchio pieno di lingotti che non aveva avuto il tempo di essere evacuato sarebbe stato trovato bloccato in un tunnel di uscita. Sorprendentemente, fatti così insoliti non sembrano aver suscitato la curiosità degli investigatori ufficiali o degli innumerevoli Sherlock Holmes privati che hanno indagato sulle anomalie del crollo delle *Torri Gemelle*.

Dalla decisione presa il 15 agosto 1971 durante la presidenza Nixon, i banchieri statunitensi, sostenuti dal loro governo, sono riusciti a privare l'oro del suo status di metallo di riserva e a costringere le banche centrali straniere a scambiare il loro oro con carta colorata chiamata "dollaro", che dovrebbe svolgere lo stesso ruolo. Tuttavia, i banchieri non hanno esitato a raccogliere e accumulare lingotti, di cui solo il 2% appartiene agli Stati Uniti. Chi può credere che li restituiranno ai legittimi proprietari se la loro moneta falsa dovesse crollare? Qualche settimana fa, la banca centrale svizzera è stata messa sotto accusa per aver venduto parte delle sue riserve d'oro. Si è adeguata.

Per quanto riguarda la parola "riserva", significa semplicemente che ogni volta che il governo o un'altra banca privata "acquista" dollari, questi vengono registrati in un cosiddetto conto di "riserva". Sotto questo gergo ci sono le colonne di debito su cui i banchieri calcolano la loro percentuale. Più i governi si indebitano, più i banchieri si arricchiscono.

Il principio della truffa è biblicamente semplice. Ma il suo meccanismo è così machiavellico che i comuni mortali non ne sarebbero consapevoli. È facile capire perché i professionisti della finanza hanno impiegato nove giorni per scoprire tutti i dettagli.

Per dirla con una metafora, si tratta di un razzo a tre stadi.

A - Prima fase: mentre il ruolo normale di una banca centrale è quello di essere un servizio pubblico che stampa e mette gratuitamente a disposizione dell'amministrazione del proprio Paese la cartamoneta e la moneta fiduciaria o elettronica necessaria al buon funzionamento dello Stato e dell'economia, nel sistema privato immaginato durante il soggiorno sull'isola di Jekyll, il cartello di banchieri che compongono la FED si è sostituito a un diritto regale e si è arrogato il potere di battere moneta e venderla allo Stato.

L'interesse pagato ai banchieri è l'importo della royalty che la nazione paga ai banchieri che stampano le banconote. Questi banchieri, riuniti nel *Consiglio dei Governatori del Federal Reserve System*, stabiliscono il tasso di vendita delle banconote. Più alto è il tasso, più ricchi diventano.

I nomi dati a questo tipo di operazione variano: a volte si chiama denaro a debito, a volte prestito. Ma poiché questo prestito comporta un interesse, e persino un interesse composto, il risultato è che sono i cittadini ad arricchire i banchieri pagando loro un tributo annuale sotto forma di una parte delle loro tasse, chiamato interesse sul debito, in realtà il prezzo di acquisto da parte dei cittadini del denaro che i loro banchieri stampano gratuitamente. Il profitto annuo è fenomenale e si aggira sulle centinaia di miliardi.

È questo il sistema che indignava Ezra Pound e che definiva la "finanziarizzazione usuraria dell'economia americana".

B - Ma la seconda fase della truffa è ancora più straordinaria. Il denaro che i banchieri "prestano" non esiste da nessuna parte: è una semplice riga di scrittura quando si chiama moneta scritturale e qualche mucchio di carta stampata quando si chiama moneta fiduciaria. La Fed sta vendendo un bene che non possiede, poiché non è stato prestato denaro reale. Il dollaro è quindi semplicemente un mezzo di pagamento per i banchieri privati della Federal Reserve.

L'aspetto più perverso e paradossale di questa situazione è che, dal momento che questo strumento di pagamento non è più legato al valore delle riserve auree - dal 15 agosto 1971 - il suo status di moneta non è in alcun modo fornito dalle garanzie offerte dall'emittente - le banche private che compongono la Fed - ma unicamente dal prestigio del mutuatario - il governo statunitense.

I banchieri hanno quindi bisogno del prestigio dello Stato per stabilire la credibilità della loro moneta. Per questo, essendo in semisconto con esso, chiudono un occhio sull'aumento esponenziale del suo indebitamento e sostengono il governo fornendogli le mazzette necessarie per finanziare le guerre e mantenere le mille guarnigioni dette "basi", sparse in tutto il mondo e in particolare in Europa, che si dà *il* caso sia, *di fatto*, un continente ancora occupato da truppe straniere a sessant'anni dalla fine dell'ultima guerra.

Lo Stato, essendo riuscito a imporre, con la complicità attiva dell'Arabia Saudita, il dollaro come valuta di riserva e come moneta obbligatoria per la compravendita del petrolio, non si preoccupa molto dell'entità del deficit finanziato dalla stampa di moneta. È stata avanzata la cifra di 44.000 miliardi, ma potrebbe essere di più. Grazie al privilegio concesso al dollaro, "il resto del mondo" si impoverisce, poiché vede regolarmente diminuire il valore dei dollari che detiene come valuta di riserva, sovvenzionando al contempo l'economia americana.

È quindi il potere politico e militare dello Stato americano a garantire la credibilità della moneta dei banchieri della FED.

Conclusione: il dollaro, la moneta privata dei banchieri, è una moneta politica impegnata sullo zefiro della fiducia che il mondo ripone nel mutuatario.

C - L'apparente riequilibrio dei rapporti di forza tra i due partner - il governo statunitense e i banchieri in quello che sembra essere un accordo win-win - non deve nascondere il fatto che la terza fase del razzo della truffa monetaria globale è quella che permette ai soli finanzieri di fare la parte del leone.

Se, all'inizio, il titolo emesso dai banchieri è una semplice variante di moneta falsa o denaro sporco, il pagamento degli interessi che alimenta automaticamente il flusso ininterrotto di profitti prodotti dal denaro fabbricato liberamente diventa miracolosamente vergine una volta dirottato nell'economia reale. È denaro buono, denaro reale, denaro fiscale, frutto del lavoro dei cittadini. Di conseguenza, sono i cittadini a mantenere i banchieri in attività.

Gli alchimisti del Medioevo avevano bisogno di piombo per produrre oro, ma gli alchimisti dell'EDF sono molto più forti. Per produrre ricchezza, tutto ciò che devono fare è digitare sulle tastiere dei loro computer.

Il risultato è che i banchieri si stanno arricchendo in modo fenomenale dal nulla, dal niente.

Va detto che si tratta di una montatura particolarmente ingegnosa, che ha meritato il duro lavoro dei cacciatori di anatre di Jekyll Island per perfezionare il suo meccanismo. Ha dato piena soddisfazione ai maghi felici che, da quasi un secolo, stanno allegramente truffando i palmipedi cittadini americani e di tutto il mondo. Stanno anche truffando i Paesi poveri esportando questo meccanismo e applicandolo al FMI (Fondo Monetario Internazionale), alla Banca Mondiale e a tutti i meccanismi bancari che dovrebbero "aiutare" i Paesi emergenti, mentre in realtà li stanno rovinando.

Inoltre, questo meccanismo è così miracoloso che è stato imitato non solo da altre banche centrali, ma anche dalle banche private di tutto il mondo. È l'intero sistema bancario a funzionare come una gigantesca pompa di aspirazione finanziaria, parassita dell'economia reale, che genera strutturalmente inflazione e impoverisce le società civili, ma genera una ricchezza vertiginosa per i banchieri. Inoltre, costringe le società a un'estenuante corsa alla crescita per compensare almeno il tributo pagato ai finanzieri.

È facile capire da dove provengano le enormi somme scambiate nel casinò del denaro, e la "leggera" perdita di cinque miliardi di euro della Société Générale ne dà solo una vaga idea.

Le cento, mille, diecimila mani dei banchieri avranno la forza di trionfare, ancora una volta, sul principio di realtà?

* * *

Un nuovo avatar del casinò finanziario: oggi la crisi dei subprime e delle monoline...

Qua e là sentiamo parlare di "finanza di mercato", "ingegneria finanziaria di Wall Street", "non coincidenza di interessi", "disfunzioni strutturali della finanza deregolamentata" e "ruolo delle valute", come se le operazioni finanziarie fossero azionate da un piccolo motore interno, si svolgessero nella stratosfera e non fossero collegate alla politica governativa.

Dietro il teatro delle ombre di un astruso vocabolario specialistico, dietro le quinte lavorano mani reali, le mani avide degli hecatonchires della finanza internazionale. Dietro le cifre, i grafici e le astrazioni, sono all'opera un manipolo di uomini in carne e ossa. I loro cervelli covano i piani con cui difendono tenacemente, generazione dopo generazione, gli interessi privati a scapito di quelli delle nazioni.

L'attuale crisi finanziaria è incomprensibile solo per chi non ne vuole sapere. Per questo è facile dimostrare che se il Meccano è andato di nuovo in tilt, è perché è stato programmato in modo tale che le crisi periodiche sono scritte nel corredo genetico del suo codice operativo, perché queste crisi sono altamente redditizie per i suoi progettisti.

Gli apprendisti stregoni di ogni tipo hanno recentemente inventato un nuovo monopolio finanziario e hanno ideato alcuni schemi finanziari molto intelligenti. Dopo aver perso qualche piuma alla fine degli anni '90, quando è crollata la bolla speculativa dei titoli IT e delle telecomunicazioni, si sono aperte nuove opportunità per la loro immaginazione finanziaria.

Negli anni '90 c'è stata l'entusiasmante bolla di internet. Era un periodo felice in cui le *start-up* fiorivano come i bei funghi chiamati petits rosés nei pascoli dopo la pioggia. L'apertura del mercato delle telecomunicazioni alla concorrenza e la creazione di *stock option* permisero agli speculatori di divertirsi un mondo. La famosa "legge della domanda e dell'offerta" è entrata in gioco e i prezzi delle azioni di tutte queste società, soprattutto di quelle più recenti, bucolicamente descritte come *"start-up"*, hanno raggiunto vette vertiginose. La speculazione sull'edilizia privata e commerciale era in pieno svolgimento. Un'euforia inebriante si era impossessata di tutte le persone coinvolte nella prospettiva di un arricchimento immediato accompagnato dall'illusione che la progressione sarebbe stata infinita. Un'enorme bolla speculativa cresceva e cresceva, con i prezzi delle azioni che aumentavano a un ritmo scollegato dal valore reale delle aziende.

Alla naturale inflazione della bolla si sono aggiunte le manipolazioni contabili volte a far lievitare il valore del prezzo delle azioni per realizzare un'immediata e massima plusvalenza sulla vendita delle stock option, ovvero quei grossi pacchetti di azioni generosamente distribuiti agli amministratori e ai top manager della società.

Ricordano la recente operazione lucrativa condotta dal centinaio di manager francesi e tedeschi dell'*EADS, che hanno* speculato al ribasso vendendo le loro azioni prima del prevedibile crollo del prezzo del titolo legato alla loro gestione calamitosa, facendo prevalere l'egoismo privato sulla preoccupazione per il bene pubblico e la salute dell'azienda. Come diceva giustamente Adam Smith, un uomo *"cercherà sempre di impiegare il suo capitale nel tipo di attività il cui prodotto gli permetterà di sperare di guadagnare il massimo"*. Ma le conseguenze della rapacità manageriale, lungi dall'avere l'effetto armonizzante di equilibrio previsto dalla teoria, sono state disastrose per l'azienda e per la società nel suo complesso.

Le bolle sono fatte per scoppiare e la bolla speculativa degli anni '90 non ha fatto eccezione. È stata causata da una classica crisi di sovrapproduzione di attrezzature impossibili da vendere, di sopravvalutazione delle aziende e di bassi portafogli ordini. L'atterraggio nel mondo reale fu doloroso. Seguì una cascata di fallimenti, accompagnata dal crollo degli affitti di uffici e abitazioni. I licenziamenti e la disoccupazione dei dipendenti delle aziende fallite hanno accelerato la spirale del disinvestimento e del crollo dei valori di borsa. Una brutta sbornia seguì presto l'intossicazione dei risultati folgoranti.

Gli azionisti e gli speculatori professionisti hanno quindi abbandonato la speculazione borsistica sui titoli tecnologici e, favoriti dai tagli dei tassi d'interesse decretati da Alan Greenspan, allora capo della FED, si sono precipitati sugli immobili come unico investimento sicuro e redditizio.

Questa corsa agli immobili, iniziata nei primi anni 2000, non poteva che risvegliare e mettere in moto, ancora una volta, la famosa "legge della domanda e dell'offerta", che ha immediatamente innescato un aumento vertiginoso dei prezzi delle case da parte di tutti i fortunati proprietari.

E così, inesorabilmente, una nuova "bolla" iniziò a gonfiarsi e una nuova fatalità si mise in moto, incoraggiata dai banchieri.

Mutui subprime

Grazie alla decisione della FED di ridurre il credito all'1% nel 2003, gli avventurieri del mercato azionario si sono dati da fare e i loro affari sono fioriti. Tutte le proprietà messe in vendita sono andate a ruba. I clienti più facoltosi e quelli che disponevano di un reddito stabile e sufficiente furono i primi ad essere accontentati e poterono godere di un immobile il cui valore aumentava quasi visibilmente.

Rimangono i poveri. Sono i più numerosi, anche nel paradiso del liberismo, ma hanno lo svantaggio di essere palesemente insolventi e, per di più, già indebitati per aver acquistato un'auto o un elettrodomestico a credito.

Possono offrire a tutti i Dupont-Smith dall'altra parte dell'Atlantico un *Mortgage Securities*, cioè un "prestito non rimborsabile" per trent'anni a condizioni molto vantaggiose per i primi tre anni, durante i quali pagheranno solo interessi molto bassi, fermo restando che in seguito il tasso variabile sarà indicizzato all'affitto del denaro. Ciò implicava che anche le famiglie con redditi insufficienti avevano ottenuto una sorta di diritto a diventare proprietari di casa.

Tutti gli Smith squattrinati o con redditi modesti che hanno colto l'occasione al volo erano ancora più convinti di aver fatto l'affare della loro vita, poiché i prezzi delle case avevano continuato a salire, aumentando naturalmente il loro capitale potenziale e consentendo loro di sostenere questo aumento virtuale di valore con un nuovo prestito al consumo.

Il risultato è stato l'inflazione, che ha portato la FED ad alzare bruscamente i tassi di interesse, dall'1% nel 2003 al 5,25% nel 2006.

È stato proprio a questo punto che la maggior parte degli assicurati poveri è entrata nella fase di rimborso del capitale a tasso variabile, come previsto dal contratto. Si sono ritrovati con rate mensili almeno raddoppiate, se non triplicate in alcuni casi, che non erano in grado di sostenere. Questo ha significato per centinaia di migliaia di famiglie la bancarotta personale, lo sfratto e la vendita della casa.

La famosa "*legge della domanda e dell'offerta*" è uscita allo scoperto e, con un colpo secco, ha fatto crollare i prezzi delle case per le quali non c'erano acquirenti. Si è trattato certamente di una situazione molto sfortunata per ciascuna delle vittime, ma come hanno fatto i singoli disastri a provocare un terremoto monetario globale?

È qui che dobbiamo guardare all'altra estremità del meccanismo del credito.

Immaginiamo che il nostro banchiere - chiamiamolo signor Martins - sia un commerciante di frutta e verdura e che venda pacchetti di pere in fasci ben legati. Prima di tutto, avrebbe avuto cura di avvolgere ogni frutto in un bel foglio di alluminio chiuso ermeticamente. Dal momento che in cantina ha alcune casse di pere quasi cenerine e altre completamente marce, avrebbe approfittato dell'occasione per mischiarle con frutta sana e venderle tranquillamente nei suoi lotti, secondo la teoria liberale per cui "l'uomo cerca sempre il proprio interesse".

Quando scoprivano l'inganno, alcuni clienti si ribellavano e sporgevano denuncia per frode, mentre altri confezionavano con cura il frutto marcio e lo rimettevano in vendita. Inizia così un ciclo di truffatori, chiamiamoli per nome.

Si tratta dello stesso meccanismo applicato ai prestiti che tutti i Mr Martin del sistema bancario, così come l'intera filiera dei decisori, hanno potuto tranquillamente mettere in atto con i prestiti ai poveri, con la differenza che non solo nessuno li ha chiamati delinquenti e criminali, ma che ciò che è vietato ai fruttivendoli è stato addirittura incoraggiato per i prodotti finanziari.

Tutti i Mr. Martin del pianeta erano consapevoli, da accorti finanzieri di borsa, del rischio di mancato rimborso a lungo termine che queste operazioni rappresentavano. Ma oltre a sperare di passare la patata bollente a qualcun altro, hanno inventato e imposto un sistema ingegnoso che permetteva loro di fare trading sui debiti dei poveri, cioè sui prestiti a rischio che loro stessi avevano concesso, e di ottenere succulenti profitti.

In questo modo, con un gioco di prestigio, un debito diventava un prestito negoziabile con un tasso di interesse allettante. Ma per quanto fossero furbi e per far apparire migliore la loro offerta, procedettero con quello che chiamarono "*saucissonnage*", cioè mischiarono titoli di debito con rimborso casuale con titoli reali corrispondenti a valori reali o buoni del tesoro garantiti. Hanno quindi realizzato lotti contenenti pere sane e marce. Hanno chiamato questa operazione cartolarizzazione. Poi hanno tranquillamente immesso sul mercato questi "titoli" sostenuti da interessi molto alti, e quindi attraenti.

È così che le passività delle famiglie americane, compresi i poveri insolventi, sono finite nelle colonne degli attivi delle banche, accuratamente camuffate in fondi comuni di investimento. L'alta redditività di questi titoli cosiddetti "subprime" ha stuzzicato l'appetito e le banche più famose hanno ceduto alla tentazione di una redditività elevata e rapida. Poiché anche questi acquisti di debito venivano effettuati a credito, i banchieri erano anche liberi di cartolarizzare il debito che acquistavano.

Ne è seguito un effetto palla di neve, reso ancora più pericoloso dal fatto che nessuno era in grado di distinguere tra asset sicuri e debito marcio nei pacchetti acquistati dalle banche.

Dopo aver creato una sorta di mondo surreale in cui i debiti venivano trasformati in crediti grazie alla magia di un carburante chiamato "*fiducia*", il pallone monetario si è improvvisamente sgonfiato e i passeggeri del cesto sono ricaduti duramente sulla terraferma, dove hanno riscoperto il "*principio di realtà*" che impone di regolare i conti con denaro reale.

Quindi ancora una volta vediamo che, contrariamente alla teoria liberale attribuita ad Adam Smith, quando un uomo "cerca solo il proprio interesse", non lavora affatto per l'interesse e l'armonia della società.

Il beato ottimismo nell'efficacia regolatrice della "mano invisibile del mercato" assume un'aria di derisione che ricorda Voltaire e il suo *Candide*. A meno che, per ironia, non si chiami "interesse della società" la serie di disastri finanziari derivanti dalla rapacità e dal desiderio egoistico di arricchirsi che è una delle forze motrici dell'agire umano e che, come un martello sul cranio, finirà per conficcare onestà e saggezza nei loro cervelli.

Monolinea

La crisi dei subprime è stata solo la prima fase del collasso del sistema monetario. Non solo i finanzieri avevano "strutturato" - cioè impacchettato in grandi pacchetti e venduto a fette come "titoli" - il famoso "salami-slicing" - i debiti immobiliari dei singoli, soprattutto dei poveri, ma avevano anche sottoposto allo stesso tipo di "struttura" - cioè a pacchetti misti - il credito rotativo sostenuto da carte bancarie, i prestiti alle imprese, i prestiti agli immobiliaristi, agli studenti, alle famiglie, ecc.

Oggi, ogni anello della catena esercita una pressione di rimborso sull'anello di cui detiene i debiti. Poiché questo anello debole viveva con denaro preso in prestito, non ha capitale proprio e nessuna banca è disposta a estendere il credito, rimane incapace di rimborsare alcunché, per cui c'è un rischio considerevole che si inneschi una "spirale di insolvenza", devastando l'intero sistema bancario globale.

Non restano che preghiere e invocazioni affinché la "mano invisibile del mercato" arrivi miracolosamente a mettere un po' d'ordine nel disordine, e soprattutto che inietti denaro fresco che raccoglierebbe dalle stelle per lubrificare un meccano finanziario che la follia e l'ingordigia dei suoi progettisti e utenti sta per far esplodere.

Anche la seconda fase del disastro monetario è stata raggiunta. Dopo la "crisi dei subprime" arriva la "crisi delle monoline".

Cosa sono le "monoline"?

La "mano invisibile" del meccano finanziario, che avrebbe dovuto regolare e garantire l'intero sistema, era costituita da società note come monolines o credit enhancers. In origine si trattava di complessi meccanismi bancari la cui solidità e affidabilità erano garantite da un marchio di eccellenza assegnato da tre società specializzate. In origine, le monolines garantivano solo i cosiddetti "investimenti *familiari*" e dovevano fungere da assicuratori di ultima istanza per gli unici prestiti sicuri emessi dai Comuni o dallo Stato, ma con una redditività modesta, da cui il loro nome.

Attirate dai succulenti rendimenti offerti dai mutui ipotecari e trascinate dall'euforia del mercato toro, le compagnie di assicurazione hanno iniziato ad assicurare prodotti rischiosi per cifre da capogiro: 45.000 miliardi di dollari, che corrispondono a due volte la capitalizzazione di tutti i mercati azionari americani e a tre volte il prodotto interno lordo degli Stati Uniti. Queste cifre da capogiro fanno sì che gli assicuratori non siano più in grado di assicurare nulla e siano essi stessi in bancarotta.

Il fallimento dell'assicuratore ha avuto ripercussioni sull'attività delle banche, costringendole a congelare ingenti accantonamenti nei loro bilanci. Attraverso un effetto domino, il fallimento dei monopoli limita il credito alle imprese e ai privati, che a sua volta rallenta la produzione e i consumi, innescando una spirale di recessione nell'economia statunitense con il rischio di diffondersi a livello mondiale.

L'esempio dei monopoli Fannie Mae e Freddie Mac e Freddie Mac

Due dei più famosi monolines dai bei nomi di Fannie Mae e Freddie Mac - in realtà *Federal Home Loan Mortgage Corporation* e *Federal National Mortgage Association* - i cui titoli hanno perso tra l'80 e il 92% del loro valore di borsa a causa dei mutui marci presenti nei loro portafogli, sono appena stati puramente e semplicemente nazionalizzati dal governo americano, come un volgare Crédit Lyonnais dal governo di Pierre Mauroy sotto la presidenza di François Mitterrand, affinché possano continuare a svolgere la loro missione.

Dal 1938, sotto il presidente Franklin Roosevelt, Fanny Mae e Freddie Mac sono state garantite dal governo degli Stati Uniti, un privilegio che ha permesso loro di ottenere prestiti sul mercato a tassi molto bassi.

Fannie Mae ha lo status di società privata a scopo di lucro dal 1968 e Freddie Mac dalla sua creazione nel 1970. Il ruolo di questi due monopoli era quello di acquistare i mutui ipotecari contratti da banche e altre società di credito, quindi trasformare questi debiti in obbligazioni - il famoso processo di cartolarizzazione - e infine venderli come titoli sul mercato azionario.

La crisi dei subprime ha talmente gonfiato i loro portafogli che i loro impegni cumulativi hanno raggiunto la colossale somma di 5.300 miliardi di dollari, che rappresenta un terzo della capitalizzazione della Borsa di New York, più di un terzo del PIL (Prodotto Interno Lordo) americano e il 45% del totale dei mutui immobiliari in essere concessi alle famiglie americane. Sapendo che la percentuale di mutuatari inadempienti è considerevole e per salvare un pilastro del suo sistema finanziario, il Paese del liberismo trionfante è stato costretto, con un volto sconfitto, a ricorrere a una nazionalizzazione e a far ricadere sui cittadini americani il rimborso di un debito bancario che rappresenta circa dodici volte l'importo del salvataggio del Crédit Lyonnais.

Può darsi che l'eccezionale abilità degli speculatori della *"finanza destrutturata"* nel superare le crisi che hanno regolarmente provocato per più di un secolo li abbia resi così forti che la loro voracità ha, questa volta, sconvolto la macchina monetaria i cui ingranaggi avevano così ingegnosamente regolato. Forse in un futuro molto prossimo apprenderemo che in qualche isola dei Caraibi o del Pacifico si sta preparando una nuova *"cospirazione degli hecatonchires"*, per operare, a loro dire, per la salvezza dell'umanità e *"salvare"* il sistema monetario.

Perché gli eccessi del casinò borsistico globale hanno appena mostrato i loro limiti. Gli ottimisti incalliti credono che *"il peggio della crisi sia passato"*, mentre i pessimisti attendono l'apocalisse. Ma tutti i drogati del gioco d'azzardo alla fine si scontrano con la realtà e la montagna di debiti accumulati dal governo statunitense, dalle banche e dai privati non potrà, come la scala di Giacobbe, salire fino al cielo.

Bibliografia

Giornaliero

Il New York Times, 1858-1983

Il Washington Post, 1933-1983

Periodici

Settimanale di Barron, 1921-1983

Business Week, 1929-1983

Rivista Forbes, 1917-1983

Fortuna, 1930-1983

Harper's, 1850-1983

Rassegna nazionale, 1955-1983

Newsweek, 1933-1983

La Nazione, 1865-1983

La Nuova Repubblica, 1914-1983

Tempo, 1923-1983

Libri e opuscoli

Biografia attuale, New York, H.W. Wilson Co. 1940-1983

Dizionario della biografia nazionale, New York, Scribners, 1934-1965.

Elenco dei direttori, Londra, 1896-1983

Elenco dei direttori della città di New York, New York, 1898-1918

Dizionario conciso di biografia nazionale, Oxford, University Press, 1903-1979.

Archivio del Congresso, 1910-1983

Indice internazionale dei periodici, New York, H.W. Wilson Co. 1920-1965

Indice di Poole della letteratura periodica, Wm. T Poole, 1802-1906

Guida dei lettori di Chicago ai periodici, 1900-1983

Guida ai banchieri di Rand McNally, 1904-1928

Moody's Banking and Finance, 1928-1968

Who's Who in America, A.N. Marquis Co. 1890-1983

Who's Who, Gran Bretagna, 1921-1983

Chi era chi in America, A.N. Marquis Co, 1906

Who's Who in the World, A.N. Marquis Co. 1972-1983

Who's Who in Finance and Industry, A.N. Marquis Co, 1936-1969

Registro dei direttori di Standard and Poor's, 1928-1983

Audizioni della commissione del Senato sulla legge sulla Federal Reserve del 1913

Audizioni della Commissione della Camera sulla legge sulla Federal Reserve del 1913

Audizioni del Comitato della Camera sul Fondo monetario (Comitato Pujo), 1913

Inchiesta della Camera sul Sistema della Riserva Federale, 1928

Indagine del Senato sull'idoneità di Eugene Meyer a diventare governatore del Consiglio della Federal Reserve, 1930

Audizioni al Senato su Thomas B. McCabe come governatore del Federal Reserve System, 1948

Audizioni del Comitato della Camera sulla proroga del debito pubblico, 1945

Direttori della Federal Reserve: uno studio sull'influenza delle imprese e delle banche. Relazione del personale della Commissione per le banche, la moneta e gli alloggi della Camera dei Rappresentanti, 94° Congresso, 2a sessione, agosto 1976.

Il Sistema della Federal Reserve, Scopi e funzioni, Consiglio dei Governatori, 1963

Alexander Del Mar, *A History of Monetary Crimes*, The Del Mar Society, 1899.

Andrew Dickson White, *Fiat Money Inflation in France*, New York, Foundation for Economic Education, 1959.

Antony C. Sutton, *La guerra dell'oro*, California, 76 Press, 1977

Antony C. Sutton, *Wall Street e l'ascesa di Hitler*, California, 76 Press, 1976.

Discorsi raccolti di Louis T McFadden, Archivio del Congresso

E. M. Josephson, *The Truth About Rockefeller*, New York, Chedney Press, 1964.

E. M. Josephson, *La strana morte di Franklin D. Roosevelt*, New York, Chedney Press, 1948.

Paul Emden, *Dietro il trono*, Londra, Hoddard Stoughton, 1934.

Paul Emden, *The Money Power of Europe*, Londra, Hoddard Stoughton,

Mathew Josephson, *The Robber Barons*, New York, Harcourt Brace, 1934.

Frederic Morton, *I Rothschild*, Curtis Publishing Co, 1961

Cecil Roth, *I magnifici Rothschild*, Robert Hale Co, 1939

William Guy Carr, Pedine nel gioco, pubblicato dall'autore, 1956.

François Coty, *Strappare i veli*, Parigi, 1940

Scrittori sulla storia monetaria inglese, 1626-1730, Londra, 1896

Il sistema della Federal Reserve dopo cinquant'anni, Commissione bancaria e valutaria, gennaio-febbraio 1964.

Arthur Kitson, *La cospirazione dei banchieri*, 1933

Charles F. Dunbar, *Laws Of The United States Relating to Currency, Finance and Banking From 1789 to 1891*, Boston, Ginn & Co, 1893.

Politica monetaria di abbondanza invece che di scarsità, Commissione per le banche e la moneta, 1937-1938

George Sylvester Viereck, *La più strana amicizia della storia*, Woodrow Wilson e il Col. House, New York, Liveright, 1932. House, New York, Liveright, 1932

G. L. Bach, *Federal Reserve Policy Making*, New York, Knapf, 1950.

Anna Rockester, *Rulers of America, A Study of Finance Capital*, New York, International Publishers, 1936.

Il sistema bancario negli Stati Uniti prima della guerra civile, Commissione monetaria nazionale, 1911.

Sistema bancario nazionale, Commissione monetaria nazionale, 1911

Paul Warburg, *Il sistema della Federal Reserve*, New York, Macmillan, 1930

Colonnello Elisha Garrison, *Roosevelt, Wilson and the Federal Reserve Law*, Boston, Christopher Publishing House, 1931.

Arthur D. Howden Smith, *Uomini che dirigono l'America*, New York, Bobbs Merrill, 1935.

George E. Redmond, *Giganti finanziari d'America*, Boston, Stratford, 1922

La grande enciclopedia sovietica, Londra, Macmillan, 1973

Enciclopedia Britannica, 1979

Enciclopedia Americana, 1982

Goldman, Steinberg et al, *Dope, Inc*, New York, New Benjamin Franklin House Publishing Company, 1978

Charles A. Lindbergh, S[r], *Banca e moneta e Money Trust*, 1913

John Hamill, *La strana carriera del signor Hoover sotto due bandiere*, New York, William Faro, 1931.

H. Parker Willis, *The Federal Reserve System*, Ronald Co, 1923

E. W. Kemmerer, *A.B.C. del Federal Reserve System*, Università di Princeton, 1919.

Carter Glass, *Adventures in Constructive Finance*, New York, Doubleday, 1927.

Paul Warburg, La *riforma bancaria negli Stati Uniti*, Columbia University, 1914.

Alfred Crozier, *U.S. Money vs. Corporation Currency*, Cleveland, 1912

E. M. House, *Philip Dru, amministratore*, New York, B.W. Huebsch, 1912

I documenti intimi del Col. House, ed. Charles Seymour, 4 voll. 1926-1928, Houghton Mifflin Co.

H. W. Loucks, *La grande cospirazione della casa Morgan*, 1916

McRae e Cairncross, *Capital City*, Londra, Eyre Methuen, 1963

Otto Lehmann-Russbeldt, *Aggressione*, Londra, Hutchinson, 1934

Victor Perlo, *L'impero dell'alta finanza*, International Pub, 1957

Max Warburg, *Memorie di Max Warburg*, Berlino, 1936.

Carroll Quigley, *Lettere e amicizie di Sir Cecil Spring-Rice, Tragedia e speranza*, New York, Macmillan.

Brian Johnson, *La politica del denaro*, New York, McGraw Hill, 1970.

A Primer on Money, Commissione bancaria e valutaria della Camera, 1964.

George Wheeler, *Pierpont Morgan e amici*, L'anatomia di un mito, Prentice Hall, N.J., 1973.

Herbert Satterleee, *Pierpont Morgan*, New York, Macmillan, 1940

John K. Winkler, *Morgan il Magnifico*, New York, Vanguard, N.Y., 1930

Arthur Link, *Wilson*, Princeton University Press, Princeton, 5 volumi.

Roger T Johnson, *Inizio storico... The Federal Reserve*, Boston, Federal Reserve Bank of Boston, 1977 (7 edizioni dal 1977 al 1982, per un totale di 92.000 copie) [È degno di nota il fatto che questo opuscolo di 64 pagine non menzioni Jekyll Island, l'autorità di Paul Warburg o la fonte dei fondi della campagna elettorale che permise l'emanazione del Federal Reserve Act il 23 dicembre 1913].

Martin A. Larson, *The Federal Reserve and Our Manipulated Dollar*, Old Greenwich (Connecticut), Devin Adair Co, 1975.

Chain Banking, Stockholder and Loan Links of 200 Largest Member Banks, House Banking and Currency Committee, 3 gennaio 1963.

Banca internazionale, rapporto dei servizi della commissione per le banche, la moneta e gli alloggi, maggio 1976.

Audit of the Federal Reserve System, Hearings Before the House Banking and Currency Committee, 1975.

Già pubblicato

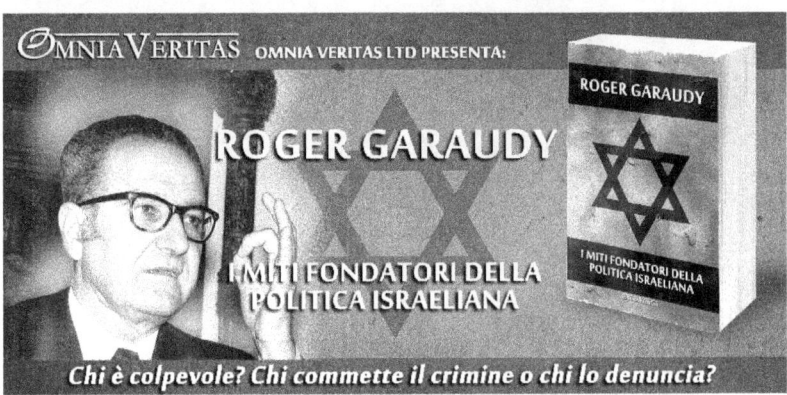